DAS KAPITAL DES STAATES

Mariana Mazzucato ist Professorin für Innovationsökonomie und Public Value am University College London sowie Gründungsdirektorin des zugehörigen Institute for Innovation and Public Purpose. Sie berät politische Entscheidungsträger in aller Welt und ist Vorsitzende des Council on the Economics of Health for All der Weltgesundheitsorganisation sowie Mitglied des High-level Advisory Board on Economic and Social Affairs der UN. Ihre Arbeit wurde mit internationalen Preisen ausgezeichnet, darunter der Leontief Prize 2018, der John von Neumann Award 2020 und der Kurt Rothschild Preis für Wirtschaftspublizistik 2021. Zu ihren preisgekrönten Büchern gehören »Das Kapital des Staates« (2014) und »Wie kommt der Wert in die Welt?« (2018), zuletzt erschien »Mission. Auf dem Weg zu einer neuen Wirtschaft« (2021).

MARIANA MAZZUCATO

DAS KAPITAL DES STAATES

Eine andere Geschichte von Innovation und Wachstum

Aus dem Englischen von Ursel Schäfer

Campus Verlag
Frankfurt/New York

Die Originalausgabe erschien 2013 unter dem Titel
The Entrepreneural State bei Anthem Press, London und New York

MIX
Papier aus verantwortungsvollen Quellen
FSC® C089473
FSC
www.fsc.org

Klimaneutral
Papier
ClimatePartner.com/13732-1910-1001

ISBN 978-3-593-51687-5 Print
ISBN 978-3-593-45395-8 E-Book (PDF)
ISBN 978-3-593-45394-1 E-Book (EPUB)

Umschlaggestaltung: Heidi Sorg & Christof Leistl, München
Umschlagmotiv: © Alexander Morsch
Satz: frese-werkstatt.de
Gesetzt aus der Minion Pro und Univers
Druck und Bindung: Beltz Grafische Betriebe GmbH, Bad Langensalza
Beltz Grafische Betriebe ist ein klimaneutrales Unternehmen (ID 15985-2104-1001).
Printed in Germany

www.campus.de

Dieses Buch ist meiner Mutter Alessandra gewidmet, die im Geiste immer noch alle Menschen inspiriert, die sie kennengelernt haben, und damit zu unserer Bereitschaft und Fähigkeit beigetragen hat, die Welt zu verstehen und sie mit Entschlossenheit, Großzügigkeit und Anmut zu verändern. Und es ist meinem Vater Ernesto gewidmet, der in seinem Kampf, ohne sie zu überleben, dennoch nicht nachgelassen hat, über die vielleicht einzige wirklich erneuerbare Energiequelle zu forschen: die Kernfusion.

In der Tat ist die kapitalistische Wirtschaft nicht stationär und kann es nicht sein. Auch dehnt sie sich nicht bloß in einer stetigen Art und Weise aus. Sie wird unaufhörlich von innen her durch neue Unternehmungen revolutioniert, das heißt durch die Einführung neuer Waren oder neuer Produktionsmethoden oder neuer Handelsmöglichkeiten in die industrielle Struktur, wie sie in irgendeinem Augenblick existiert.

JOSEPH SCHUMPETER (1972 [1942], S. 59)

Nicht das ist wichtig für den Staat, dass er die gleichen Dinge etwas besser oder etwas schlechter ausführt, die heute bereits von Einzelpersonen getan werden, sondern dass er die Dinge tut, die heute überhaupt nicht getan werden.

JOHN MAYNARD KEYNES (2011 [1926], S. 47)

Es ist ein verbreiteter Irrtum zu glauben, dass die staatliche Verwaltung nicht so flexibel ist wie private Unternehmen. Im Einzelfall kann es so sein, aber wenn große Anpassungsleistungen nötig sind, ist zentrale Kontrolle viel flexibler. Es kann zwei Monate dauern, bis man auf einen Brief an ein Ministerium eine Antwort bekommt. Aber es dauert zwanzig Jahre, bis eine Branche in der privatwirtschaftlich organisierten Industrie sich an einen Einbruch der Nachfrage angepasst hat.

JOAN ROBINSON (1978, S. 27)

Wo wart ihr Jungs [Wagniskapitalgeber] in den 1950er- und 1960er-Jahren, als die ganze Grundlagenforschung finanziert werden musste? Die meisten Entdeckungen, die [die Industrie] vorangetrieben haben, wurden damals gemacht.

PAUL BERG, Träger des Nobelpreises für Chemie 1980
(zitiert in Henderson und Schrage 1984)

Inhalt

Einführung
Es anders machen

Wir wissen einfach nicht mehr, wie man über diese Dinge spricht.

TONY JUDT (2011, S. 37)

Ein Kampf um Worte

Nie war es nötiger als heute, über die Rolle des Staates in der Wirtschaft nachzudenken – ein heißes Thema, seit Adam Smith *Der Wohlstand der Nationen* schrieb. Nötig deshalb, weil wir überall auf der Welt einen massiven *Rückzug* des Staates erleben, der mit Schuldenabbau und – noch grundsätzlicher – mit dem Argument gerechtfertigt wird, die Wirtschaft müsse »dynamischer«, »wettbewerbsfähiger« und »innovativer« werden. Den Unternehmen traut man innovative Kraft zu, der Staat gilt als träge: Man braucht ihn für die Rahmenbedingungen, aber er ist zu groß und zu schwerfällig, um die Dinge dynamisch voranzutreiben.

Mein Buch soll dieses Bild widerlegen. Innovation ist zwar nicht die Hauptaufgabe des Staates, aber vielleicht ist es der wirkungsvollste Weg, seine Existenzberechtigung zu verteidigen, wenn wir den potenziell innovativen und dynamischen Charakter des Staates herausarbeiten – seine in einigen Ländern bewiesene Fähigkeit, eine *unternehmerische* Rolle zu spielen. In seinem Buch *Dem Land geht es schlecht* schildert Tony Judt (2011), dass zu den Angriffen auf den Wohlfahrtsstaat in den letzten 30 Jahren immer auch ein Kampf um Worte gehörte – eine Veränderung der Art und Weise, wie wir über den Staat sprechen. Mit Begriffen wie »Administration« wird der Staat kleingeredet, als verwalte er nur und entwickle keine eigene Initiative. Dieses Buch versucht, die Art unseres Redens über den Staat zu verändern und dabei ideologisch befrachtete Geschichten und Bilder zu revidieren – kurz, Fakten und Fiktion zu trennen.

Es ist die überarbeitete und erheblich erweiterte Version eines Berichts über den *Unternehmerstaat,* den ich für DEMOS geschrieben habe, eine Denkfabrik in Großbritannien. Im Unterschied zu klassischen akademischen Schriften, über deren Abfassung oft Jahre vergehen, habe ich diesen Bericht für DEMOS in einem Stil geschrieben, der an die politischen Flugschriften des 19. Jahrhunderts erinnert: schnell und mit einem Gefühl von *Dringlichkeit.* Ich wollte die britische Regierung zu einem Kurswechsel bewegen: keine Kürzungen staatlicher Programme mehr, angeblich um die Wirtschaft »wettbewerbsfähiger« und »unternehmerischer« zu machen, sondern Rückbesinnung auf das, was der Staat tun *kann* und tun muss, um eine nachhaltige Erholung von der Finanzkrise zu gewährleisten. Die aktive Rolle herauszuarbeiten, die der Staat tatsächlich an den »Hotspots« der Innovation und des unternehmerischen Wagemuts wie dem Silicon Valley gespielt hat, war der Schlüssel, um zu zeigen, dass der Staat die Wissensökonomie nicht nur fördern, sondern sie mit mutigen Visionen und gezielten Investitionen aktiv schaffen kann.

Ich spreche in diesem Buch vom »Unternehmerstaat«, weil Unternehmergeist – etwas, das heutzutage anscheinend jeder Politiker fördern möchte – nicht nur mit Start-ups, Wagniskapital und »Garagenbastlern« zu tun hat. Er hängt auch mit der Bereitschaft und Fähigkeit der wirtschaftlichen Akteure zusammen, Risiken einzugehen und sich auf echte *Knightsche* Unsicherheit einzulassen: auf das wirklich Unbekannte.[1] Erste Innovationsversuche scheitern in der Regel – sonst wären es keine echten »Innovationen«. Man muss also ein bisschen »verrückt« sein, um sich auf Innovationen einzulassen. Oft kosten sie mehr, als sie einbringen, weshalb die traditionelle Kosten-Nutzen-Analyse erst einmal gegen sie spricht. Aber während Steve Jobs in seiner charismatischen Rede 2005 in Stanford davon sprach, wer Innovationen anstrebe, müsse »hungrig und tollkühn« bleiben (Jobs 2005), haben nur wenige zugegeben, dass diese Tollkühnheit oft höchst geschäftstüchtig auf der Welle staatlich finanzierter und gelenkter Innovationen geritten ist.

Der Staat als »tollkühner« Initiator von Innovationen? Ja, bei den meisten radikalen, revolutionären Innovationen, die den Kapitalismus vorangetrieben haben – von Eisenbahnen über das Internet bis aktuell zur Nanotechnologie und Pharmaforschung –, kamen die frühesten, mutigsten und kapitalintensivsten »unternehmerischen« Investitionen vom Staat. Und wie wir in Kapitel 5 ausführlich darlegen, wurden all die Technologien, die Jobs' iPhone so »smart« machten, vom Staat finanziert (Internet, GPS, Touchscreen-Displays und neuerdings SIRI, die sprachgesteuerte persönliche Assistentin). Solche radikalen Investitionen – zu denen extreme Unsicherheit gehört – wurden weder durch Wagniskapitalgeber noch »Garagenbastler« getätigt, sondern durch die sichtbare Hand des Staates, der damit Innovationen ermöglichte. Es hätte sie also nicht gegeben, wenn wir allein auf den Markt und die Unternehmen vertraut hätten – während der Staat einfach daneben steht und sich auf die Schaffung der Rahmenbedingungen beschränkt.

Märkte gestalten statt reparieren

Und wie sprechen die Ökonomen über diese Themen? Entweder ignorieren sie sie, oder sie beschränken die Rolle des Staates darauf, »Marktversagen« zu reparieren. Die ökonomische Standardtheorie rechtfertigt staatliche Interventionen, wenn die gesellschaftliche Rendite aus einer Investition höher ist als die private Rendite und es daher unwahrscheinlich ist, dass ein privates Unternehmen investieren wird. Das gilt von der Beseitigung von Umweltschäden (negativen »externen Kosten«, die nicht in die Kostenbilanz der Unternehmen einfließen) bis zur Finanzierung von Grundlagenforschung (ein »öffentliches Gut«, das man sich schlecht individuell aneignen kann). Aber das erklärt weniger als ein Viertel aller Investitionen in Forschung und Entwicklung in den Vereinigten Staaten. Große visionäre Projekte – wie die Mondlandung oder die Idee des Internets – erforderten mehr, als gesellschaftliche und private Renditen gegeneinander aufzurechnen (Mowery 2010).

Solche Herausforderungen verlangen eine Vision, eine Mission und vor allem *Vertrauen* in die Rolle des Staates in der Wirtschaft. Wie Keynes in *Das Ende des Laissez-Faire* (2011 [1926], S. 47) so anschaulich geschrieben hat: »Die wichtigsten *Agenden* des Staates betreffen nicht die Tätigkeiten, die bereits von Privatpersonen geleistet werden, sondern jene Funktionen, jene Entscheidungen, die *niemand* trifft, wenn der Staat sie nicht trifft.« Das erfordert nicht nur bürokratische Fähigkeiten (obwohl sie wichtig sind, wie Max Weber dargelegt hat), sondern echtes, technologie- und sektorspezifisches *Fachwissen*. Solches Fachwissen wird sich nur rekrutieren lassen, wenn die Vision des Staates Begeisterung weckt und neue Horizonte eröffnet. Ein wesentlicher Teil des »Geheimnisses« der DARPA (der Behörde innerhalb des amerikanischen Verteidigungsministeriums, die das Internet erfunden *und* kommerzialisiert hat) bestand darin, dass sie in der Lage war, Talente anzuziehen und Begeisterung für bestimmte Missionen zu wecken. Es ist auch kein Zufall, dass eine ähnliche Behörde im amerikanischen Energieministerium, ARPA-E, die heute führend bei den »grünen« Investitionen der USA und der Forschung nach neuen Energiequellen ist, kluge Köpfe aus der Energieforschung anzieht (Grunwald 2012).

Viele Beispiele in diesem Buch stammen aus den Vereinigten Staaten. Sie sollen zeigen, dass das Land, das nach verbreiteter Einschätzung die Vorteile des »freien Marktes« am besten verkörpert, sich bei Innovationen tatsächlich besonders interventionistisch verhält. Aktuelle Beispiele kommen auch aus »Entwicklungs«-Ländern. Zukunftsweisende Investitionen werden heute zum Beispiel von selbstbewussten staatlichen Investitionsbanken in Ländern wie Brasilien und China getätigt: Sie vergeben nicht nur antizyklisch Kredite, sondern *lenken* diese Kredite auch in neue, unerforschte Bereiche, vor denen Privatbanken und Wagniskapitalgeber zurückschrecken. Wie bei der DARPA zählen auch hier Sachverstand, Talent und visionäre Ideen. Es ist kein Zufall, dass an der Spitze der staatlichen Investitionsbank Brasiliens, BNDES, zwei Personen stehen, die von der Schumpeterschen Innovationsökonomie geprägt sind – ihr Expertenteam hat dafür gesorgt, dass in neuen Schlüsselsektoren wie Biotechnologie und bei sauberen Technologien mutig Risiken eingegangen wurden. Heute verzeichnet die Bank rekordverdächtige Renditen bei produktiven und nicht nur spekulativen Investitionen: 2010 betrug ihre Eigenkapitalrendite erstaunliche 21,2 Prozent (die das brasilianische Finanzministerium in Gesundheitswesen und Bildung reinvestierte), während das Pendant im Weltbanksystem, die Internationale Bank für Wiederaufbau und Entwicklung (IBRD), mit minus 2,3 Prozent nicht einmal ein positives Ergebnis erzielte. Ebenso ist heute die chinesische Entwicklungsbank der führende Investor des Landes in grüne Projekte (Sanderson und Forsythe 2012). Während die üblichen Verdächtigen sich Sorgen machen, die staatlichen Banken könnten private Kreditgeber »verdrängen« *(Financial Times* 2012), ist es in Wahrheit so, dass diese Banken in Sektoren operieren, die Privatbanken scheuen. Der Staat kann als Motor der Innovation und des Wandels agieren, nicht nur, indem er risikoscheuen privaten Akteuren das Risiko abnimmt, sondern auch, indem er mutig vorangeht, mit einer klaren, kühnen Vision – genau das Gegenteil des Bildes, das üblicherweise vom Staat gezeichnet wird.

Über den Verstärkungseffekt hinaus

Und das ist die Pointe dabei: Wenn die Hand des Staates effizient funktioniert, ist sie fest, aber nicht schwer; sie bringt die Vision und den dynamischen *Druck* (und ein paar Anreize dazu – obwohl man mit Anreizen allein weder die IT-Revolution der Vergangenheit bekommen hätte, noch die grüne Revolution von heute bekommen wird), um Dinge möglich zu machen, die sonst nicht möglich geworden wären. Das staatliche Handeln soll den Mut der privaten Unternehmer verstärken. Dies erfordert, den Staat nicht nur als »Eindringling« oder bestenfalls »Unterstützer« von Wirtschaftswachstum zu betrachten. Er ist ein wichtiger Partner des privaten Sektors – oft wagemutiger und bereit,

Risiken einzugehen, die Unternehmen nicht eingehen. Der Staat kann und darf nicht einfach Interessengruppen nachgeben, die von ihm Vergünstigungen, Fördergelder oder überflüssige Privilegien wie Steuererleichterungen wollen. Er sollte vielmehr zu erreichen versuchen, dass die Interessengruppen im gemeinsamen Bemühen um Wachstum und technologischen Wandel dynamisch mit ihm zusammenarbeiten.

Die besondere Natur des öffentlichen Sektors neu zu begreifen – dass er mehr ist als nur eine ineffiziente »soziale« Version des privaten Sektors – hat Einfluss auf die künftige Zusammenarbeit zwischen öffentlichem und privatem Sektor und nicht zuletzt den »Lohn«, den der Staat sich berechtigt fühlt abzuschöpfen (dazu mehr in Kapitel 9). Ein unternehmerisch gesinnter Staat nimmt dem privaten Sektor nicht einfach nur Risiken ab, sondern entwickelt eine Vorstellung vom Risikoraum und agiert darin mutig und effizient, um Neues voranzutreiben. Wenn der Staat nicht selbstbewusst auftritt, steigt die Wahrscheinlichkeit, dass er von privaten Gruppen vereinnahmt wird und sich ihnen unterordnet. Wenn der Staat nicht die Führungsrolle beansprucht, wird er – schlechte –Verhaltensweisen des privaten Sektors imitieren, statt Alternativen zu ihnen zu entwickeln. Die übliche Kritik, der Staat sei langsam und bürokratisch, wird häufiger in Ländern geäußert, die ihn an den Rand drängen und auf eine rein administrative Rolle beschränken.

Es ist im Übrigen eine sich selbst erfüllende Prophezeiung, wenn man den Staat als schwerfällig bezeichnet. Wer möchte in einem solchen Sektor arbeiten? Und ist es ein Zufall, dass die Befürchtung, der Staat könnte nicht in der Lage sein, mutige Entscheidungen über die *Richtung* des Wandels zu treffen, vor allem in Ländern diskutiert wird, die den Staat nicht in einer unternehmerischen Rolle sehen und ihn kritisieren, sobald er sich aus dem Hintergrund wagt und einen Fehler macht? Große sozioökonomische Herausforderungen wie der Klimawandel und eine alternde Gesellschaft erfordern einen aktiven Staat, und deshalb ist ein angemessenes Verständnis seiner Rolle in Partnerschaften zwischen dem öffentlichen und privaten Sektor wichtiger denn je (Foray et al. 2012).

Bilder sind wichtig

Wenn Keynes davon sprach, Investitionen würden durch »tierische Instinkte« gelenkt, sehen wir heute gern Unternehmen als brüllende Löwen und den Staat als schnurrende Katze vor uns. Doch in einem privaten Brief an Roosevelt bezeichnete er die Unternehmen auch als »domestizierte Tiere«:

> Unternehmer haben andere Illusionen als Politiker und müssen deshalb anders behandelt werden. Sie sind jedoch viel nachgiebiger als Politiker und gleichzeitig angezogen und erschreckt vom Licht der öffentlichen Aufmerksamkeit, sie lassen sich leicht zu »patriotischem« Verhalten überreden, sind verblüfft, verwirrt, ja sogar erschreckt, aber doch zu ängstlich, um eine optimistische Sicht einzunehmen, eitel vielleicht, aber viel zu unsicher und geradezu erbärmlich abhängig von einem freundlichen Wort. Man kann mit ihnen alles machen, was man will, wenn man sie (sogar die Großen) NICHT ALS WÖLFE ODER TIGER BEHANDELT, SONDERN ALS VON NATUR AUS ZAHME TIERE, obwohl sie schlecht aufgezogen und nicht so ausgebildet wurden, wie man es sich wünschen würde. Es ist ein Fehler zu glauben, sie seien unmoralischer als Politiker. Wenn man sie in die mürrische, sture, ängstliche Haltung treibt, die Haustiere so gern an den Tag legen, wenn man sie falsch behandelt, dann werden die Lasten der Nation nicht zu Markt gebracht werden; und am Ende wird die öffentliche Meinung ihre Richtung ändern … (Keynes 1938, S. 607; Hervorhebung der Autorin)

Diese Sicht – Unternehmen nicht als Tiger und Löwen, sondern als Hauskatzen – bedeutet, dass der Staat nicht nur aus den üblichen antizyklischen keynesianischen Gründen wichtig ist (indem er eingreift, wenn Nachfrage und Investitionen zu gering sind), sondern dass er *zu jeder Zeit* im Konjunkturzyklus die Rolle eines echten Tigers spielen muss. Nirgendwo trifft das mehr zu als bei Innovationen – wo die Unsicherheit so groß ist. So fällt die grüne Revolution, die gerade überall auf der Welt beginnt, mit einer Finanz- und Umweltkrise zusammen. Aber selbst wenn wir heute eine Boomphase hätten, würde es ohne den Staat nicht genug Investitionen in radikal grüne Technologien geben. Auch in einer Boomphase würden die meisten Unternehmen und Banken lieber risikoarme Innovationen finanzieren und darauf warten, dass der Staat sich um die radikal neuen Bereiche kümmert. Wie bei allen technischen Revolutionen ist es auch bei der grünen Technologie unverzichtbar, dass der Staat mutig vorangeht – genau wie es beim Internet, bei der Biotechnologie und Nanotechnologie der Fall war.

Wenn der Staat in dieser Weise die Führung übernimmt, macht er Dinge möglich, die sonst nicht zustande kommen würden. Aber es ist ein großer Unterschied, ob seine Rolle mit der besonderen Natur des Gemeinwohls und der Bedeutung von »externen Kosten« begründet wird wie in der Theorie des Marktversagens, oder ob man den Staat grundsätzlich als einen mutigen Akteur im Wirtschaftssystem betrachtet. Die erste Sichtweise führt zu Diskussionen, ob der Staat private Investitionen womöglich verdrängt (oder aber verstärkt), und damit zu einer engen Sicht auf die politischen Optionen, die man ihm zugesteht (Friedman 1979). Die zweite Sicht führt zu der – spannenderen – Diskussion, was der Staat tun kann, um die »tierischen Instinkte« der Unternehmen zu wecken – dass heißt, sie dazu zu veranlassen, ihr Geld nicht länger zu horten, sondern es für neue, bahnbrechende Dinge auszugeben. Wie wir uns den »Raum« der Politik vorstellen, hat also große Auswirkungen. Zunächst einmal macht es den Staat weniger anfällig gegenüber Debatten, die die führende Rolle von Unternehmen künstlich hochjubeln. Tatsächlich erliegen gerade die schwächsten Staaten am ehesten der Rhetorik, man brauche vor allem Steuererleichterungen und müsse »Überregulierung« abschaffen. Ein selbstbewusster Staat weiß genau, dass die Wirtschaft zwar gern über Steuern spricht, aber letztlich dorthin geht, wo die neuen technologischen und Marktchancen liegen – und das sind vor allem die Gebiete, in denen die öffentliche Hand viel investiert. Hat Pfizer kürzlich Sandwich in der englischen Grafschaft Kent den Rücken gekehrt und ist nach Boston gegangen, weil dort die Steuern niedriger sind und es weniger Vorschriften gibt? Oder hatte der Umzug damit zu tun, dass die National Institutes of Health in den USA jährlich fast 30,9 Milliarden Dollar in die Forschung investieren, der die privaten Pharmafirmen ihre Erfolge verdanken?

In der Wirtschaftswissenschaft analysiert man mit der Verdrängungshypothese die Möglichkeit, dass mehr staatliche Ausgaben die Investitionen der Privatunternehmen reduzieren, weil beide bei der Kreditaufnahme um denselben Pool von Ersparnissen konkurrieren. Das könnte zu höheren Zinsen führen, was wiederum die Bereitschaft von Privatunternehmen, Kredite aufzunehmen und zu investieren, dämpfen würde. Nach keynesianischer Theorie ist das in Phasen nicht ausgelasteter Kapazitäten unwahrscheinlich (Zenghelis 2011). Aber der entscheidende Punkt hier ist, dass es *selbst in Boomphasen* (wenn in der Theorie die Kapazitäten voll ausgelastet sind) viele risikobehaftete Bereiche gibt, vor denen Privatunternehmen zurückscheuen, in denen jedoch der Staat als Pionier vorangeht. Die Investitionen im Zusammenhang mit dem Internet wurden größtenteils in Boomzeiten getätigt – und die Nanotechnologie-Branche verdankt ihre Existenz staatlichen Ausgaben (Motoyama et al. 2011).

Zur Verteidigung des Staates sollte man also darauf hinweisen, dass er nicht nur private Investitionen verstärkt (indem er durch den Multiplikatoreffekt das BIP erhöht) – ein richtiges, aber begrenztes Argument der Keynesianer –, sondern noch mehr tut. So, wie ich Judts aufrüttelnde Bemerkung interpretiere, müssen wir uns neue Wörter angewöhnen, um den Staat zu beschreiben. Wenn wir etwas Positives und Visionäres beschreiben wollen, brauchen wir statt eines defensiven Begriffs einen offensiven und mutigen. Statt die aktive Rolle des Staates auf die Korrektur von »Marktversagen« zu beschränken (wie es viele »progressive« Ökonomen tun, die zu Recht etliche Defizite des Marktes sehen), benötigen wir eine Theorie der *gestaltenden* und *Märkte schaffenden* Rolle des Staates – eher im Sinn von Karl Polanyi (1978 [1944]), der hervorgehoben hat, wie stark der kapitalistische Markt von Anfang an durch staatliches Handeln geprägt wurde. Bei Innovationen verstärkt der Staat nicht einfach nur private Investitionen, sondern »dynamisiert« sie dabei – er schafft die Vision, die Mission und den Plan. In diesem Buch soll erklärt werden, wie das geschieht.

Das Buch versucht, die Art und Weise zu verändern, wie wir über den Staat sprechen, um so unsere Vorstellung zu erweitern, was er leisten kann. Und das ist die neue Sicht: von einem trägen bürokratischen Leviathan zum Katalysator neuer Investitionen; vom Reparateur des Marktes zu dessen Schöpfer und Gestalter; von einer Instanz, die den privaten Sektor vom Risiko entlastet, zu einer Instanz, die das Risiko bereitwillig trägt, weil es trotz aller Schwierigkeiten Chancen für künftiges Wachstum eröffnet.

Zum Aufbau des Buches

Kapitel 1 stellt dem verbreiteten Bild des Staates als bürokratischem Apparat ein anderes gegenüber: das eines Staates, der voranschreitet und Risiken eingeht. Der Staat wird als unternehmerischer Akteur vorgestellt, als derjenige, der die riskantesten und unsichersten Investitionen tätigt. Statt den Staat wie üblich als letzten Retter bei »Marktversagen« zu betrachten, wird das Konzept der unternehmerischen Risikoübernahme eingeführt. Der Staat beseitigt Risiken nicht, als könnte er sie mit einem Zauberstab zum Verschwinden bringen; er *übernimmt* Risiken und schafft damit neue Märkte. Dass die Ökonomen keine Begriffe für diese Rolle haben, hat unser Verständnis, welche Rolle der Staat in der Vergangenheit spielte – etwa im Silicon Valley – und welche er in Zukunft in Bereichen wie der »grünen Revolution« spielen kann, beeinträchtigt.[2]

Kapitel 2 liefert den Hintergrund zu dieser Diskussion. Wir schauen uns an, wie Ökonomen die Bedeutung von Innovation und Technologie für das Wirtschaftswachstum verstehen. Während noch vor einer Generation technischer Fortschritt in wirtschaftlichen Modellen als etwas von außen Kommendes galt, zeigt heute eine Fülle von Literatur, dass das Tempo und die Richtung der Innovationen über die Wachstumsmöglichkeiten einer Volkswirtschaft entscheiden. In dem Kapitel werden zwei sehr unterschiedliche Modelle für das Verständnis der Rolle des Staates bei innovationsgetriebenem Wachstum einander gegenübergestellt; beide Male geht es um unterschiedliche »Defizite«, die der Staat korrigiert. Das erste ist das Modell des »Marktversagens«, nach dem der Staat einfach die Lücke zwischen privater und gesellschaftlicher Rendite schließt. Beim zweiten Modell geht es um »Innovationssysteme«. Dabei werden Ausgaben für Forschung und Entwicklung in einer ganzheitlicheren Weise betrachtet, als Teil eines Systems, in dem Wissen in einer Volkswirtschaft nicht nur produziert, sondern auch verteilt wird. Aber selbst im zweiten Modell repariert der Staat hauptsächlich Defizite, diesmal »Systemversagen« – mit der Schlussfolgerung, dass er Innovationen »fördert«, indem er »die Bedingungen dafür schafft«. Diese Modelle dienten als Rechtfertigung höherer staatlicher Ausgaben für Innovationen und erlaubten gleichzeitig, dass bestimmte Mythen fortbestehen konnten, die die führende Rolle des Staates bei der Risikoübernahme verschleierten. Diese Mythen betreffen das Verhältnis von Innovation und Wachstum, die Rolle von kleinen und mittleren Unternehmen, die Bedeutung von Patenten in der Wissensökonomie und den Umfang, in dem Investitionen in Innovationen durch Steuererleichterungen unterschiedlicher Art beeinflusst werden.

Kapitel 3 präsentiert eine andere Sichtweise: die des unternehmerisch handelnden Staates, der an vorderster Front Risiken eingeht und Märkte gestaltet. Sie ersetzt die anderen beiden Modelle nicht, sondern will sie ergänzen. Ich belege sie mit Beispielen aus der Pharmabranche: Die revolutionärsten neuen Medikamente werden in den meisten Fällen mit staatlichem, nicht mit privatem Geld produziert. Ich untersuche auch, wie in der Biotechnologie privates Wagniskapital auf der Welle staatlicher Investitionen »reitet«.

In Kapitel 4 werden die Schlüsselmerkmale des »Unternehmerstaates« dargelegt. Dabei konzentrieren wir uns auf die aktuelle Geschichte der Industriepolitik in den Vereinigten Staaten und zeigen, dass entgegen der verbreiteten Wahrnehmung der Staat bei der Entwicklung und Kommerzialisierung neuer Technologien extrem aktiv und unternehmerisch auftrat. Unternehmerisches Handeln des Staates kann sehr unterschiedliche Formen annehmen. Wir illustrieren sie anhand von vier Beispielen: der Errichtung der Defense Advanced Research Projects Agency (DARPA), dem Programm Small Business Innovation Research (SBIR), dem Orphan Drug Act von 1983 und aktuellen Entwicklungen in der Nanotechnologie. Zugrunde liegt der Begriff des »Entwicklungsstaats« (Block 2008; Chang 2008; Johnson 1982), den wir weiter ausführen. Dabei konzentrieren wir uns darauf, welche Risiken der öffentliche Sektor zu übernehmen bereit war.

In den Kapiteln 3 und 4 geht es um verschiedene Branchen, in Kapitel 5 um die Geschichte eines einzelnen Unternehmens: Apple. Auf das Beispiel Apple wird oft verwiesen, um die Macht des Marktes zu preisen und die Genialität der »Garagenbastler«, die den Kapitalismus revolutionieren. Apple soll die Kraft der kreativen Zerstörung illustrieren, von der Schumpeter gesprochen hat.[3] Ich stelle den Begriff auf den Kopf. Apple ist alles andere als das Paradebeispiel für die Wirkung des freien Marktes, als das es oft hingestellt wird. Das Unternehmen hat nicht nur in der Frühphase finanzielle Unterstützung vom Staat bekommen (durch das SBIC-Programm, das mit dem in Kapitel 4 beschriebenen SBIR-Programm zusammenhängt), sondern hat auch erfindungsreich von öffentlich finanzierter Technologie Gebrauch gemacht, um »intelligente« Produkte zu entwickeln. Tatsächlich steckt im iPhone nicht eine einzige Technologie, die nicht staatlich finanziert wurde. Von der Kommunikationstechnologie abgesehen, ist das iPhone »intelligent«, weil es solche Dinge gibt wie das Internet, GPS, Touchscreen-Displays und ganz neu die sprachgesteuerte persönliche Assistentin (SIRI). Steve Jobs war zweifellos ein genialer Denker, aber die Tatsache, dass das Reich von iPhone und iPad auf staatlich finanzierten Technologien erbaut wurde, spiegelt den tatsächlichen technologischen und ökonomischen Wandel genauer wider als die Darstellung in den Mainstream-Diskussionen. Gerade weil der Staat eine so entscheidende Rolle dabei gespielt hat, dass Unternehmen wie Apple ihr Geschäftsmodell entwickeln konnten, ist es so erstaunlich, dass dieses Faktum in der Diskussion um Apples Steuervermeidungstaktik kaum vorkam. Apple sollte Steuern nicht nur deshalb zahlen, weil es sich so gehört, sondern weil es der Inbegriff eines Unternehmens ist, das nur dank öffentlicher Gelder so groß werden konnte – und risikofreudig genug, die Investitionen zu tätigen, die Unternehmer wie Steve Jobs später reich machten (Mazzucato 2013b).

In Kapitel 6 geht es um »das nächste große Ding« nach dem Internet: die grüne Revolution, die heute vom Staat angeführt wird, genau wie früher die IT-Revolution. 2012 kündigte China an, bis 2050 1000 Gigawatt Strom aus Windkraft erzeugen zu wollen. Das ist etwa so, als würde man die gesamte amerikanische Infrastruktur zur Stromerzeugung durch Windturbinen ersetzen. Sind die Vereinigten Staaten und Europa noch in der Lage, in diesen Dimensionen zu träumen? Allem Anschein nach nicht. In vielen Ländern wird der Staat aufgefordert, in den Hintergrund zu treten und entweder Anreize für Investitionen des privaten Sektors zu schaffen oder sie zu subventionieren. Deshalb entstehen auch keine Visionen zukünftiger Entwicklungen, wie sie vor zwei Jahrzehnten zur Verbreitung des Internets führten. In diesem Kapitel schauen wir uns an, welche Länder bei grünen Technologien ganz vorne dabei sind und welche Rolle dort der Staat – und das »geduldige« Geld, das staatliche Entwicklungsbanken zur Verfügung stellen – als Katalysator früher, risikoreicher Investitionen spielen, ohne die es die grüne Revolution nicht geben wird.

In Kapitel 7 konzentrieren wir uns auf den Staat als Unternehmer, der Risiken eingeht, um bestimmte saubere Technologien auf den Weg zu bringen, im konkreten Fall Windturbinen und Photovoltaik-Module. Staatliches Geld und die Arbeit einzelner Behörden haben den ersten Anstoß gegeben, die großen Risiken der Anfangszeit finanziert und die institutionelle Umgebung geschaffen, in der diese wichtigen Technologien etabliert werden konnten. Während es in Kapitel 4 um die Rolle des Staates bei der IT-Revolution und bei der Errichtung der Grundlagen für die Biotech-Branche in Amerika geht, betrachtet dieses Kapitel Länder wie Deutschland, Dänemark und China und ihren Beitrag zur grünen Revolution, die sich immer weiter ausbreitet.

In den Kapiteln 8 und 9 diskutieren wir die Frage, inwieweit sich die Vorreiterrolle des Staates in der Verteilung von Risiko und Gewinn widerspiegelt. In vielen Fällen waren staatliche Investitionen wie Geschenke an die Unternehmen, sie machten einzelne Personen und ihre Unternehmen reich, brachten aber der Volkswirtschaft insgesamt und dem Staat selbst wenig (direkten und indirekten) Gewinn. Das beste Beispiel dafür ist die Pharmabranche, deren mit staatlichen Geldern entwickelte Medikamente letztendlich oft so teuer sind, dass die Steuerzahler (die ihre Entwicklung finanziert haben) sie sich nicht leisten können. Dasselbe trifft für die IT-Branche zu, wo wagemutige staatliche Investitionen die privaten Gewinne haben sprudeln lassen. Das Geld wurde dann in Sicherheit gebracht und floss nicht etwa in Form von Steuern an den Staat zurück. Kapitel 8 illustriert das am Beispiel von Apple. In Kapitel 9 wird dieser Punkt grundsätzlicher untersucht mit dem Argument, dass es in Zeiten tiefer Einschnitte zum Abbau von Haushaltsdefiziten wichtiger ist denn je, darüber zu sprechen, wie der Staat sicherstellen kann, dass die Risikoübernahme sich für ihn lohnt, und zwar jenseits von Steuerzahlungen, die sich leicht umgehen lassen. Eben weil staatliche Investitionen unsicher sind, besteht ein hohes Ausfallrisiko. Aber wenn sie Erfolg haben, ist es naiv und gefährlich, zu dulden, dass alle Gewinne daraus privatisiert werden. Die Kritik, der Finanzsektor habe Schuld an der gegenwärtigen Wirtschaftskrise, weil massive private Gewinne eingestrichen und Risiken durch unpopuläre Rettungsmaßnahmen sozialisiert wurden, verweist auf ein generelles, unbeliebtes Merkmal des dysfunktionalen modernen Kapitalismus, das nicht zur Norm werden sollte.

In Kapitel 10 überlegen wir abschließend, warum das Kernargument des Buchs – der Staat als aktiv und unternehmerisch Handelnder, der Risiken eingeht – nicht immer Realität ist, sondern eine zu oft übersehene Möglichkeit. Die Möglichkeit wird erst erkannt, wenn man bestimmte Schlüsselannahmen über den Haufen wirft. Das beginnt damit, wie wir uns den Staat in seinen eigenen Organisationen vorstellen (etwa ob Abteilungen im öffentlichen Sektor ermutigt werden, unternehmerisch zu handeln, bis hin zu der Haltung, Misserfolge als Lernprozesse zu begreifen), und reicht bis zur Beziehung zwischen dem Staat und anderen Akteuren des Innovationssystems. Wie gut der Staat anregen und steuern kann, hängt davon ab, in welchem Ausmaß er Begabung und Sachverstand anzieht. Ironischerweise ist Letzteres ein größeres Problem in Ländern, wo sich der Staat zurückhält, sich auf das Verwalten beschränkt und nicht selbst mit dynamischen Visionen voranschreitet. Wenn wir nicht die vielen Mythen über wirtschaftliche Entwicklung infrage stellen und uns von der üblichen Sicht auf die Rolle des Staates verabschieden, werden wir den strukturellen Herausforderungen des 21. Jahrhunderts nicht gerecht werden und den technologischen und organisatorischen Wandel nicht schaffen, den wir für ein langfristiges nachhaltiges und gerechtes Wachstum brauchen.

1 Innovationen: Von der Krisenideologie zur Arbeitsteilung

Staaten waren immer ganz schlecht darin, die Gewinner herauszupicken, und es ist zu erwarten, dass sie noch schlechter werden, wenn Legionen von Unternehmern und Bastlern Entwürfe online austauschen, zu Hause Produkte daraus machen und sie aus einer Garage heraus weltweit vermarkten. Während die Revolution tobt, sollten die Staaten sich auf die grundlegenden Dinge konzentrieren: bessere Schulen für besser qualifizierte Arbeitskräfte, klare Regeln und gleiche Ausgangsbedingungen für alle Arten von Unternehmen. Den Rest sollten wir den Revolutionären überlassen.

ECONOMIST (2012)

Überall auf der Welt hören wir, der Staat müsse schlanker werden, damit die Wirtschaft sich von der Krise erholen könne. Dahinter steht die Annahme, wenn der Staat sich nur zurückhält, würde das neue Kräfte im Unternehmertum und Innovationen im privaten Sektor freisetzen. Medien, Unternehmen und liberale Politiker bauen auf diese bequeme Gegenüberstellung und pflegen die Dichotomie eines dynamischen, innovativen und wettbewerbsfähigen »revolutionären« privaten Sektors auf der einen Seite und eines langsamen, bürokratischen, untätigen und »sich in alles einmischenden« öffentlichen Sektors auf der anderen Seite. Die Botschaft wird so oft wiederholt, bis man sie schließlich für eine selbstverständliche Wahrheit hält. Sie hat viele sogar dazu gebracht, fälschlicherweise zu glauben, die Finanzkrise des Jahres 2007, aus der bald eine veritable Wirtschaftskrise wurde, sei durch staatliche Schulden verursacht worden.

Es fallen starke Worte. Im März 2011 versprach der britische Premierminister David Cameron, er werde es mit den »Feinden der Unternehmen« in der Regierung aufnehmen, die er als »Bürokraten in den Ministerien« definierte (Wheeler 2011). Diese Rhetorik fügte sich gut in das große Thema der englischen Regierung ein, die »Big Society«, in der die Verantwortung für öffentliche Dienstleistungen vom Staat auf Einzelne übertragen wird, die entweder allein tätig werden oder im »dritten Sektor« (das heißt in gemeinnützigen Einrichtungen) zusammenfinden. Gerechtfertigt wird das damit, solche »Freiheit« von staatlichem Einfluss werde die entsprechenden Dienstleister stärken. Die verwendeten Begriffe wie »freie« Schulen (das Äquivalent zu den Vertragsschulen in den Vereinigten Staaten) implizieren, dass die Schulen durch die Befreiung von der schwer lastenden Hand des Staates für die Schüler interessanter werden und außerdem effizienter funktionieren.

Weltweit wird ein immer größerer Teil öffentlicher Dienstleistungen an den privaten Sektor »ausgelagert«, in der Regel mit der Begründung, das verspreche »mehr Effizienz«. Doch fast nie schaut man sich die tatsächlichen Einsparungen genau an, was hieße, dass auch der Mangel an Qualitätskontrolle und die daraus resultierenden absurden Kosten berücksichtigt werden müssten. Das jüngste Beispiel bot London bei den Olympischen Spielen 2012: Die Verantwortung für die Sicherheit wurde an eine Firma namens G4S übertragen, die aus schierer Inkompetenz versagte. Daraufhin wurde die britische Armee zu Hilfe gerufen, um für Sicherheit bei den Olympischen Spielen zu sorgen. Die Manager der Sicherheitsfirma erhielten eine »Rüge«, aber die Firma macht heute weiter Gewinn, und die Auslagerung staatlicher Aufgaben ist nach wie vor an der Tagesordnung. Ein Beispiel für Widerstand gegen »Outsourcing« war dagegen die Entscheidung der BBC, selbst die Internet-Plattform für ihre Sendungen, den iPlayer, aufzubauen. Dadurch blieb die BBC eine dynamische, innovative Organisation, die weiterhin Spitzentalente anzieht, und behielt ihren hohen Marktanteil im Radio- wie im Fernsehbereich – öffentliche Sender in anderen Ländern können davon nur träumen.

Der Sichtweise, dass der Staat der Feind der Unternehmen ist, begegnet man in der seriösen Wirtschaftspresse dauernd, etwa dem *Economist,* der immer wieder vom Staat als dem »Hobbesschen Leviathan« spricht, der sich möglichst zurückhalten soll *(Economist* 2011a). Zu ihren Rezepten für Wirtschaftswachstum gehört, dass der Staat nicht aktiv eingreifen, sondern sich darauf konzentrieren soll, für freiere Märkte zu sorgen und für die richtigen Rahmenbedingungen, in denen sich neue Ideen entfalten können *(Economist* 2012). In einer kürzlich erschienenen Sonderausgabe über die grüne Revolution hieß es explizit, der Staat solle sich auf die »grundlegenden Dinge« wie die Finanzierung von Bildung und Forschung konzentrieren und alles den »Revolutionären«, das heißt den Unternehmen überlassen. Aber dieser revolutionäre Geist ist in den Privatunternehmen oft schwer zu finden, und dann muss der Staat Risiko und Unsicherheit tragen.

Wenn etablierte Lobbygruppen nicht gerade mit Wünschen nach konkreter Unterstützung an den Staat herantreten – ob es um Waffen, Medikamente oder Öl geht –, plädieren sie seit Langem für Freiheit vom langen Arm des Staates, der in ihren Augen durch arbeitsrechtliche Vorschriften, Steuern und gesetzliche Vorgaben ihren Erfolg behindert. Das konservative Adam Smith Institute fordert, die Zahl der Regulierer in Großbritannien müsse verringert werden, dann werde die britische Wirtschaft »einen Innovations- und Wachstumsschub erleben« (Ambler und Boyfield 2010, S. 4). In den Vereinigten Staaten eint die Anhänger der Tea-Party-Bewegung der Wunsch, die öffentlichen Haushalte zu deckeln und freie Märkte zu propagieren. Große Pharmafirmen, die Hauptnutznießer öffentlicher Gelder, trommeln ständig für weniger Regulierung und staatliche »Einmischung« in ihre, wie sie behaupten, sehr innovative Branche.

Und in der Eurozone

In der Eurozone heißt es heute, die Nöte der EU-Länder an der »Peripherie« wie Portugal und Italien seien durch ihren »verschwenderischen« öffentlichen Sektor verursacht. Dabei übersieht man das Offensichtliche: dass diese Länder eher an einem stagnierenden öffentlichen Sektor leiden, der die strategischen Investitionen versäumt hat, die erfolgreichere Kernländer wie Deutschland seit Jahrzehnten tätigen (Mazzucato 2012b).

Die Macht der Ideologie ist so groß, dass sie leicht zu Geschichtsverdrehung führt. Ein bemerkenswerter Aspekt der Finanzkrise, die 2007 begann, ist, dass vielen Menschen später eingeredet wurde, der Hauptverursacher seien die Schulden der öffentlichen Haushalte, während es doch eindeutig exzessive private Schuldenaufnahme war (hauptsächlich auf dem amerikanischen Immobilienmarkt). Zwar ist die Staatsverschuldung drastisch angestiegen (Alessandri und Haldane 2009) infolge staatlicher Bankenrettungen und der Einbrüche bei den Steuereinnahmen während der anschließenden Rezession in vielen Ländern. Aber man kann kaum sagen, die Finanzkrise und die daraus resultierende Wirtschaftskrise seien durch staatliche Schulden ausgelöst worden. Der entscheidende Faktor war nicht die Höhe der öffentlichen Ausgaben, sondern die Art der Ausgaben. Das Wirtschaftswachstum in Italien ist seit 15 Jahren nicht deshalb so niedrig, weil der Staat zu viel ausgegeben hat, sondern weil er in Bereichen wie Bildung sowie Forschung und Entwicklung nicht genug ausgegeben hat. Vor der Krise war das italienische Staatsdefizit noch relativ moderat (um 4 Prozent), aber das Verhältnis von Schulden zu BIP ist kontinuierlich gestiegen, weil der Nenner in dieser Gleichung, das BIP, praktisch nicht gewachsen ist.

Natürlich gibt es Länder mit niedrigem Wachstum und hohem Haushaltsdefizit, aber die Frage, was Ursache ist und was Wirkung, ist höchst umstritten. Die jüngste Kontroverse über die Untersuchung von Reinhart und Rogoff (2010) zeigt, wie hitzig die Debatte geführt wird. Erschreckender ist jedoch, dass dabei nicht nur herauskam, dass ihre Zahlen (die immerhin in einer Zeitschrift veröffentlicht wurden, die als Top-Wirtschaftspublikation gilt) fehlerhaft und leichtsinnig kalkuliert waren, sondern dass viele Menschen ihre Kernaussage ohne weiteres Nachdenken geglaubt hatten: nämlich dass Schulden über 90 Prozent des BIP das Wachstum einbrechen lassen. Prompt wurde der Umkehrschluss zum neuen Dogma: Sparen wird das Wachstum garantiert (und automatisch) zurückbringen. Doch viele Länder mit höheren Schuldenquoten weisen stabiles Wachstum auf (etwa Kanada, Neuseeland und Australien – die bei Reinhart und Rogoff nicht vorkommen). Noch offensichtlicher ist, dass es eindeutig nicht auf die Größe des öffentlichen Sektors ankommt, sondern darauf, wofür er das Geld ausgibt. Ausgaben für sinnlose Bürokratie oder für Bestechung sind gewiss nicht gleichzusetzen mit Ausgaben zur Verbesserung des Gesundheitssystems, für Spitzenqualität im Bildungswesen und bahnbrechende Forschungen, also Investitionen in »Humankapital« und die Entwicklung neuer Technologien. Die Variablen, die nach Ansicht der Ökonomen für das Wirtschaftswachstum wichtig sind – wie Bildung und Forschung und Entwicklung –, sind teuer. Die Tatsache, dass die schwächsten Länder in Europa mit den meisten Schulden im Verhältnis zum BIP in diesen Bereichen sehr wenig ausgegeben haben, sollte uns deshalb nicht überraschen. Doch die Sparmaßnahmen, die ihnen gegenwärtig aufgezwungen werden, werden das Problem nur verschlimmern.

Wir haben es mit einer sich selbst erfüllenden Prophezeiung zu tun: Je mehr wir die Rolle des Staates in der Wirtschaft kleinreden, desto weniger kann er seine Rolle erfüllen und ein relevanter Akteur sein, und desto weniger wird es ihm gelingen, Toptalente anzuziehen. Ist es ein Zufall, dass das US-Energieministerium, von dem die meisten Ausgaben für Forschung und Entwicklung in der US-Regierung kommen und (pro Kopf) die meisten Ausgaben für Energieforschung in der OECD, einen Physik-Nobelpreisträger als Leiter gewinnen konnte? Oder dass weniger ambitionierte Länder eher nach dem Prinzip der Vetternwirtschaft funktionieren und in ihren Ministerien entsprechen wenig Sachverstand vorzuweisen haben? Natürlich ist das Problem nicht einfach mangelnder Sachverstand; wenn es jedoch gelingt, Talente zu gewinnen, ist das ein Indiz für das Ansehen, das öffentliche Einrichtungen in einem Land genießen.

Der Staat und die »Gewinner«

Wir hören ständig, der Staat solle sich in wirtschaftlichen Belangen zurückhalten, weil er nicht in der Lage sei, »Gewinner« zu erkennen, egal, ob es sich um neue Technologien, aufstrebende Branchen oder bestimmte Firmen handelt. Dabei wird übersehen, dass der Staat in den Fällen, in denen er angeblich versagt hat, oft etwas viel Schwierigeres versuchte als viele private Firmen: Entweder wollte er die Glanzzeit einer reifen Industrie ausdehnen (das Concorde-Experiment oder das amerikanische Projekt eines Überschall-Transportsystems) oder aktiv einen neuen Technologiesektor auf den Weg bringen (das Internet und die IT-Revolution).

Wenn man auf solch schwierigem Terrain agiert, steigt die Wahrscheinlichkeit des Scheiterns. Doch wenn wir ständig kritisieren, der Staat könne kein effizienter und innovativer Akteur sein, werfen wir ihm nicht nur vorschnell Misserfolge vor, sondern wir haben auch keinen zuverlässigen Maßstab, um seine Investitionen fair zu beurteilen. Öffentliches Wagniskapital ist etwas ganz anderes als privates Wagniskapital. Es fließt in Bereiche mit viel größerem Risiko, in denen Geduld gefordert ist und die Renditeerwartungen geringer sind. Das ist per definitionem eine schwierigere Situation. Dennoch werden die Renditen von öffentlichem und privatem Wagniskapital verglichen, als gäbe es diese Unterschiede nicht.

Dass der Staat nicht in der Lage ist, seine Position zu verteidigen und zu erklären, was er mit den ausgewählten Gewinnern zu tun hatte (vom Internet bis zu Firmen wie Apple), erleichtert ironischerweise die Kritik in den Fällen, in denen er versagt hat (zum Beispiel beim Überschall-Transportprojekt). Und noch schlimmer: Durch die Kritik ist der Staat verletzlich und ängstlich geworden, er lässt sich leicht durch Lobbys vereinnahmen, die öffentliche Mittel in private Gewinne umwandeln wollen, oder durch angebliche Experten zum Schweigen bringen, die die immer gleichen Mythen über die Ursprünge wirtschaftlicher Dynamik wiederkäuen.

Ende der 1970er-Jahre sank die Steuerbelastung von Kapitaleinkünften nach entsprechenden Lobbybemühungen der amerikanischen Wagniskapitalindustrie signifikant (Lazonick 2009, S. 73). Die Lobbyisten argumentierten gegenüber der Regierung, Wagniskapitalgeber hätten sowohl das Internet wie die Anfänge der Halbleiterindustrie finanziert, ohne Wagniskapitalgeber seien Innovationen nicht möglich. Dieselben Akteure, die auf der Welle üppiger staatlicher Investitionen in den Bereich ritten, der später die Dot.com-Revolution hervorbringen sollte, drängten die Regierung erfolgreich, die Steuern für sie zu senken. Damit sorgten ausgerechnet diejenigen, die für ihren eigenen Geschäftserfolg auf staatliche Gelder angewiesen waren, dafür, dass sich die Taschen des Staates leerten.

Weil der Staat selbst zu wenig Vertrauen in seine Rolle hat, geht er überdies leicht den Mythen über den Ursprung von Innovation und unternehmerischem Wagemut auf den Leim. So lamentieren die großen Pharmaunternehmen gegenüber ihren Regierungen gern, sie litten unter zu viel Regulierung und Bürokratie, während sie gleichzeitig bei Forschung und Entwicklung von staatlichen Geldern abhängen. Kleinunternehmerverbände haben in vielen Ländern die Regierungen davon überzeugt, dass ihre Unternehmensgruppe unterfinanziert ist. Tatsächlich erhalten sie in vielen Ländern mehr finanzielle Unterstützung als die Polizei, ohne die Jobs und die Innovationen zu schaffen, die eine solche Unterstützung rechtfertigen würden (Hughes 2008; Storey 2006). Hätte der Staat besser verstanden, wie seine Investitionen zum Aufstieg der erfolgreichsten neuen Unternehmen wie Google, Apple und Compaq beigetragen haben, dann würde er solchen Argumenten vielleicht entschiedener entgegentreten.

Aber der Staat betreibt kein gutes Marketing in eigener Sache. Denken wir nur daran, wie viel leichter Präsident Barack Obamas Kampf für eine nationale Gesundheitsreform gewesen wäre, wenn die Bürger der Vereinigten Staaten gewusst hätten, wie wichtig der finanzielle Beitrag des Staates bei der Entwicklung vieler innovativer Medikamente war. Es geht nicht um Propaganda, sondern darum, Wissen über einen Aspekt der Technikgeschichte zu verbreiten. Im Gesundheitswesen hat sich der Staat nicht »eingemischt«, sondern Neues auf den Weg gebracht. Doch erzählt und leider auch geglaubt wird eine andere Geschichte: die von den innovativen großen Pharmakonzernen und dem Staat, der sich unbefugt einmischt. Diese – komplexe – Geschichte richtig zu erzählen ist aus vielen Gründen wichtig. Die Pharmaindustrie rechtfertigt die hohen Preise für Medikamente, ob mit oder ohne staatliche Gelder entwickelt, mit ihren angeblichen »hohen Kosten für Forschung und Entwicklung«. Die Wahrheit aufzudecken hilft nicht nur den Regierungen, ihre politische Strategie zu verbessern, sondern kann auch dazu beitragen, dass der Markt besser funktioniert.

Die unternehmerische Rolle des Staates hervorzuheben bedeutet im Übrigen nicht, die unternehmerische Aktivität des privaten Sektors zu bestreiten: von jungen Unternehmen, die Dynamik in neue Sektoren bringen (zum Beispiel Google), bis zur wichtigen Finanzierung aus privaten Quellen wie beim Wagniskapital. Das Problem besteht eher darin, dass oft *nur* die Geschichte des privaten Sektors erzählt wird. Silicon Valley und die Erfolge der Biotech-Branche werden üblicherweise den genialen Köpfen zugeschrieben, die hinter kleinen Hightech-Firmen wie Facebook stehen oder hinter den vielen kleinen Biotech-Firmen in Boston und Cambridge. Dass Europa den Vereinigten Staaten angeblich hinterherhinkt, wird damit erklärt, dass dort der Wagniskapitalsektor unterentwickelt sei. Beispiele aus den Hightech-Sektoren in Amerika werden oft als Belege zitiert, warum wir angeblich weniger Staat und mehr Markt brauchen: Man müsse nur das Gleichgewicht zugunsten des Marktes verschieben, und schon werde Europa seine eigenen »Googles« bekommen. Aber wie viele Menschen wissen, dass der Algorithmus, dem Google seinen Unternehmenserfolg verdankt, mit dem Geld der National Science Foundation entwickelt wurde (Battelle 2005)? Oder dass die molekularen Antikörper, die die Grundlage der Biotechnologie-Industrie bildeten, lange bevor Wagniskapitalgeber auf den Plan traten, in Labors des staatlichen Medical Research Council (MRC) in Großbritannien entdeckt wurden? Wie vielen Menschen ist klar, dass viele der innovativsten jungen Unternehmen in den Vereinigten Staaten nicht durch privates Wagniskapital finanziert wurden, sondern durch *staat-*

liches, wie es etwa das Programm Small Business Innovation Research (SBIR) zur Verfügung stellt?

Es ist wichtig, aus solchen Einsichten Lehren zu ziehen. Dann muss die Rolle des Staates anders diskutiert werden als nur unter dem Aspekt, wie er die Nachfrage fördern kann und ob es ihm gelingt, »Gewinner herauszupicken«. Wir brauchen einen zielgerichtet handelnden, aktiven, *unternehmerischen* Staat, der in der Lage ist, Risiken einzugehen und ein hochgradig vernetztes System von Akteuren zu schaffen, das aus dem privaten Sektor das herausholt, was mittel- und langfristig für das Allgemeinwohl das Beste ist. Der Staat muss in diesem Netzwerk als Hauptinvestor und Katalysator wirken und die Verbreitung von Wissen steuern. Er kann dabei selbst aktiv gestalten und muss sich nicht mit der Rolle des Förderers der Wissensökonomie zufriedengeben.

Sich für einen unternehmerisch handelnden Staat einzusetzen ist im Grunde keine »neue« Industriepolitik, denn tatsächlich handelt der Staat bereits so. Wie Block und Keller (2011, S. 95) einleuchtend dargelegt haben, findet das steuernde Eingreifen des Staates in der Industrie hauptsächlich deshalb im Verborgenen statt, um Widerstände vonseiten der konservativen Rechten auszuschließen. Ob in der Computerbranche, beim Internet, in der pharmazeutischen Industrie, der Bio- und Nanotechnologie oder bei der grünen Revolution: Immer war es der Staat, der allen Widrigkeiten zum Trotz wagte, über das scheinbar Unmögliche nachzudenken. Er schuf die neuen technologischen Chancen, finanzierte die großen Anfangsinvestitionen, ermöglichte einem dezentralen Netzwerk von Akteuren, risikoreiche Forschungen durchzuführen, und brachte schließlich dynamische Entwicklungs- und Kommerzialisierungsprozesse auf den Weg.

Jenseits von Markt- und Systemversagen

Die Ökonomen, die dem Staat eine wichtige Rolle zubilligen, argumentieren oft mit »Marktversagen«. Aus dieser Sicht sind »unperfekte« Märkte eine Ausnahme, die staatliches Eingreifen erforderlich machen –

aber besonders interessant ist die Rolle des Staates dann nicht. Wenn Märkte nicht perfekt funktionieren, kann das verschiedene Gründe haben: Private Unternehmen sind möglicherweise nicht bereit, in Bereiche wie Grundlagenforschung zu investieren, aus denen sie – da Forschungsergebnisse »öffentliche Güter« sind – keine privaten Gewinne erzielen können. Oder sie berücksichtigen in ihrer Preiskalkulation die Kosten der durch sie verursachten Umweltverschmutzung nicht. Oder das Risiko bestimmter Investitionen ist so hoch, dass eine Firma allein sie nicht übernehmen kann. Angesichts dieser unterschiedlichen Formen von Marktversagen erwartet man vom Staat die Finanzierung von Grundlagenforschung, Strafsteuern für Firmen, die die Umwelt verschmutzen, sowie die Finanzierung von Infrastrukturprojekten. Dieser konzeptionelle Rahmen ist zwar nützlich, erklärt aber nicht, wie der Staat durch Investitionen eine »visionäre« Strategie umsetzt. Das Internet wurde nicht entdeckt und die Nanotechnologie-Branche ist nicht entstanden, weil Privatunternehmen etwas wollten, aber nicht genug Geld für die erforderlichen Investitionen hatten. Beide verdanken ihre Existenz der Vision des Staates in Bereichen, die der private Sektor noch gar nicht entdeckt hatte. Selbst nachdem der Staat die neuen Technologien auf den Weg gebracht hatte, scheuten private Investoren immer noch zurück. Der Staat musste sogar die Kommerzialisierung des Internets unterstützen. Und es dauerte Jahre, bis private Wagniskapitalgeber begannen, Biotech- und Nanotechfirmen zu finanzieren.

Es gibt natürlich viele Gegenbeispiele, bei denen der Staat keineswegs als unternehmerische Kraft auftritt. Schließlich ist es auch nicht seine zentrale Aufgabe, neue Technologien zu entwickeln und neue Industrien zu fördern. Aber wenn man anerkennt, in welchen Bereichen der Staat unternehmerisch agiert hat, wird das zu einer besseren Politik führen, als wenn wir den Staat nur als Retter bei Marktversagen und Unterstützer eines »dynamischen« privaten Sektors betrachten. Behauptungen wie, der Staat müsse den Privatunternehmen nur die richtigen Anreize bieten, Steuerentlastungen würden funktionieren, weil Unternehmen unbedingt in Innovationen investieren wollen, Hindernisse und Vorschriften müssten beseitigt werden, kleine Firmen seien per se flexibler und innovativer und sollten direkt und indirekt gefördert werden, das Kernproblem Europas sei nur die Vermarktung – all das sind Mythen, Mythen über die Quellen von Unternehmergeist und Innovation. Sie haben verhindert, dass die Politik bei Innovationen, vor denen Privatunternehmen zurückschreckten, so effektiv gewirkt hat, wie sie hätte wirken können.

Die holprige Risikolandschaft

Ökonomen aus der »evolutionären« Tradition (Nelson und Winter 1982) haben argumentiert, man brauche Innovations-»Systeme«, damit neues Wissen und Innovationen in die gesamte Wirtschaft diffundieren könnten. Und solche *Systeme* (sektorielle, regionale und nationale) erforderten dynamische Beziehungen zwischen den verschiedenen *Akteuren* (Firmen, Finanzinstituten, Forschung/Bildung, Staatsfonds, Institutionen) sowie horizontale Verbindungen *innerhalb* von Organisationen und Institutionen (Lundvall 1992; Freeman 1995). Unbeachtet blieb in dieser Debatte jedoch, welche Rolle jeder Akteur in der »holprigen« und komplexen *Risikolandschaft* tatsächlich spielt. Viele Irrtümer aktueller Innovationspolitik rühren daher, dass Akteure – zeitlich wie räumlich – an die falsche Stelle in der Landschaft gesetzt wurden. Zum Beispiel ist es naiv, zu erwarten, dass Wagniskapital heute in den frühen und besonders riskanten Stadien eines neuen wirtschaftlichen Sektors (wie saubere Technologien) fließt. In der Biotechnologie, Nanotechnologie und beim Internet floss Wagniskapital erst 15 bis 20 Jahre, *nachdem* staatliche Fonds die ersten Investitionen getätigt hatten.

Und wirklich zeigt die Geschichte, dass diejenigen Bereiche der Risikolandschaft, die sich durch hohe Kapitalintensität und hohe technische und Marktrisiken auszeichnen, vom Privatsektor in der Regel gemieden werden. Staatliche Finanzierung in erheblichem Umfang sowie Vision und Führung des staatlichen Sektors waren erforderlich, um sie in Gang zu bringen.

Wenn die unterschiedlichen Rollen der verschiedenen Akteure nicht verstanden werden, kann der Staat leichter durch Partikularinteressen vereinnahmt werden. Wie bereits erwähnt, haben Wagniskapitalgeber massiv Lobbyarbeit betrieben, damit die Steuern auf Kapitalerträge gesenkt wurden. Aber sie treffen ihre Investitionsentscheidungen bei neuen Technologien nicht auf der Grundlage von Steuersätzen, sondern entsprechend ihren Risikoerwartungen, und die Risiken sind nach Jahrzehnten staatlicher Investitionen typischerweise niedriger. Ohne ein besseres Verständnis der Akteure im Innovationsprozess laufen wir Gefahr zuzulassen, dass aus einem symbiotischen Innovationssystem, in dem der Staat und der private Sektor gemeinsam profitieren, ein parasitäres wird, in dem der private Sektor Gewinne aus einem Staat saugt, den er nicht mehr finanzieren will.

Symbiotische oder parasitäre Innovations-»Ökosysteme«

Mittlerweile ist es üblich, im Zusammenhang mit Innovationen von »Ökosystemen« zu sprechen. Das Wort geht Innovationsexperten und Politikern jedenfalls leicht von der Zunge. Aber wie können wir sicherstellen, dass das Innovations-Ökosystem zu einer *symbiotischen* Beziehung zwischen dem öffentlichen und dem privaten Sektor führt und nicht zu einer *parasitären?* Anders gefragt: Werden verstärkte Investitionen des Staates in das System den privaten Sektor veranlassen, weniger zu investieren und seine einbehaltenen Erlöse zur kurzfristigen Gewinnmaximierung zu verwenden? Oder werden Private mehr in riskante Bereiche wie Bildung und Forschung und Entwicklung investieren, um das langfristige Wachstum zu fördern?

In der Regel wird eine solche Frage als »Verdrängungs«-Problem dargestellt. Verdrängung ist eine wirtschaftswissenschaftliche Hypothese, die besagt, bei staatlichen Investitionen bestehe die Gefahr, dass Ersparnisse verwendet werden, die der private Sektor für seine eigenen Investitionsvorhaben hätte einsetzen können (Friedman 1979). Keynesianer haben bestritten, dass der Staat mit seinen Ausgaben private Investitionen verdrängt, und darauf hingewiesen, dies sei nur in einer Phase mit voller Auslastung der Kapazitäten möglich, und dieser Fall trete kaum ein. Doch die in diesem Buch diskutierten Beispiele sprechen eine andere Sprache: Ein Unternehmerstaat investiert in Bereiche, in die der private Sektor nie investieren würde, selbst wenn er die Mittel dazu hätte. Und eben diese Rolle – der Staat als risikobereiter Visionär – wird ignoriert. Die Investitionen privater Unternehmen sind in der Regel nicht durch die Menge der Ersparnisse begrenzt, sondern durch Mangel an Mut (oder an Keynes' »tierischen Instinkten«) – und eine »business-as-usual«-Haltung. Untersuchungen zu einzelnen Firmen haben gezeigt, dass der Markteintritt von Unternehmen meist nicht durch die bestehenden Gewinne in dem Bereich motiviert ist, sondern von den erwarteten technologischen und geschäftlichen Chancen abhängt (Dosi et al. 1997) – die umso größer sind, wenn der Staat in die betreffenden Bereiche investiert.

Statt nach möglicher »Verdrängung« zu fragen, sollten wir meines Erachtens über Partnerschaften zwischen privaten und öffentlichen Investoren nachdenken, die weniger parasitär als vielmehr symbiotisch sind. Das Problem ist nicht, dass der Staat zu viele Innovationen finanziert und damit den Ehrgeiz des privaten Sektors lähmt. Vielmehr sind die politischen Entscheidungsträger nicht mutig genug, zu fordern, dass die staatliche Unterstützung Teil einer gemeinsamen Anstrengung sein muss, bei der der private Sektor ebenfalls seinen Teil beiträgt. Stattdessen schließen große Forschungs- und Entwicklungslabors, und die Ausgaben für Forschung sind rückläufig, in vielen Ländern auch die Forschungsausgaben der privaten Unternehmen, so etwa in Großbritannien (Hughes und Mina 2011). Da staatliche und private Ausgaben für Forschung und Entwicklung sich tendenziell ergänzen (Erstere bereiten das Terrain für Letztere), ist es wichtig, dass die staatlichen Entscheidungsträger mutiger auftreten – das heißt, nicht nur bereit sind, bestimmte Sektoren zu finanzieren, sondern auch fordern, dass die Unternehmen ihr Engagement und ihre Beiträge erhöhen. Kürzlich kam eine Studie des

MIT zu dem Ergebnis, ein Grund, warum die Innovationsmaschine in den Vereinigten Staaten stocke, sei das Fehlen privater Forschungslabors wie des Xeroc PARC (dort wurde die Technologie für die grafischen Benutzeroberflächen entwickelt, die den Betriebssystemen von Apple und Windows zugrunde liegen) und der Bell Labs – beide wurden massiv mit staatlichen Mitteln unterstützt (MIT 2013).

Das Problem ist auch in Branchen wie der Pharmaindustrie zu beobachten, wo der Staat tendenziell immer mehr in Forschung und Entwicklung investiert, während die Investitionen der Privaten zurückgehen. Lazonick und Tulum (2012) schreiben, dass die National Institutes of Health (NIH) in den letzten zehn Jahren über 300 Milliarden Dollar aufgewendet haben (30,9 Milliarden allein 2012). Das heißt, dass der Staat immer mehr Kosten der Medikamentenentwicklung trägt (zum Beispiel die Kosten klinischer Versuche), während die privaten Pharmaunternehmen immer weniger für Forschung und Entwicklung (F&E) ausgeben und vielfach Labors ganz schließen. Natürlich können die Ausgaben für Forschung und Entwicklung insgesamt dennoch steigen, weil die Entwicklung immer teurer wird. Aber diese Feststellung verschleiert die tatsächlichen Zusammenhänge. Manche Analysten haben den Rückgang der Forschungsausgaben mit der angeblich geringen Produktivität von Forschung und Entwicklung erklärt (mehr Ausgaben, denen nicht mehr neue Entdeckungen gegenüberstehen), andere wie Marcia Angell (2005), die ehemalige Chefredakteurin des *New England Journal of Medicine,* haben deutlicher darauf hingewiesen, dass die großen Pharmafirmen versäumt haben, ihren Beitrag zu leisten. Sie argumentiert, dass die innovativsten neuen Wirkstoffe seit Jahrzehnten aus staatlichen Labors kommen, während private Pharmafirmen sich vorwiegend um Nachahmerpräparate (geringfügige Variationen von Medikamenten, die bereits auf dem Markt sind) und um das Marketing kümmern. In den letzten Jahren haben die Chefs großer Pharmafirmen zugegeben, die Entscheidung für die Verkleinerung und in manchen Fällen sogar die Schließung ihrer Forschung- und Entwicklungslabors sei gefallen, weil sie erkannt hätten, dass beim »offenen« Modell der Innovation der

Großteil der Forschungen von kleinen Biotech-Firmen oder staatlichen Labors geleistet werde (Gambardella 1995; *China Briefing* 2012). Die großen Pharmafirmen konzentrieren sich dementsprechend mittlerweile auf die Zusammenarbeit mit solchen Allianzen und auf die »Integration« von Wissen, das anderswo erarbeitet wurde.

Der Kasinokapitalismus

Eines der größten Probleme ist, dass die Reduzierung der Ausgaben für Forschung und Entwicklung mit der zunehmenden »Finanzialisierung« des privaten Sektors zusammenfiel. Ein Kausalzusammenhang dürfte zwar schwer zu beweisen sein; unbestritten ist jedoch, dass die privaten Pharmafirmen zur selben Zeit, als sie ihre Forschungsausgaben zurückfuhren, immer mehr Geld für den Rückkauf eigener Aktien aufwendeten. Damit trieben sie die Kurse ihrer Unternehmen in die Höhe, was sich wiederum auf den Wert von Aktienoptionen und damit auf die Bezahlung hochrangiger Manager auswirkte, bei denen Aktienoptionen oft ein Gehaltsbestandteil sind. Pfizer zahlte beispielsweise 2011 nicht nur 6,2 Milliarden Dollar an Dividenden aus, sondern kaufte auch für 9 Milliarden Dollar eigene Aktien zurück; das entsprach 90 Prozent seines Nettogewinns und 99 Prozent seiner Ausgaben für Forschung und Entwicklung. Amgen, das weltweit größte Biotechnologieunternehmen, hat seit 1992 jedes Jahr Aktien zurückgekauft, bis 2011 im Gesamtwert von 42,2 Milliarden Dollar, 2011 allein für 8,3 Milliarden Dollar. Seit 2002 lagen die Ausgaben von Amgen für Aktienrückkäufe in jedem Jahr mit Ausnahme von 2004 über den Ausgaben für Forschung und Entwicklung, im Gesamtzeitraum 1992 bis 2011 summierten sie sich auf 115 Prozent der Ausgaben für Forschung und Entwicklung und 113 Prozent des Nettogewinns (Lazonick und Tulum 2011). Weil die Topliga der Pharmabranche immer weniger für Forschung und Entwicklung ausgibt und gleichzeitig der Staat mehr, ist dieses spezielle Innovations-Ökosystem inzwischen eher parasitär als symbiotisch. Hier geht es nicht um Verdrängungseffekte, sondern um Trittbrettfahrerei. Von steigenden

Kursen durch Aktienrückkaufprogramme profitieren leitende Angestellte, Manager und Investoren, die den Großteil der Aktien halten. Wenn die Kurse in die Höhe getrieben werden, schafft das keine Werte (der springende Punkt bei Innovationen), sondern erleichtert die Abschöpfung von Wert. Anteilseigner und Manager werden für das Surfen auf der Innovationswelle belohnt, die der Staat ins Rollen gebracht hat. In Kapitel 9 untersuche ich das Problem, wie Wert abgeschöpft wird, genauer und frage, ob und wie manche »Erträge« von Innovationen an die Beschäftigten und den Staat zurückgeleitet werden können, die ebenfalls zum Innovationsprozess beigetragen haben.

Leider zeichnet sich das gleiche Problem auch in dem noch jungen Bereich der sauberen Technologien ab. Im Jahr 2010 hat der Branchenverband US American Energy Innovation Council (AEIC) die US-Regierung gebeten, ihre Ausgaben für saubere Technologien auf 16 Milliarden Dollar jährlich zu verdreifachen; zusätzlich sollte 1 Milliarde Dollar an die Advanced Research Projects Agency–Energy fließen (Lazonick 2011c). Andererseits gaben die in dem Verband zusammengeschlossenen Unternehmen zwischen 2001 und 2010 insgesamt 237 Milliarden Dollar für Aktienrückkäufe aus. Die wichtigsten Direktoren der AEIC kommen aus Unternehmen, die 2011 zusammen einen Nettogewinn von 37 Milliarden Dollar verzeichneten und ungefähr 16 Milliarden Dollar für Forschung und Entwicklung ausgaben. Dass sie der Meinung sind, die enormen Ressourcen ihrer eigenen Firmen reichten für Innovationen im Bereich saubere Technologien nicht aus, ist entweder ein Indiz dafür, wie wichtig der Staat als Vorreiter bei der Finanzierung von Innovationen ist, oder ein Indiz für ihre eigene Risikoscheu – oder für beides.

Aktienrückkäufe sind keine vereinzelte Erscheinung, sondern ein verbreitetes Phänomen: In den letzten zehn Jahren haben die Unternehmen aus dem Aktienindex S&P 500 3 Billionen Dollar für Aktienrückkäufe ausgegeben (Lazonick 2012). Die größten Rückkäufer (hauptsächlich Öl- und Pharmafirmen) behaupten, dies hänge mit dem Mangel an neuen Investitionschancen zusammen. Tatsächlich werden in vielen Fällen die teuersten (das heißt kapitalintensivsten) Investitionen bei neuen Entwicklungen in der Medizin und bei erneuerbaren Energien vom öffentlichen Sektor getätigt (GWEC 2012).

Mittlerweile steht die »neue« Industriepolitik wieder auf der Agenda, und viele Länder versuchen, ihre Volkswirtschaften neu auszubalancieren: weg von Finanzgeschäften und hin zur Realwirtschaft. Vor diesem Hintergrund ist es wichtiger denn je zu fragen, was diese Neuausrichtung bewirken wird (Mazzucato 2012a). Oft wird betont, dass Partnerschaften zwischen dem Staat und Privaten Innovation und Wirtschaftswachstum voranbringen können. Ich dagegen argumentiere, dass wir vorsichtiger mit Partnerschaften sein müssen, die das Risiko für alle Beteiligten erhöhen, damit wir nicht ähnliche Probleme wie bei der Finanzialisierung der Wirtschaft bekommen: Sozialisierung der Risiken und Privatisierung der Gewinne.

Die Studie von Rodrik (2004) hebt besonders klar hervor, wie wichtig es ist, die Interaktionen zwischen dem staatlichen und dem privaten Sektor neu zu durchdenken und sich mehr auf Prozesse als auf politische Ergebnisse zu konzentrieren. Er untersucht, durch welche Prozesse der staatliche und der private Sektor voneinander *lernen* können und vor welchen Chancen und Hindernissen beide Sektoren dabei stehen (Rodrik 2004, S. 3). Nach seiner Auffassung liegt das Problem nicht in der Auswahl der Instrumente (Steuererleichterung für Forschung und Entwicklung versus Subventionen) oder der Branchen (Stahl versus Software); die Frage ist vielmehr, wie die Politik Entdeckergeist fördern kann, der wiederum Kreativität und Innovation steigert. Ich stimme Rodrik in dem grundsätzlichen Punkt zu, dass die Erkundung neuer Wege und das Prinzip Versuch und Irrtum unterstützt werden müssen. Doch nach meiner Einschätzung lehrt uns die Geschichte des technologischen Wandels, dass die Auswahl bestimmter Branchen und Sektoren dabei entscheidend wichtig ist. Das Internet wäre nicht entstanden, hätte die DARPA es nicht entschlossen »herausgepickt«. Das Gleiche gilt für die Nanotechnologie, die von der NSF und später von der National Nanotech Initiative ausgewählt wurde. Und noch ein ganz wichtiges Beispiel:

Die grüne Revolution wird nicht wirklich in Gang kommen, wenn sie nicht gezielt vom Staat unterstützt wird (vgl. Kapitel 6 und 7).

Um noch einmal auf Keynes' (2011 [1926]) zentrales Argument zurückzukommen, dass der Staat die entscheidende Rolle spielt: Wir müssen fragen, wie horizontale und vertikale Instrumente und politische Strategien zusammenwirken, damit Dinge »passieren« können, die sonst nicht passieren würden. Das Problem bei Steuererleichterungen für Forschung und Entwicklung ist nicht, dass damit politische Instrumente eingesetzt werden, sondern dass sie falsch konzipiert wurden und die privaten Investitionen in Forschung und Entwicklung nicht erhöhen. Wenn ein bestimmter Bereich wie die Biowissenschaften mit Geld überschüttet wird, ist das Problem nicht, dass dieser Bereich »ausgewählt« wurde, sondern dass er nicht zunächst effizienter umgestaltet wurde, bevor er Unterstützung bekam. Wenn sich so viele Unternehmen aus den Biowissenschaften darauf konzentrieren, ihren Aktienkurs in die Höhe zu treiben, statt ihre Investitionen in die Forschung zu steigern, wird eine reine Subvention ihrer Forschung das Problem noch verschärfen, statt den Lernprozess in Gang zu setzen, den Rodrik (2004) zu Recht fordert.

2 Technologie, Innovation und Wachstum

Das Computerzeitalter hat überall seine Spuren hinterlassen – außer in der Produktivitätsstatistik.

SOLOW (1987, S. 36)

In einem Sonderbericht über die Weltwirtschaft stellte der *Economist* (2010a) fest:

> Kurzum, eine intelligente Innovationsagenda wäre ganz anders als die Agenda, die die meisten reichen Staaten anscheinend verfolgen. Es ginge dabei mehr um die Befreiung der Märkte und weniger darum, Gewinner auszuwählen; mehr darum, die richtigen Bedingungen zu schaffen, damit kluge Ideen auftauchen können, und weniger um Versprechen wie grüne Arbeitsplätze. Eine solche Politik erfordert Mut und Weitsicht – und die meisten reichen Länder zeigen weder das eine noch das andere.

Die Diskussion um die »richtige« Rolle des Staates ist nicht neu, aber sie profitiert von einem gründlichen Blick in die wissenschaftliche Literatur zum Thema, was Innovationen zum Wirtschaftswachstum beitragen.

Vor über 250 Jahren schrieb Adam Smith im Zusammenhang mit seiner These der »unsichtbaren Hand«, wenn kapitalistische Märkte sich selbst überlassen blieben, würden sie sich selbst regulieren; der Staat solle sich darauf beschränken, die grundlegende Infrastruktur zu schaffen (Schulen, Krankenhäuser, Straßen) und dafür zu sorgen, dass Privateigentum und »Vertrauen« (ein Moralkodex) zwischen den Akteuren bewahrt und geschützt würden (Smith 1974 [1776]). Smith war ein politischer und philosophischer Denker, und deshalb reichen seine Schriften weit über die schlichte wirtschaftsliberale Position hinaus, die üblicherweise mit seinem Namen in Verbindung gebracht wird. Trotzdem müssen wir feststellen, dass er daran glaubte, die Magie des Kapitalismus bestehe in der Fähigkeit des Marktes, Produktion und Distribution ohne Zwang durch den Staat zu organisieren.

Die bahnbrechenden Arbeiten von Karl Polanyi (einem promovierten Juristen, der aber als ein wichtiger Ökonom gilt) haben jedoch gezeigt, dass die Vorstellung von der Selbstregulierung des Marktes ein Mythos ist, der durch die historischen Ursprünge von Märkten nicht gestützt wird: »Der Zugang zu den freien Märkten wurde durch eine enorme Zunahme eines ständigen, zentral organisierten und kontrollierten Interventionismus geöffnet und offen gehalten« (Polanyi, 1978 [1944], S. 180). Nach dieser Sicht schuf der Staat die Bedingungen für die Entwicklung der Marktwirtschaft. Polanyis Werk war insofern revolutionär, als es den Gegensatz von Staat und Markt als Mythos entlarvte: Der kapitalistischste aller Märkte, der nationale Markt, entstand durch massives »Drängen« des Staates. Allenfalls die lokalen und internationalen Märkte, die schon vor dem Kapitalismus existierten, waren weniger eng mit dem Staat verbunden. Der Kapitalismus als diejenige Wirtschaftsordnung, die scheinbar vom Markt bestimmt wird, war dagegen von Anfang an in den Staat eingebettet und wurde von ihm geformt (Evans 1995).

John Maynard Keynes glaubte, kapitalistische Märkte bräuchten unabhängig von ihrem Ursprung beständige Regulierung, weil der Kapitalismus seinem Wesen nach instabil sei. Keynes vertrat die Auffassung, die Stabilität des Kapitalismus hänge davon ab, dass alle vier Ausgabenkategorien (die gesamtwirtschaftliche Nachfrage) beim BIP im Gleichgewicht gehalten würden: die Investitionen von Unternehmen, die Investitionen des Staates, die Ausgaben der Konsumenten und der Exportüberschuss. Als eine zentrale Quelle extremer Volatilität wurden die Investitionen der Privatunternehmen identifiziert. Der Grund dafür ist, dass sie nicht nur eine einfache Funktion von Zinsen oder Steuern sind[1], sondern den »tierischen Instinkten« unterliegen – den gefühlsmäßigen Annahmen der Investoren über die künftigen Wachstumschancen in der Volkswirtschaft insgesamt oder in bestimmten Branchen (Keynes 2009 [1934]). Nach dieser Sicht führt die Unsicherheit zu einem ständigen Wechsel von Phasen der Über- oder der Unterinvestition, was schwere Fluktuationen in der Wirtschaft verursacht, die durch den Multiplikatoreffekt noch verstärkt werden. Keynes zufolge müssen die privaten Investitionen andauernd durch Staatsausgaben ausbalanciert werden, sonst werden Rückgänge bei Konsum und Investitionen zu Marktzusammenbrüchen und Wirtschaftskrisen führen. Sie waren tatsächlich an der Tagesordnung, bevor Keynes' Gedanken Einzug in die Wirtschaftspolitik nach dem Zweiten Weltkrieg hielten.

Keynesianer betonen immer wieder, wie wichtig Staatsausgaben für die Ankurbelung der Nachfrage und die Stabilisierung der Wirtschaft sind. Ökonomen, die sich an Joseph Schumpeter (1883–1950) orientieren, gingen noch weiter und forderten, dass der Staat auch in den Bereichen Geld ausgibt, die die Innovationskraft eines Landes steigern. Diese Unterstützung kann in Form von Investitionen in Forschung und Entwicklung, Infrastruktur und berufliche Qualifikationen stattfinden oder durch direkte oder indirekte Förderung bestimmter Technologien und Firmen.

Auf der linken Seite des politischen Spektrums waren Investitionen in Bereiche, die die Produktivität steigern, weniger populär als einfache Ausgaben für die Institutionen des Wohlfahrtsstaats wie Bildung und Gesundheit. Aber wohlfahrtsstaatliche Institutionen können nicht bestehen ohne eine produktive Wirtschaft, die für die Gewinne und Steuereinnahmen sorgt, aus denen die Ansprüche finanziert werden (Nordhaus und Shellenberger 2011; Atkinson 2011). Umverteilungsmaßnahmen sind wichtig, um sicherzustellen, dass die Ergebnisse des Wirtschaftswachstums gerecht verteilt werden, aber sie sorgen nicht selbst für Wirtschaftswachstum. Ungleichheit kann dem Wachstum schaden, aber gleiche Verteilung allein erzeugt nicht Wachstum. Einem großen Teil der keynesianischen Linken fehlt eine Wachstumsagenda, die Reichtümer schafft und zugleich umverteilt. Sie wird möglich, wenn man die Lehren von Keynes und Schumpeter kombiniert. Deshalb konzentrieren wir uns in den letzten Kapiteln des Buches darauf, besser zu verstehen, warum Innovation und Ungleichheit Hand in Hand gehen können und warum das erfordert, die Risiken und Gewinne des Wirtschaftswachstums neu zu verteilen, um eine unerfreuliche Konsequenz des modernen Kapitalismus zu stoppen: dass Risiken vergesellschaftet und Gewinne privatisiert werden, nicht nur im Finanzsektor, sondern auch in der Produktion.

Ganz allgemein fehlt eine Verbindung zwischen der keynesianischen Ausgabenpolitik und den Schumpeterschen Investitionen in Innovationen. Das hat zu einem erheblichen Teil damit zu tun, dass Keynes für »nutzlose Staatsausgaben« plädiert, das heißt, die staatlichen Interventionen in der Wirtschaft sollen hauptsächlich in vorübergehenden Ausgaben bestehen, die jede beliebige Form annehmen können (der Staat kann auch Arbeiter beschäftigen, die in einer aufgelassenen Kohlemine einen vergrabenen Schatz wieder ausgraben[2]). Tatsächlich fehlt das Bindeglied zwischen dem Mikro- und dem Makroaspekt bis heute in der Wirtschaftswissenschaft. Aber empirisch ist die Verbindung vorhanden. Es trifft nicht nur zu, dass produktive Investitionen Wachstum erzeugen, sondern es gilt auch, dass sich der keynesianische Multiplikatoreffekt stärker auswirkt, wenn die Ausgaben verstärkt in bestimmte Bereiche »gelenkt« werden, wie zum Beispiel in den 1980er- und 1990er-Jahren in die IT-Revolution und in Zukunft vielleicht in die grüne Revolution. Wie Tassey schreibt:

> … das größte Problem ist, dass die Produktivität langfristig die Investitionen nicht steigern kann (Technologie, physisches Kapital, Humankapital und organisatorisches Kapital). Die Nachfrage nach Wohnungen zu steigern hat einen Multiplikatoreffekt auf die Lieferkette in dieser Branche, aber dieser Effekt verblasst im Vergleich zur Hebelwirkung von Investitionen in die Technologie für Hardware und Software, denn sie steigern die Produktivität in vielen Branchen.

> Genauso wichtig ist, dass sich die Arbeitsplätze, die durch eine von der Technologie getriebene Nachfragekette entstehen, viel stärker auszahlen – wenn sie über den gesamten Lebenszyklus der Technologie bestehen bleiben. (2012, S. 31)

Keynes betonte, der Staat müsse eingreifen, um für Stabilität zu sorgen und Krisen zu verhindern – ein heute ganz sicher drängendes Thema.[3] Aber um die Dynamik solcher Investitionen zu verstehen, müssen wir zuerst die Theorie des Wirtschaftswachstums aus unterschiedlichen Blickwinkeln betrachten und dann die Bedeutung von Technologie und Innovation für das Wirtschaftswachstum untersuchen.

Technologie und Wachstum

Seit Adam Smith sind Wachstum und der Wohlstand der Nationen zentrale Anliegen der Ökonomen. In den 1950er-Jahren haben Abramovitz (1956) und Solow (1956) jedoch gezeigt, dass man in einem entwickelten Industrieland wie den Vereinigten Staaten durch eine konventionelle Messung des Einsatzes von Kapital und Arbeit 90 Prozent des Wirtschaftswachstums nicht erklären kann. Dieser unerklärbare Rest musste wohl das Wachstum der Produktivität widerspiegeln und nicht die Menge der Produktionsfaktoren. Bis heute debattieren die Ökonomen lebhaft darüber, welche Faktoren für das Wirtschaftswachstum am wichtigsten sind. Diese Debatte spiegelt sich in der Politik wider, wo leidenschaftlich unterschiedliche Ansichten zum Wachstum vertreten werden, oft ohne dass man sich um die zugrunde liegenden theoretischen Annahmen und Ursprünge kümmert.

Über Jahre haben die Ökonomen versucht, ein Modell für Wirtschaftswachstum aufzustellen. Das erste neoklassische Modell war das von Harrod und Domar (Harrod 1939; Domar 1946), aber schließlich bekam Robert Solow für seine Wachstums-»Theorie« den Nobelpreis. In seinem Modell wird Wachstum durch eine Produktionsfunktion dargestellt, bei der der Output (Y) eine Funktion der Menge an physischem

Kapital (K) und menschlicher Arbeit (L) ist – *ceteris paribus*, das heißt, unter der Annahme, dass alle anderen Dinge gleich bleiben. Zu den »anderen Dingen« zählt auch der technologische Wandel.

$$Y = F(K, L)$$

Während Steigerungen bei K und L Veränderungen *entlang* der Produktionsfunktion (Kurve) verursachen, würden exogene (unerklärte) technologische Veränderungen einen steilen Anstieg der Kurve bewirken (sowohl K wie L könnten produktiver eingesetzt werden). Als Solow entdeckte, dass 90 Prozent der Variation bei der wirtschaftlichen Produktion sich nicht durch Kapital und Arbeit erklären ließen, nannte er den Rest »technischen Wandel«. Abramovitz, der viel mehr als Solow über die gesellschaftlichen Bedingungen wusste, unter denen technischer Wandel möglich ist, bezeichnete diesen Rest in einer berühmten Formulierung als »Maß unserer Unwissenheit« (Abramovitz 1956).

Nach der Feststellung, dass das Modell 90 Prozent der abhängigen Variable, die es beschrieb, nicht erklären konnte, hätte man es eigentlich aufgeben und ein neues Modell entwickeln müssen. Dafür plädierten in der Tat viele, so etwa Joan Robinson (Harcourt 1972) über Jahrzehnte. Robinson und andere standen dem Modell mit der Produktionsfunktion sehr kritisch gegenüber. Doch statt das unzulängliche alte Modell über Bord zu werfen, wurde der technische Wandel einfach hinzugefügt. Solows Modell (1956) wurde als »exogene Wachstumstheorie« bekannt, weil die Variable für technischen Fortschritt von außen eingeführt wurde, als ein zeitlicher Trend A (t) ähnlich wie das Bevölkerungswachstum:

$$Y = A(t)\, F(K, L)$$

Als die Ökonomen die überaus wichtige Rolle der Technologie für das Wirtschaftswachstum erkannten, begannen sie, gründlicher darüber nachzudenken, wie man die Technologie in die Wachstumsmodelle einbinden konnte. Es entstand eine »endogene« oder »neue Wachstumstheorie«. Demnach ist Technologie das Ergebnis zielgerichteter Investitionen in Forschung und Entwicklung und in Humankapital (Grossman und Helpman 1991). Statt einen konstanten oder abnehmenden Grenznutzen anzunehmen wie in Solows Modell (jede zusätzliche Kapitaleinheit bringt weniger Ertrag als die vorherige), bringen Humankapital und Technologie *zunehmende Skalenerträge*, und das ist die Triebkraft des Wachstums. Höhere Renditen durch unterschiedliche Formen von dynamischem Verhalten wie Lernen durch Erfahrung erklären, warum bestimmte Firmen und Länder kontinuierlich besser abschneiden als andere – es gibt keinen Aufholeffekt.

Die neue Wachstumstheorie lieferte zwar ein rationales Argument für Investitionen des Staates, führte aber nicht zwangsläufig dazu. Das hing damit zusammen, dass die neuen Ideen als endogene Bestandteile des Unternehmens betrachtet wurden und nicht als Teil der institutionellen Organisation, die nötig ist, damit aus Ideen Produkte werden können. Trotzdem veranlasste die stärkere Betonung des Zusammenhangs zwischen technischem Wandel und Wachstum die politisch Verantwortlichen indirekt, sich auf Investitionen in Technologie und Humankapital zu konzentrieren, um das Wachstum zu fördern. Das Ergebnis waren *innovationsgetriebene* wachstumspolitische Strategien, um die »Wissensökonomie« zu fördern, ein Begriff, der unterstreichen soll, wie wichtig es ist, in die Erzeugung von Wissen zu investieren, um die wirtschaftliche Wettbewerbsfähigkeit zu steigern (Mason, Bishop und Robinson 2009). Untersuchungen haben gezeigt, dass zwischen dem Marktwert von Firmen und ihrer Innovationsleistung eine direkte Beziehung besteht, die durch Ausgaben für Forschung und Entwicklung und den Erfolg bei Patentanmeldungen gemessen wird (Griliches, Hall und Pakes 1991).

Von Marktversagen zu Systemversagen

Nelson und Winter (1982) argumentieren in ihrer bahnbrechenden Untersuchung *An Evolutionary Theory of Economic Change*, das Modell mit der Produktionsfunktion – exogen oder endogen – sei der falsche Ansatz für das Verständnis von technologischem Wandel. Ausgehend von dem Werk von Joseph Schumpeter (1934, 1972 [1942]) plädieren sie für eine »evolutionäre Theorie« der Produktion (und des wirtschaftlichen Wandels), die in die »Black Box« der Produktionsfunktion eintaucht, um zu verstehen, wie Innovation geschieht und wie sie sich auf den Wettbewerb und das Wirtschaftswachstum auswirkt. Bei diesem Ansatz gibt es keine »repräsentativen Agenten« (wie in der Standardtheorie des Wachstums), sondern eine kontinuierliche Ausdifferenzierung der Firmen entsprechend ihrer unterschiedlichen Innovationsfähigkeit, die wiederum von unterschiedlichen internen Abläufen und Kompetenzen abhängt. Wettbewerb ist in dieser Sicht eine Frage des parallelen Ablaufs zweier Prozesse: Auf der einen Seite entwickeln sich immer neue Unterschiede zwischen den Unternehmen, auf der anderen Seite passieren Selektionsvorgänge, die die Spreu vom Weizen trennen und bewirken, dass nur manche Firmen überleben und wachsen.

Statt sich auf »Ertragsgesetze«[4] zu verlassen, die zu einem spezifischen Gleichgewicht führen, und auf Annahmen über die »durchschnittliche« Firma, konzentriert sich dieser Ansatz auf dynamisch zunehmende Skalenerträge (durch die Dynamik des Lernens durch Erfahrung und durch die »pfadabhängige« Dynamik, die David 2004 beschreibt) und auf unterschiedliche Prozesse, die Unterschiede zwischen den Firmen erzeugen, die langfristig bestehen bleiben. Die Frage lautet dann: Welche Firmen überleben und wachsen? Selektion führt nicht immer zum »Überleben der Fittesten«, einmal wegen der zunehmenden Erträge (die Ersten bekommen Vorteile, die dann »haften bleiben«), dann auch als Folge politischer Entscheidungen, die unter Umständen bestimmte Typen von Firmen gegenüber anderen bevorzugen. Möglicherweise konterkarieren sich auch die Selektionsprozesse auf Produktmärkten und auf Finanzmärkten (Geroski und Mazzucato 2002b).

Aber vor allem sind Innovationen in dieser Sichtweise unternehmensspezifisch und hochgradig unsicher. Der »evolutionäre«, Schumpetersche Ansatz bei der Betrachtung von Unternehmensverhalten und

Wettbewerb hat dazu geführt, dass »Innovationssysteme« betrachtet werden. Dabei ist es wichtig zu erkennen, wie unterschiedliche Arten von Unternehmen auf sektoraler, regionaler und auf nationaler Ebene in ein System eingebettet sind. Bei dieser systemischen Betrachtungsweise zählt nicht die Quantität von Forschung und Entwicklung, sondern deren Verteilung über die gesamte Volkswirtschaft, und dabei spielt der Staat oft eine entscheidende Rolle (Freeman 1995; Lundvall 1992). Ökonomen, die Schumpeters Sicht folgen, kritisieren die endogene Wachstumstheorie oft wegen ihrer Annahme, man könne sich Forschung und Entwicklung wie eine Lotterie vorstellen, bei der ein bestimmtes Maß an Investitionen in Forschung und Entwicklung mit einer bestimmten Wahrscheinlichkeit erfolgreiche Innovationen erzeugt. Sie sagen demgegenüber, Innovation sei ein Beispiel für echte Knightsche Unsicherheit und könne nicht mit einer normalen (auch nicht mit einer anderen) Wahrscheinlichkeitsverteilung erfasst werden, wie sie zur endogenen Wachstumstheorie gehört. Dort wird F&E oft mit einem spieltheoretischen Modell dargestellt (Reinganum 1984). Die Schumpeter-Anhänger heben die hohe Unsicherheit bei technologischen Innovationen und die starken Feedback-Effekte zwischen Innovation, Wachstum und Marktstruktur hervor und betonen damit den »systemischen« Aspekt von technischem Fortschritt und Wachstum.[5] Innovationssysteme werden definiert als »das Netz von Institutionen im öffentlichen und im privaten Sektor, dessen Aktivitäten und Interaktionen neue Technologien auf den Weg bringen, importieren, modifizieren und verbreiten« (Freeman 1995), oder als »die Elemente und Beziehungen, die bei der Hervorbringung, Verbreitung und dem Einsatz neuen, ökonomisch nützlichen Wissens interagieren« (Lundvall 1992, S.2).

Die Betonung liegt hier nicht auf der Menge von Forschung und Entwicklung, sondern auf der Zirkulation von Wissen und seiner Verbreitung in einer Volkswirtschaft. Institutioneller Wandel wird nicht durch Kriterien erfasst, die auf der statischen Effizienz der Allokation beruhen, sondern danach beurteilt, inwieweit er technologischen und strukturellen Wandel fördert. Das ist weder die Makro- noch die Mikroperspektive, sondern eher eine Mesoperspektive: Die einzelnen Firmen werden als Teile eines größeren Netzwerks von Firmen gesehen, mit denen sie kooperieren und konkurrieren. Das Innovationssystem kann auf der Ebene der Firmen angesiedelt sein oder auch regional, national oder global. Aus der Mesoperspektive ist das Netz die Analyseeinheit, nicht die einzelne Firma. Das Netz besteht aus Kunden, Subunternehmern, Infrastruktur, Lieferanten, Kompetenzen oder Funktionen und den Verbindungen oder Beziehungen zwischen ihnen. Der entscheidende Punkt ist, dass die Kompetenzen, die Innovationen generieren, Teil des kollektiven Handelns sind, das sich in dem Netz von Akteuren und ihren Kontakten untereinander vollzieht (Freeman 1995).

Es gibt keine lineare Kausalbeziehung zwischen den einzelnen Schritten Grundlagenforschung, Forschung und Entwicklung im großen Stil, Anwendungen und schließlich der Verbreitung der Innovationen. In Innovationsnetzwerken besteht vielmehr eine Vielzahl von Feedback-Schleifen zwischen Märkten und Technologie, Anwendungen und Wissenschaft. Im linearen Modell gilt das System von Forschung und Entwicklung als die wichtigste Quelle von Innovationen, was die Neigung der Ökonomen verstärkt, Statistiken zu Forschung und Entwicklung zum Verständnis von Wachstum heranzuziehen. In der nichtlinearen Sichtweise sind Ausbildung, Qualifizierung, Entwurf, Qualitätskontrolle und effektive Nachfrage genauso wichtig. Außerdem trägt dieses Modell der Zufälligkeit und Unsicherheit besser Rechnung, die für den Innovationsprozess charakteristisch sind. Es hilft, Aufstieg und Fall unterschiedlicher Wirtschaftsmächte im Lauf der Geschichte zu verstehen. Zum Beispiel erklärt es den Aufstieg Deutschlands zu einer wirtschaftlichen Großmacht im 19. Jahrhundert als Ergebnis eines vom Staat geförderten technischen Ausbildungs- und Qualifizierungssystems. Ebenso erklärt es den Aufstieg der Vereinigten Staaten zu einer wirtschaftlichen Großmacht im 20. Jahrhundert als Ergebnis von Massenproduktion und eigener Forschung und Entwicklung der Unternehmen. Die Vereinigten Staaten und Deutschland wurden aus unterschiedlichen Gründen zu wirtschaftlichen Großmächten, aber sie hatten eines gemeinsam: Ihr Bestreben war es, Innovationssysteme zu errichten, und nicht nur, die Ausgaben für Forschung und Entwicklung zu steigern.

Der springende Punkt lässt sich erläutern, wenn wir die Situation in Japan in den 1970er-und 1980er-Jahren mit der Situation in der Sowjetunion vergleichen (Freeman 1995). Der Aufstieg Japans lässt sich dadurch erklären, dass neues Wissen durch eine eher horizontale wirtschaftliche Struktur floss, die aus dem Ministerium für internationalen Handel und Industrie (MITI) sowie Forschung und Entwicklung an Universitäten und in Unternehmen bestand. In den 1970er-Jahren gab Japan 2,5 Prozent seines BIP für Forschung und Entwicklung aus, die Sowjetunion hingegen mehr als 4 Prozent. Dennoch wuchs Japan viel schneller als die Sowjetunion, weil die Ausgaben für Forschung und Entwicklung sich über eine größere Zahl verschiedener Wirtschaftssektoren verteilten und nicht so stark auf das Militär und die Raumfahrt konzentriert waren wie in der Sowjetunion. In Japan bestand auf Unternehmensebene eine starke Integration zwischen Forschung und Entwicklung, Produktion und Technologieimport, während diese Bereiche in der Sowjetunion getrennt blieben. Vor allem aber kam es in der Sowjetunion nicht vor beziehungsweise war es nicht erlaubt, dass Unternehmen vom Staat entwickelte Technologien vermarkteten. Japan hatte starke Bindungen zwischen Nutzern und Produzenten, im sowjetischen System fehlten sie vollständig. Außerdem förderte Japan Innovationen mit Anreizen für die Betriebsleitung und die Beschäftigten, statt sich nur auf die zuständigen Ministerien zu konzentrieren. Johnson (1982) schreibt, das »japanische Wirtschaftswunder« sei im Wesentlichen dem Entwicklungsstaat zu verdanken[6] oder der Koordinierung der japanischen Wirtschaft durch eine planvolle, gezielte Industriepolitik des MITI. Doch Lazonick (2008, S. 27f.) fügt hinzu, »der Beitrag des Entwicklungsstaats in Japan kann nicht unabhängig vom Wachstum von Firmen« (wie Toyota, Sony und Hitachi) verstanden werden. Neben der staatlichen Unterstützung der Industrie »waren es Strategie, Organisation und Finanzgebaren« der führenden japanischen Firmen, die »aus

Unternehmen innovative Firmen« machten. Diesen Faktoren verdankten sie, dass sie sich im Wettbewerb mit den fortgeschrittensten Volkswirtschaften der Welt erfolgreich behaupten konnten. Genauso wichtig waren die Lehren, die die Japaner aus dem Ausland mitbrachten, wenn sie dort für ihre Firmen westliche Technologien studierten, sowie die Beziehungen zwischen japanischen und amerikanischen Firmen. Die japanischen Unternehmen profitierten von den Erfahrungen des amerikanischen Entwicklungsstaates, sie übertrugen das Wissen auf die japanischen Firmen und schufen interne Abläufe, mit denen sie westliche Technologien hervorbringen und sogar übertreffen konnten. Die japanischen Mischkonzerne gehörten zu den ersten ausländischen Firmen, die Anfang der 1950er-Jahre Transistoren von AT&T (Bell Labs) in Lizenz produzierten. Daraus folgten wichtige Kontakte zu Firmen wie General Electric, IBM, Hewlett-Packard und Xerox. Bestimmte Bereiche wie die Elektronik nahmen die japanischen Firmen besonders entschlossen ins Visier, und sie setzten auf organisatorische Innovationen wie die flexible Produktion »Just in Time« und »Total Quality« (das war nötig, um Unterbeschäftigung und Verschwendung zu verhindern, insbesondere angesichts des Rohstoffmangels in Japan), die in vielen Wirtschaftsbereichen mit großem Erfolg praktiziert wurden.

In Tabelle 1 werden das japanische und das sowjetische Innovationssystem verglichen. In diesem Zusammenhang ist es wichtig hervorzuheben, dass die Industriepolitik des MITI viel mehr beinhaltete, als »Gewinner herauszupicken«, wie viele Kritiker heute abschätzig urteilen. Bei Japans Ansatz ging es darum, Wandel innerhalb der Industrie zu koordinieren, Verbindungen zwischen Branchen, Unternehmen und dem öffentlichen und privaten Sektor so zu stärken, dass Wachstum auf breiter Front und gezielt möglich wurde. Das japanische Modell war eine Alternative zu dem stärker vertikal ausgerichteten »fordistischen« Produktionsmodell in den Vereinigten Staaten, das durch starre und gespannte Beziehungen zwischen Gewerkschaften und Unternehmensleitungen charakterisiert ist. Es sorgte für eine nachhaltigere Zirkulation von Wissen und Kompetenzen in der Wirtschaft und bot damit den

TABELLE 1. Unterschiedliche Innovationssysteme: Japan und die UdSSR in den 1970er-Jahren

Japan	UDSSR
Hohe BIP-Ausgaben für F&E (Verhältnis GERD zu BIP 2,5%)	Sehr hohe BIP-Ausgaben für F&E (Verhältnis GERD zu BIP ca. 4 %)
Sehr niedriger Anteil von Militär und Raumfahrt an F&E (<2 % des F&E)	Extrem hoher Anteil von Militär und Raumfahrt an F&E (>70 % des F&E)
Hoher Anteil der Unternehmen an F&E (rund 67 %)	Niedriger Anteil der Unternehmen an F&E (<10 %)
Starke Integration von F&E, Produktion und Technologieimport auf Unternehmensebene	Trennung von F&E, Produktion und Technologieimport, schwache institutionelle Verbindungen
Enge Verbindungen zwischen Nutzer-Produzent und Subunternehmer	Schwache oder nicht vorhandene Verbindungen zwischen Vermarktung, Produktion und Beschaffung
Starke Innovationsanreize auf Unternehmensebene, die Unternehmensleitung und Belegschaft einbeziehen	Einige Innovationsanreize, die in den 1960er- und 1970er-Jahren verstärkt wurden, aber durch negative Anreize bei Unternehmensleitung und Belegschaft konterkariert wurden
Intensive Erfahrungen mit Wettbewerb auf internationalen Märkten	Relativ wenig Erfahrungen mit internationalem Wettbewerb außer beim Wettrüsten

QUELLE: Freeman (1995). Hinweis: Die Bruttoninlandsaufwendungen für F&E (Gross Domestic Expenditure on R&E, GERD) umfassen alle Ausgaben für F&E in einem bestimmten Land in einem Jahr.

horizontal strukturierten und flexiblen japanischen Firmen ein besseres Umfeld. Das sowjetische und das amerikanische Produktionsmodell stehen zwar an entgegengesetzten Enden des politischen Spektrums, aber sie waren beide gleichermaßen »starr«, und darum konnte das japanische Modell sie beide verdrängen.

Regionale Innovationssysteme setzen auf die kulturelle, geografische und institutionelle Nähe, die Transaktionen zwischen unterschiedlichen sozioökonomischen Akteuren ermöglichen und erleichtern. Studien zu innovativen Milieus wie Industriedistrikten und lokalen Innovationssystemen haben gezeigt, dass Konventionen und bestimmte soziointstitutionelle Faktoren in den Regionen einen Einfluss auf den technologischen Wandel auf nationaler Ebene haben. Zu speziellen Faktoren zählen Interaktionen zwischen lokalen Verwaltungen, Gewerkschaften und Familienunternehmen zum Beispiel in italienischen Industriedistrikten.

Die Rolle des Staates besteht nicht nur darin, in nationalen Forschungszentren und Universitäten Wissen zu schaffen, sondern auch, Ressourcen zu mobilisieren, damit Wissen und Innovationen breit in die verschiedenen Sektoren der Wirtschaft diffundieren können. Der Staat tut dies, indem er bestehende Innovationsnetze zusammenführt oder die Entwicklung neuer Netze erleichtert, in denen unterschiedliche Akteure mit ihren jeweiligen Interessen zusammenkommen. Dennoch reicht ein nationales Innovationssystem mit vielen horizontalen und vertikalen Netzwerken nicht aus. Der Staat muss auch den Prozess der industriellen Entwicklung anführen, indem er in Bereichen mit hoher Priorität Strategien für technischen Fortschritt entwickelt.

Diese Sicht des Staates haben viele Länder übernommen, die sich bemühen, die technisch fortgeschrittensten Volkswirtschaften einzuholen. Es gibt eine Fülle von Literatur über den Entwicklungsstaat, die ihn nicht nur aktiv in der keynesianischen Nachfragesteuerung sieht, sondern auch führend in der Industrialisierung. Beispielhaft dafür sind die ostasiatischen Volkswirtschaften, denen es durch Planung und aktive Industriepolitik gelungen ist, den Westen technisch und ökonomisch einzuholen (Amsden 1989). In Ländern, in denen die Industrialisierung erst spät begann, führte der Staat die Entwicklung an. Er übernahm bestimmte Funktionen wie beispielsweise die Auswahl der Bereiche, in die investiert werden sollte, errichtete Hürden zum Schutz vor ausländischer Konkurrenz, bis die Firmen in den ausgewählten Bereichen exportfähig waren, und leistete Hilfe bei der Suche nach neuen Exportmärkten für Unternehmen. Für Japan zeigt beispielsweise Johnson (1982), wie das MITI daran arbeitete, japanische Firmen auf neuen internationalen Märkten zu koordinieren. Dazu investierte es in bestimmte Technologien (Gewinner herauspicken) und schuf Geschäftsstrategien, die darauf ausgelegt waren, spezifische heimische und internationale Märkte zu erobern. Außerdem koordinierte der japanische Staat das Finanzsystem über die Bank of Japan und das Fiskalische Investitions- und Kreditprogramm (finanziert über die Postbank).

Chang (2008) zeigt Ähnliches für Südkorea und andere junge Industrieländer. China verfolgt ebenfalls eine gezielte Industrialisierungsstrategie und ist der Welthandelsorganisation erst beigetreten, als seine Industrie wettbewerbsfähig war, statt auf eine vom Internationalen Währungsfonds gestützte Industrialisierungsstrategie zu setzen. Die chinesische Strategie hat die Schwächen des Washingtoner Konsenses zur Entwicklung gezeigt, der dem Staat die aktive Rolle abspricht, die er bei der Entwicklung großer Industrieländer wie der Vereinigten Staaten, Deutschlands und Großbritanniens doch fraglos gerade gespielt hat.

Offensichtlich gibt es viele Belege, dass der Staat erfolgreich eine Aufholpolitik betreiben kann, indem er gezielt Ressourcen in bestimmte Industriesektoren lenkt. Warum akzeptiert man dann nicht, dass der Staat bei der Entwicklung neuer Technologien und Methoden eine größere Rolle spielen kann, als nur Grundlagenforschung zu finanzieren und eine für die Aktivitäten des privaten Sektors günstige Infrastruktur zu schaffen?

Mythen über die Triebkräfte von Innovationen und ineffektive Innovationspolitik

Weil die Wirtschaftswissenschaft die Bedeutung von Innovationen für das Wachstum so stark betonte, konzentrierten sich die politisch Verantwortlichen seit den 1980er-Jahren auf Variablen wie Forschung und Entwicklung und Patente als Prädikatoren für Innovationen und damit für Wirtschaftswachstum. Zum Beispiel formulierte die EU in ihrer Lissabon-Strategie (2000) und ihrer aktuellen Langzeitstrategie Europa 2020 (vom Rat 2010 verabschiedet) das Ziel, 3 Prozent des BIP der EU sollten in Forschung und Entwicklung investiert werden. Auf der Agenda stehen weiterhin politische Maßnahmen, um den Austausch von Wissen zwischen Universitäten und Unternehmen zu fördern – und eine stärkere Verbindung von Finanzmärkten und innovativen Unternehmen unterschiedlicher Größe.

Zwischen den OECD-Ländern gibt es nach wie vor große Unterschiede bei den Ausgaben für Forschung und Entwicklung (siehe Abb. 1, S. 62). Interessant ist, dass die Finanzkrise, aus der später eine Staatsschuldenkrise wurde, am stärksten die europäischen Länder getroffen hat, in denen die Ausgaben für Forschung und Entwicklung am geringsten waren. Das heißt natürlich nicht, dass ihre geringen Ausgaben für Forschung und Entwicklung ihre Probleme verursacht haben, aber es besteht mit Sicherheit ein Zusammenhang. Die hohe Verschuldung Italiens (120 Prozent des BIP in 2011) rührte nicht daher, dass zu viel, sondern dass das Geld an den falschen Stellen ausgegeben wurde. Über viele Jahre lag das italienische Defizit bei relativ moderaten 4 Prozent. Aber weil Italien versäumte, in produktivitätssteigernde Forschung und Entwicklung und in Ausbildung zu investieren, blieb die Höhe des Wachstums unter der Höhe des Zinssatzes, den Italien für seine Schulden zahlen musste, und damit wuchs der Zähler in dem Bruch Schulden geteilt durch BIP schneller als der Nenner. Die Tatsache, dass die EU-Länder so unterschiedlich stark in Bereiche investieren, die für langfristiges Wachstum sorgen, ist ein Grund, warum sie so unterschiedlich unter der Wirtschaftskrise litten. Die verschiedenen Auffassungen, wie Wachstum zu erzeugen ist, waren auch ein Grund, warum es so wenig Solidarität und gegenseitige Hilfsbereitschaft gab. Die deutschen »Falken« sind der Meinung, deutsches Steuergeld solle nicht zur Rettung der Griechen eingesetzt werden. Doch sie irren sich, wenn sie denken, dass die Griechen alle Verschwender sind. Damit das europäische Projekt gelingen kann, sind nicht nur »strukturelle« Reformen nötig (die Steuermoral heben, die Arbeitsmärkte reformieren und so weiter), sondern auch und ganz besonders höhere Investitionen des staatlichen und des privaten Sektors in Forschung und Bildung als Voraussetzung für Innovationen. Unterstützung für eine solche Politik zu bekommen, ist unter den Rahmenbedingungen des »europäischen Fiskalpakts« praktisch unmöglich, denn er legt die Obergrenze für das jährliche Haushaltsdefizit der Mitgliedstaaten auf 3 Prozent des BIP fest, unabhängig davon, ob ihre Ausgaben zu Innovationen und zu künftigem Wachstum führen können.

Geringe Ausgaben für Forschung und Entwicklung sind für die meisten Länder der europäischen »Peripherie« ein Problem. Allerdings ist auch richtig, dass unterdurchschnittliche Ausgaben eines Landes für Forschung und Entwicklung nicht unbedingt ein Problem sein müssen, wenn in den Sektoren, auf die sich das Land spezialisiert hat, Innovationen nicht zwangsläufig durch Forschung und Entwicklung zustande kommen (Pierrakis 2010). Zum Beispiel ist Großbritannien auf Finanzdienstleistungen, Bau und Kreativbranchen (wie Musik) spezialisiert – und in all diesen Sektoren sind die Ansprüche an Forschung und Entwicklung relativ gering. Daneben gibt es viele Branchen, insbesondere im Dienstleistungssektor, wo gar keine Forschung und Entwicklung anfällt. Doch diese Branchen beschäftigen oft in großer Zahl Wissensarbeiter, die Informationen generieren, absorbieren und analysieren. Wenn, *ceteris paribus,* diese Branchen einen kleineren Anteil am BIP haben, ist es für eine Volkswirtschaft leichter, das 3-Prozent-Ziel beim Verhältnis von F&E zum BIP zu erreichen (das in der Lissabon-Strategie wie in der Strategie Europa 2020 genannt wird). Aber wäre die Performance dieser Volkswirtschaft darum besser? Das hängt davon ab, was die betreffenden Branchen zur Wirtschaft insgesamt beitragen. Sind es »Low-Tech«-Sektoren, die wichtige Dienstleistungen zur Verfügung stellen, die die Wertschöpfungskapazität anderer Branchen stärken oder zum Wohlergehen der Haushalte und Konsumenten beitragen? Oder sind es, wie es oft der Fall ist, Finanzdienstleistungen, die darauf zielen, Wert aus der Wirtschaft herauszuziehen, selbst wenn das die Bedingungen für Innovationen in anderen Branchen aushöhlt (Mazzucato und Lazonick 2010)?

Ein Problem solcher simplen Prozent-Ziele ist, dass sie davon ablenken, wie groß die Unterschiede zwischen den Ausgaben für Forschung und Entwicklung in den einzelnen Branchen und durch die ein-

ABB 1. Bruttoinlandsaufwendungen für F&E (GERD) als Prozentsatz des BIP in der OECD, 1981–2010

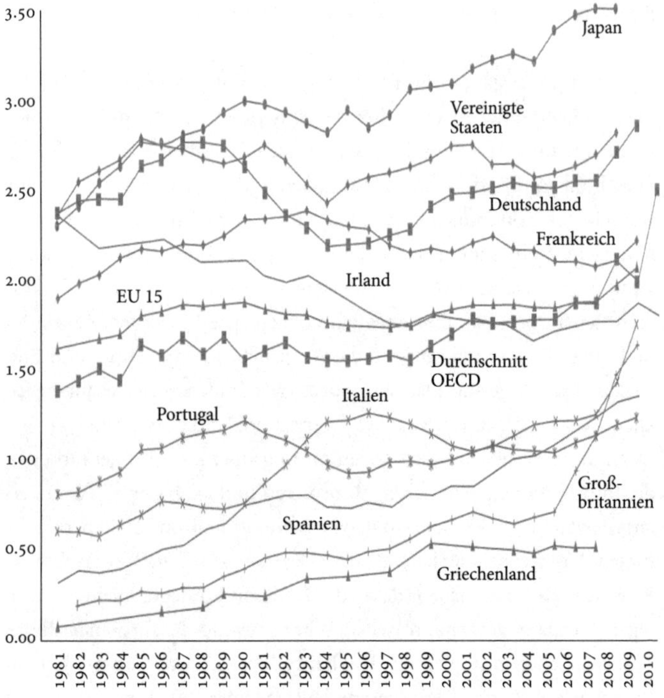

zelnen Firmen sind. Sie verschleiern auch wichtige Unterschiede bei den einander ergänzenden Levels von F&E-Investitionen durch den Staat und durch Unternehmen, die für eine starke wirtschaftliche Performance ebenfalls erforderlich sind.

Der oben beschriebene Ansatz, den Blick auf nationale Innovationssysteme zu richten, betont die wichtige Rolle von Institutionen bei der Verbreitung von Wissen, das durch Forschung und Entwicklung entstanden ist, innerhalb eines Systems. Ein noch größeres Problem bei Innovationsstrategien auf der Grundlage von Forschung und Entwicklung ist das mangelnde Verständnis dafür, welche Gegebenheiten auf Firmenebene vorhanden sein müssen, damit technologische Innovationen überhaupt den Markt erreichen, zum Beispiel Infrastruktur und Vermarktungskapazitäten.

Viele Mythen ranken sich um innovationsgetriebenes Wachstum. Sie gründen auf falschen Annahmen, welches die Haupttriebkräfte von Innovationen sind, von Forschung und Entwicklung über kleine Firmen und Wagniskapital bis zu Patenten. Ich nenne sie »Mythen«, obwohl es wohl richtiger wäre, von falschen Annahmen zu sprechen, die zu einer ineffektiven Innovationspolitik führen.

Mythos 1: Bei Innovationen geht es im Wesentlichen um Forschung und Entwicklung

Die Literatur über die ökonomischen Ursachen und Wirkungen von Innovationen aus den verschiedenen Lagern nimmt oft eine direkte Kausalbeziehung zwischen Forschung und Entwicklung und Innovationen und zwischen Innovationen und Wirtschaftswachstum an. Während in der zitierten Literatur über Innovationssysteme das lineare Innovationsmodell strikt abgelehnt wird, zielt die Innovationspolitik zu einem großen Teil immer noch auf die F&E-Ausgaben von Unternehmen, Branchen und der gesamten Volkswirtschaft. Doch nur sehr wenige Untersuchungen belegen, dass Innovationen durch große oder kleine Firmen tatsächlich ihr Wachstum steigern – das heißt, die Makromodelle von Innovation und Wachstum (ob »neue Wachstumstheorie« oder Schumpetersche Modelle) beruhen offenbar nur auf dünnen empirischen »Mikrogrundlagen« (Geroski und Mazzucato 2002a). Einige Untersuchungen auf Unternehmensebene haben positive Auswirkungen von Forschung und Entwicklung auf das Wachstum nachgewiesen (Geroski, Machin und Toker 1992, 1996; Yasuda 2005), andere fanden keinen signifikanten Zusammenhang (Almus und Nerlinger 1999; Bottazzi et al. 2001; Lööf und Heshmati 2006). Manche Untersuchungen zeigten sogar einen negativen Zusammenhang, was nicht überraschend ist: Wenn die Firmen in der Stichprobe nicht die erforderlichen zusätzlichen Qualifikationen aufweisen, wird Forschung und Entwicklung zu einem reinen Kostenfaktor (Brouwer, Kleinknecht und Reijnen 1993; Freel und Robson 2004).

Deshalb ist es entscheidend, die unternehmensspezifischen Bedingungen zu identifizieren, die gegeben sein müssen, damit sich Forschung und Entwicklung positiv auf das Wachstum auswirken kann. Sie sind natürlich von Sektor zu Sektor unterschiedlich. Demirel und Mazzucato (2012) haben beispielsweise gezeigt, dass in der Pharmaindustrie nur die Firmen, die fünf Jahre hintereinander Patente anmelden (die »kontinuierlichen« Patentanmelder) und die Allianzen angehören, durch ihre F&E-Ausgaben mehr Wachstum erzielen. Die Innovationspolitik in dieser Branche darf sich darum nicht allein auf Forschung und Entwicklung konzentrieren, sondern muss weitere Eigenschaften der Firmen mit in den Blick nehmen. Coad und Rao (2008) haben herausgefunden, dass nur die am schnellsten wachsenden Firmen einen Nutzen aus ihren F&E-Ausgaben ziehen (die obersten 6 Prozent in dem Bericht der NESTA aus dem Jahr 2009 »The Vital 6 %«). Mazzucato und Parris (2011) legen dar, dass ein Zusammenhang zwischen F&E-Ausgaben und schnellem Wachstum nur in bestimmten Phasen des Lebenszyklus der Branche besteht, in denen der Wettbewerb besonders erbittert ist.

Mythos 2: Klein ist fein

Die Feststellung, dass sich Innovationen bei unterschiedlichen Arten von Unternehmen unterschiedlich auf das Wachstum auswirken, hat wichtige Implikationen für die verbreitete Annahme, »kleine Firmen« seien wichtig (für Wachstum, für Innovationen und für Arbeitsplätze), und deshalb müssten kleine und mittlere Unternehmen gezielt politisch unterstützt werden, um Innovation und Wachstum zu fördern. Hughes (2008) hat gezeigt, dass kleine und mittlere Unternehmen in Großbritannien fast 9 Milliarden Pfund an direkten und indirekten staatlichen Subventionen erhielten, mehr als die Polizei. Ist das Geld gut ausgegeben? Der Hype um kleine Firmen rührt hauptsächlich daher, dass man Größe und Wachstum verwechselt. Die überzeugendsten Belege zeigen, dass es nicht auf kleine Firmen ankommt, sondern in erster Linie auf *junge*, stark wachsende Firmen. Die NESTA zum Beispiel hat nachgewiesen, dass für das Wirtschaftswachstum in Großbritannien eine kleine Gruppe schnell wachsender Firmen am wichtigsten war; sie schufen zwischen 2002 und 2008 die meisten neuen Arbeitsplätze im Land (NESTA 2011). Zwar sind viele Unternehmen, die schnell wachsen, klein, aber das heißt nicht, dass kleine Firmen immer schnell wachsen.[7] Rasches Wachstum, das Innovationen voranbringt und Arbeitsplätze schafft, ist oft bei Firmen zu beobachten, die schon einige Jahre bestehen und langsam gewachsen sind, bis sie plötzlich durchstarten. Das ist insofern ein großes Problem, weil sich die politische Unterstützung oft auf Steuererleichterungen und Vorteile für kleine und mittlere Unternehmen konzentriert in der Erwartung, dadurch die Wirtschaft insgesamt innovativer und produktiver zu machen.

Es ist zwar viel die Rede davon, dass kleine Firmen Arbeitsplätze schaffen, vor allem vonseiten der Politiker, aber das ist größtenteils ein Mythos. Natürlich schaffen kleine Firmen Arbeitsplätze, aber sie vernichten auch eine Menge, wenn sie scheitern. Haltiwanger, Jarmin und Miranda (2010) haben herausgefunden, dass es keinen systematischen Zusammenhang zwischen Unternehmensgröße und Wachstum gibt. Die meisten Effekte sind auf das Alter zurückzuführen: Junge Firmen (und Start-ups) tragen deutlich dazu bei, dass brutto und *netto* neue Arbeitsplätze entstehen.

Im Mittelpunkt sollte die Produktivität stehen, und kleine Firmen sind oft weniger produktiv als große. Aktuelle Erkenntnisse sprechen dafür, dass einige Volkswirtschaften, die kleine Unternehmen besonders gefördert haben wie etwa Indien, schlechter dastehen. Hsieh und Klenow (2009) beispielsweise sagen, dass 40 bis 60 Prozent der Differenz bei der totalen Faktorproduktivität (TFP) zwischen Indien und den Vereinigten Staaten dadurch zu erklären sind, dass in Indien zu viel Unterstützung an kleine und mittlere Unternehmen mit geringer Produktivität fließt. Weil die meisten kleinen Start-up-Unternehmen scheitern oder nicht in der Lage sind, über das Stadium des Einzelunternehmers hinaus zu wachsen, werden in erheblichem Umfang Ressourcen verschwendet, wenn man ihnen mit Subventionen, zinsgünstigen Krediten und Steuererleichterungen unter die Arme greift. Solche Verschwendung ist zwar ein notwendiges Risiko im Innovationsprozess (Janeway 2012); dennoch ist es wichtig, zumindest die Finanzierungsstrategie an dem auszurichten, was wir über »wachstumsstarke« innovative Unternehmen wissen, und nicht an einer eher folkloristischen Vorstellung vom Wert einer vermeintlichen Gruppe kleiner und mittlerer Unternehmen – die es in Wahrheit gar nicht gibt.

Bloom und van Reenen (2006) argumentieren, kleine Firmen seien weniger produktiv als große, weil sie nicht so gut gemanagt würden und oft engstirnigen familiären Vorurteilen folgten. Außerdem hätten kleine Firmen niedrigere Durchschnittslöhne, weniger qualifizierte Arbeitskräfte, weniger Fortbildung, weniger zusätzliche Sozialleistungen und ein höheres Risiko, bankrottzugehen. In Großbritannien gebe es viele Familienunternehmen im Vergleich zu anderen Ländern, etwa zu den Vereinigten Staaten und Deutschland, aber schlechte Managementleistungen (2006). Das hänge unter anderem mit einer verzerrten Besteuerung zusammen, die Familienunternehmen Erleichterungen bei der Erbschaftssteuer gewährt.

Einige haben daraus den Schluss gezogen, dass es nicht auf die Größe ankommt, sondern auf ein starkes Wachstum, und dass der Staat die Bedingungen für Wachstum am besten durch politische Entscheidungen schafft, die Innovationen fördern. Bloom und van Reenen (2006) sagen demgegenüber, statt durch Steuerleichterungen und sonstige Unterstützungen speziell für kleine und mittlere Unternehmen helfe der Staat kleinen Firmen am besten, »indem er Markteintritts- und Wachstumshindernisse für Firmen jeder Größe beseitigt, eine entschlossene Wettbewerbspolitik betreibt und sich entschieden allen Lobbyanstrengungen großer Firmen und ihrer Vertreter widersetzt und auf diese Weise für Gleichheit auf dem Spielfeld sorgt«. Aber wie wir noch sehen werden, sind oft gerade die besonders innovativen Firmen in den Genuss unterschiedlicher direkter staatlicher Investitionen gekommen, und das macht den Zusammenhang von Größe und Wachstum sehr viel komplizierter.

Die politische Folgerung muss lauten: Statt kleinen Unternehmen Almosen zu geben in der Hoffnung, dass sie wachsen werden, ist es besser, junge Unternehmen zu fördern, die bereits Ehrgeiz bewiesen haben. Es ist effizienter, Technologien zur Verfügung zu stellen, die Innovationen erfordern, als Subventionen zu verteilen in der Hoffnung, dass die Innovationen dann schon kommen werden. In einer Zeit, in der Haushaltslöcher die verfügbaren Ressourcen einschränken, könnte dieser Ansatz für den Steuerzahler erhebliche Einsparungen bedeuten, wenn beispielsweise direkte Transfers an Unternehmen nicht mehr allein wegen ihrer Größe fließen, wie es etwa in Großbritannien mit niedrigen Steuersätzen für kleine Unternehmen oder Erbschaftssteuererleichterungen für Familienunternehmen der Fall ist (Schmidt 2012).

Mythos 3: Wagniskapital liebt das Risiko

So wie die politisch Verantwortlichen die Bedeutung kleiner Firmen und von Forschung und Entwicklung überschätzen, gibt es auch übertriebene Erwartungen, wie Wagniskapital Wachstum erzeugen kann, vor allem in wissensbasierten Bereichen, die sehr kapitalintensiv und technologisch sehr komplex sind.

Wagniskapital ist außerbörsliches Beteiligungskapital, das in einem frühen Stadium der Firmenentwicklung an Unternehmen mit hohem Wachstumspotenzial fließt. Das Geld dient entweder am Anfang der Anschubfinanzierung oder später der Finanzierung von Wachstum. Wagniskapitalgeber setzen auf hohe Renditen nach einem erfolgreichen Börsengang »ihres« Unternehmens, einer Fusion oder Übernahme. Wagniskapital schließt eine Finanzierungslücke für junge Firmen, die oft Schwierigkeiten haben, Darlehen von traditionellen Finanzinstituten wie Banken zu erhalten. Solche Firmen müssen sich dann andere Finanzierungsquellen suchen wie etwa private Geldgeber (»Business Angels« einschließlich Freunden und Verwandten), Wagniskapital und privates Beteiligungskapital. Solche alternativen Finanzierungsmethoden sind besonders wichtig für neue, wissensbasierte Unternehmen, die in bestehenden Branchen Fuß fassen wollen, oder für Firmen, die ein ganz neues Geschäftsfeld begründen wollen.

Wagniskapital ist in der Anfangsphase des Unternehmenswachstums knapp, weil zu diesem Zeitpunkt das Risiko besonders hoch ist, dagegen das Potenzial der neuen Idee, ihre technologischen Anforderungen und die Nachfragesituation vollkommen ungewiss sind (siehe Tabelle 2). In den späteren Phasen nimmt das Risiko dann signifikant ab.

Abb. 2 zeigt, dass man den Einsatz von Wagniskapital am ehesten in der Phase von Erfindung und Innovation erwarten kann (in der zweiten und dritten Phase). In der Realität ist das Bild viel weniger gleichmäßig und voller Feedback-Schlaufen. Viele Firmen überleben den Schritt von einer neuen wissenschaftlichen oder technischen Entdeckung und ihrer erfolgreichen Umsetzung in eine kommerzielle Anwendung nicht. Der Übergang von der zweiten in die dritte Phase in Abb. 2 wird deshalb oft auch als »Tal des Todes« bezeichnet.

Aus Abb. 2 geht nicht hervor, dass es immer wieder staatliches und nicht privates Wagniskapital war, das die meisten Risiken übernommen hat. In den Vereinigten Staaten stammen 20 bis 25 Prozent der gesamten Finanzierung von Technologiefirmen in frühen Stadien aus staatlichen Programmen wie Small Business Innovation Research (SBIR) und Advanced Technologie Program (ATP) des Handelsministeriums (Auerswald und Branscomb 2003, S. 232). Insofern hat der Staat nicht nur in dem frühen Stadium der Forschung einen zentralen Beitrag geleistet, wie Abb. 2 zeigt, sondern auch in der Phase, in der ein marktfähiges Produkt entwickelt wird. Auerswald und Branscomb (2003) schreiben, die staatliche Finanzierung von Technologiefirmen in einem frühen Stadium entspreche den gesamten Investitionen von »Business Angels« und sei zwei bis acht Mal so hoch wie die Investitionen privater Wagniskapitalgeber.

TABELLE 2. Verlustrisiko in unterschiedlichen Stadien, in denen Investitionen erfolgen (in Prozent)

Punkt, an dem die Investition erfolgt	Verlustrisiko
Anschub	66,2 %
Start-up	53,0 %
Zweite Phase	33,7 %
Dritte Phase	20,1 %
Brückenstadium vor dem Börsengang	20,9 %

QUELLE: Pierrakis (2010)

ABB 2. Stadien von Wagniskapital-Investitionen

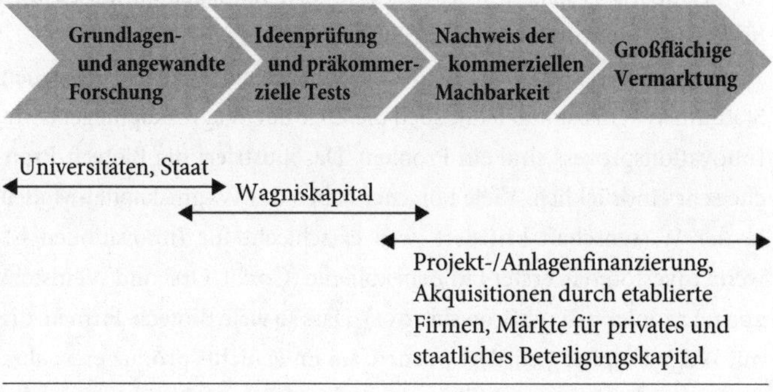

QUELLE: Ghosh und Nanda (2010, S. 6)

Wagniskapital konzentriert sich in der Regel dort, wo einerseits hohes Wachstum zu erwarten ist, andererseits die technologische Komplexität und die Kapitalintensität gering sind, denn beides treibt die Kosten beträchtlich in die Höhe. Weil so viele Firmen in Hochrisikostadien des Wachstums scheitern, haben Wagniskapital-Fonds meist unterschiedliche Investitionen im Portfolio, und nur einige Ausreißer bringen hohe Renditen – eine sehr clevere Verteilung.

Die meisten Wagniskapital-Fonds sind zwar für eine Laufzeit von zehn Jahren konzipiert, tendieren aber wegen der Managementkosten und Bonuszahlungen auf hohe Renditen zu einem viel früheren Ausstieg. Ein früher Ausstieg sichert eine positive Bilanz und ermöglicht die Auflage eines Nachfolgefonds. Dadurch haben Wagniskapital-Fonds eine gewisse Präferenz für Investitionen in Projekte, die ihre kommerzielle Machbarkeit in drei bis fünf Jahren beweisen (Ghosh und Nanda 2010). Manchmal reicht dieser Zeitraum (siehe Google), oft aber nicht. In einer aufstrebenden neuen Branche wie der Biotechnologie oder heute der grünen Technologie, wo die zugrunde liegende Wissensbasis sich immer noch im Aufbau befindet, beeinträchtigt eine solche kurzfristige Ausrichtung den Prozess der wissenschaftlichen Erforschung; er braucht längere Zeithorizonte und mehr Spielraum für Misserfolge. Wagniskapital hatte in den Vereinigten Staaten größere Erfolge, wenn nicht nur Geld zu Verfügung gestellt wurde, sondern auch Managementwissen und funktionsfähige organisatorische Strukturen (Lazonick 2002).

Problematisch ist nicht nur, dass in dem besonders kritischen frühen Stadium Wagniskapital fehlt, auch die Ziele der Wagniskapitalgeber im Innovationsprozess sind ein Problem. Das illustriert die Biotech-Branche sehr eindrücklich: Viele Forscher haben das Wagniskapital-Modell in der Wissenschaft kritisiert, weil es schlecht für Innovationen ist, wenn Investoren in erster Linie spekulieren (Coriat, Orsi und Weinstein 2003; Lazonick 2011; Mirowski 2011). Dass so viele Biotech-Firmen, die mit Wagniskapital gefördert wurden, am Ende nichts produzieren, aber die Wagniskapitalgeber Millionen mit dem Verkauf der Firmen verdienen, ist ein mehr als problematisches Ergebnis. Es zwingt dazu, die Rolle von Wagniskapital bei der Förderung der Wissenschaft und seine Auswirkungen auf das Wachstum zu hinterfragen. Die Konzentration auf Patente und Wagniskapital ist nicht der richtige Weg, um zu verstehen, wie risikoreiche, langfristige Innovationen zustande kommen. Pisano (2006) hat darauf hingewiesen, dass der Aktienmarkt nicht dafür geschaffen wurde, mit den Management-Herausforderungen umzugehen, die sich bei Firmen stellen, deren Geschäftsmodell sich um Forschung und Entwicklung dreht. Mirowski (2011, S. 208) beschreibt die Rolle von Wagniskapital in der Biotech-Branche als

> … kommerzialisierte wissenschaftliche Forschung ohne Produktlinien, die im frühen Stadium stark von Wagniskapital abhängig ist und später von einem Börsengang, die aus universitärer Forschung hervorgegangen ist oder sie ersetzt, meistens mit Fusionen und Akquisitionen am Schluss, darauf ausgerichtet, großen Firmen die Auslagerung von Forschung und Entwicklung zu erleichtern, wodurch schließlich ihre ursprünglichen hauseigenen Fähigkeiten verloren gehen.

Das Problem bei dem Modell ist, dass die »schrittweise Kommerzialisierung von Wissenschaft« unproduktiv zu sein scheint: Es entstehen wenig Produkte, langfristige Entdeckungen und Entwicklungen werden behindert.

Eine andere Auffassung vertritt Janeway (2012). Er argumentiert, Börsenspekulation sei notwendig für Innovationen. Doch was er als halb natürliches Element des Kapitalismus beschreibt, war eher das Ergebnis intensiver politischer Lobbyarbeit (Lazonick 2009). Die NASDAQ wurde 1971 gegründet, um einen spekulativen Markt zu schaffen, auf dem sich Hightech-Start-ups finanzieren, den sie aber auch schnell wieder verlassen konnten. Und ohne die NASDAQ wäre Wagniskapital in den 1970er-Jahren nie als eine eigene Branche entstanden. Die parallele Entwicklung von Wagniskapital und NASDAQ ist das Ergebnis von Einflussnahme auf die Politik. Janeway betont noch einen weiteren Punkt: Der »Lohn« der Wagniskapitalgeber steht in keinem Verhältnis zu den eingegangenen Risiken. Seine eigene Wagniskapital-Firma, Warburg Pincus, hat Millionen mit einem Spiel verdient, bei dem es, wie er selbst sagt, darum ging, erst mitzumachen, nachdem der Staat den schwierigen Teil erledigt hatte. Er behauptet zwar, die Phase der Spekulation sei nötig, geht aber nicht auf die Frage ein, ob so hohe Gewinne für die Wagniskapitalgeber gerechtfertigt sind. Ebenso schweigt er zu der Frage, ob Wagniskapitalgeber nicht zu ihren eigenen schlimmsten Feinden werden, wenn sie hartnäckig fordern, der Staat solle (als Folge von Steuersenkungen) möglichst wenig Geld haben. Dann kann der Staat auch nicht mehr die Anschubfinanzierung leisten, auf die Wagniskapital-Firmen aufspringen.

Mythos 4: Wir leben in einer Wissensökonomie – Schauen Sie sich die vielen Patente an!

So wie es ein Mythos ist zu glauben, Innovation basiere rein auf Forschung und Entwicklung, wird auch die Bedeutung von Patenten für Innovationen und Wirtschaftswachstum falsch eingeschätzt. Wenn beispielsweise Politiker die Zahl der Patente in der Pharmabranche betrachten, denken sie, sie sei eine der innovativsten Branchen überhaupt. Doch der Anstieg der Patentanmeldungen spiegelt keinen Zuwachs an Innovationen wider, sondern einen Wandel in den Patentgesetzen und eine Vermehrung der Gründe, warum Patente angemeldet werden. In der Informations- und Kommunikationstechnik hat es bei den Patentanmeldungen eine Verschiebung weg von der Entwicklung und dem Schutz firmeneigener Technologien, die aus Forschung und Entwicklung im eigenen Unternehmen hervorgegangen sind, hin zu Kreuzlizenzen in offenen Systemen gegeben mit dem Ziel, Technologien (und die damit verbundenen Patente) einzukaufen, die anderswo entwickelt wurden (Chesbrough 2003; Grindley und Teece 1997). Dadurch schrumpften die Budgets großer Firmen wie IBM für Forschung und Entwicklung, während gleichzeitig die Zahl ihrer Patente stieg (Lazonick 2009, S. 88f.). Wenn man sich nur die Zahl der Patente anschaut, ohne diese Dynamik mit zu berücksichtigen, ergibt sich also ein falsches Bild.

Der exponentielle Anstieg bei den Patenten, die immer weniger mit tatsächlichen Innovationen (das heißt neuen Produkten und Verfahren) zu tun haben, hat verschiedene Gründe. Erstens ist die Spannbreite von Erfindungen, die patentiert werden können, größer geworden und schließt auch staatlich finanzierte Forschung und experimentelle Forschungsverfahren (statt nur Endprodukte und entwickelte Verfahren) mit ein und sogar die »Entdeckungen« (im Gegensatz zu Erfindungen) vorhandener Studienobjekte wie etwa von Genen. Der Bayh-Dole Act aus dem Jahr 1980, nach dem Erkenntnisse aus staatlich finanzierter Forschung patentiert werden dürfen, statt öffentliches Eigentum zu bleiben, hat die Entstehung der Biotech-Branche wesentlich gefördert, weil die meisten neuen Biotech-Firmen aus Universitätslaboren hervorgingen, die in großem Umfang staatliche Gelder erhalten hatten. Außerdem orientieren sich Wagniskapitalgeber bei ihren Investitionsentscheidungen oft an Patenten, weshalb deren strategischer Wert für Unternehmen, die Geldgeber anziehen wollen, gestiegen ist. All diese Faktoren haben dazu beigetragen, dass die Zahl der Patente gestiegen ist, obwohl die meisten nur selten Wert haben (das heißt von anderen Patenten nur selten zitiert werden). Die meisten führen nicht zu Innovationen, etwa neuen Medikamenten in der Pharmabranche (siehe Abb. 5 in Kapitel 3). Wenn man sich auf allgemeine Patente konzentriert statt ausschließlich auf die viel zitierten, läuft man also Gefahr, eine Menge Geld zu verschwenden.

Forscher haben argumentiert, viele aktuelle Entwicklungen wie Patente auf Bausteine wie »Forschungsinstrumente« hätten eher dazu geführt, dass die Zahl der Innovationen ab- statt zugenommen habe, weil sie die offene Forschung behinderten (Mazzoleni und Nelson 1998). Das hat es besonders Wissenschaftlern in den Entwicklungsländern sehr erschwert, Experimente zu wiederholen, die in der entwickelten Welt durchgeführt wurden. Wenn sie die Ergebnisse nicht reproduzieren können, können sie mit ihren eigenen Entwicklungen nicht auf den Experimenten aufbauen, und damit können sie nicht »aufholen« (Forero-Pineda 2006).

Ungeachtet der Tatsache, dass die meisten Patente keinen großen Wert haben und dass die Rolle von Patenten bei der Innovationsdynamik umstritten ist, geht die Politik oft immer noch davon aus, dass ein starker Zusammenhang zwischen Forschung und Entwicklung und Patenten besteht und dass Anreize für Patentanmeldungen geschaffen werden müssen, damit Wachstum durch Innovationen möglich wird. Im Oktober 2010 kündigte George Osborne (der britische Schatzkanzler, das Äquivalent zum Finanzminister in anderen Ländern) an, ab 2013 werde man eine »Patent-Box«-Regelung einführen: Nach dieser Regelung können Unternehmen für Erlöse aus patentierten Erfindungen eine Reduzierung der Körperschaftssteuer um 10 Prozent in Anspruch nehmen. Das passt natürlich zu der Überzeugung der Regierung, Investitionen und Innovationen ließen sich durch steuerpolitische Anreize generieren. Die Niederlande haben kürzlich den gleichen politischen Kurs eingeschlagen.

Das Institute for Fiscal Studies (IFS) hat diese Politik kritisiert und darauf hingewiesen, der einzige Effekt werde in einem (erheblichen) Rückgang der Steuereinnahmen des Staates bestehen, ohne dass man eine Wirkung bei den Innovationen sehen werde (Griffith et al. 2010). Die Autoren der Studie argumentieren, die Steuererleichterungen für Forschung und Entwicklung reichten aus, um das Problem des Marktversagens bei Forschung und Entwicklung zu lösen; eine Patent Box nütze der Forschung kaum, weil die Politik sich auf die Erlöse aus patentgeschützten Technologien konzentriere und nicht auf Forschung oder Innovationen *per se*. Außerdem sagen sie, die Patent Box werde das Steuersystem noch komplizierter machen und teure Kontrollen erfordern, um sicherzustellen, dass Einnahmen und Kosten korrekt auf die Patente verteilt würden. Die große Unsicherheit und die Verzögerungen bei der Entwicklung patentierbarer Technologien würden die Anreize konterkarieren. Weil internationale Kooperationen zunehmend verbreitet sind, gibt es keine Garantie, dass die durch die Anreize erzeugte zusätzliche Forschung auch tatsächlich in dem Land stattfindet, das die Anreize gesetzt hat.

Mythos 5: Europas grosses Problem ist die Vermarktung

Oft heißt es, bei Innovationen sei Europas größter Nachteil im Vergleich zu den USA die »Vermarktung« (siehe Abb. 2), und das habe mit Problemen beim »Transfer« von Wissen zu tun. Tatsächlich rühren die Probleme der EU nicht daher, dass weniger Wissen aus der Forschung kommt, sondern dass die Wissensbasis nicht so breit ist. Das hängt wiederum mit den großen Unterschieden bei den öffentlichen und privaten Ausgaben für Forschung und Entwicklung zusammen. Während in den Vereinigten Staaten das Verhältnis von F&E zum BIP bei 2,6 Prozent liegt, beträgt es in Großbritannien nur 1,3 Prozent. In Italien, Griechenland und Portugal – den Ländern, die am stärksten von der Krise in der Eurozone betroffen sind – belaufen sich die Ausgaben für F&E auf weniger als 0,5 Prozent des BIP (Mazzucato 2012b).

Die Vereinigten Staaten schneiden bei Innovationen nicht deshalb besser ab, weil die Verbindungen zwischen Universitäten und Industrie besser sind (das ist nicht der Fall) oder weil mehr amerikanische Firmen als Ausgründungen aus Universitäten entstehen (das ist ebenfalls nicht der Fall). In den Vereinigten Staaten wird aber in mehr Institutionen mehr Forschung betrieben, und das bedeutet mehr technische Fähigkeiten bei den Beschäftigten (Salter et al. 2000). Außerdem ist die Finanzierung in Amerika auf die universitäre Forschung und frühe Technologiestadien in Unternehmen aufgeteilt. Weil die europäischen Universitäten beides leisten müssen, besteht die Gefahr, dass Technologien herauskommen, die für den Markt nicht geeignet sind.

Insofern ist das Problem nicht die Qualität der universitären Forschung in Europa und auch nicht die Kooperation zwischen Universitäten und Industrie, die wahrscheinlich in Großbritannien intensiver ist als in den Vereinigten Staaten. Das Problem besteht auch nicht in einer geringeren Zahl von Ausgründungen; die kommen ebenfalls in Europa häufiger vor als in den Vereinigten Staaten (allerdings gibt es Zweifel an der Qualität der so entstandenen Firmen, siehe Salter et al. 2000; Nightingale 2012). Soweit es den Unternehmen in Europa an Innovationsfähigkeit fehlt, ist die Politik beim Technologietransfer das Problem.

In der Literatur über Innovationen ist oft vom »europäischen Paradox« die Rede: der Vermutung, dass die EU-Länder eine wichtige Rolle bei wissenschaftlicher Spitzenforschung spielen, es ihnen aber nur unzureichend gelingt, diese Stärke in Innovationen umzuwandeln, die Geld bringen. Dosi, Llerena und Labini (2006) belegen das, indem sie zeigen, dass der Grund für die Schwäche Europas nicht, wie oft behauptet, der Mangel an Forschungseinrichtungen oder zu wenig Zusammenarbeit zwischen Bildungseinrichtungen und Industrie ist, sondern ein unterlegenes System der wissenschaftlichen Forschung und schwächere sowie weniger innovative Unternehmen. Für die Politik bedeutet das, dass weniger Gewicht auf »Vernetzung« gelegt werden sollte und mehr auf politische Maßnahmen, um »Pionier«-Forschung zu fördern oder, anders formuliert, eine bessere Arbeitsteilung zwischen Unternehmen und Universitäten. Die Universitäten sollten sich auf hochkarätige Forschung konzentrieren und die Unternehmen auf Technologieentwicklung.

Eine andere, oft vertretene Ansicht ist, dass in Europa ein Markt für spekulative Aktien fehlt, der Anreize für Wagniskapital-Investitionen setzen könnte (Janeway 2012). Unbestritten gibt es Probleme in der europäischen Wagniskapital-Branche (Bottazzi und Da Rin 2002), und es fehlt möglicherweise ein Äquivalent zur NASDAQ, aber dabei wird übersehen, dass das hochgradig spekulative US-Modell Innovationen untergräbt. Die Ideologie rund um die Rolle von Wagniskapital, von Aktienmärkten und Innovationen und die Analyse, woher Innovationen kommen, hat ein »gesundes Gleichgewicht« von Spekulation und echtem nachhaltigem Investieren verhindert.

Mythos 6: Damit Unternehmen investieren, muss es weniger Steuern und weniger Bürokratie geben

Forschung hat zwar einen Anteil an Innovationen, aber es gibt keine lineare Beziehung zwischen Forschung und Entwicklung, Innovationen und Wirtschaftswachstum. Wichtig ist, dass die Wissenschaft sich immer neue Ziele setzt und die Volkswirtschaften die Knotenpunkte und Netze entwickeln, die es ermöglichen, dass dieses Wissen zwischen den verschiedenen Organisationen und Individuen zirkuliert. Aber daraus folgt nicht, dass das Geld der Steuerzahler am besten dafür eingesetzt wird, die Forschung und Entwicklung einer bestimmten Firma zu unterstützen. Obwohl nach allgemeiner Auffassung eine Beziehung zwischen der Entscheidung für Forschung und Entwicklung und ihren Kosten besteht (siehe Mythos 1), liefern qualitative Untersuchungen über die Effektivität der steuerlichen Förderung von Forschung und Entwicklung bei großen wie bei kleinen Firmen wenig Anhaltspunkte dafür, dass sie sich positiv auf die Entscheidung, Forschung und Entwicklung zu betreiben, auswirkt. Die Steuererleichterungen sind eher ein willkommenes Geldgeschenk für Firmen, die sowieso schon in Forschung und Entwicklung investieren.[8] Die gegenwärtige steuerliche Förderung von Forschung und Entwicklung in vielen Ländern hat überdies das Problem, dass die Firmen nicht darüber Rechenschaft ablegen müssen, ob ihnen Innovationen gelungen sind, die ohne die Förderung nicht möglich gewesen wären, oder ob sie einfach routinemäßig an der Produktentwicklung weitergearbeitet haben. Deshalb wäre es für einen unternehmerisch aktiven Staat effizienter, einen Teil der steuerlichen Förderung von Forschung und Entwicklung direkt für die Entwicklung bestimmter technischer Innovationen auszugeben. Die Niederlande haben kürzlich eine Form der steuerlichen Förderung eingeführt, die nicht auf die Erlöse aus Forschung und Entwicklung ausgerichtet ist (die sich leicht manipulieren lassen), sondern auf die mit Forschung und Entwicklung befassten Personen – das erwies sich als effizienter, weil es etwas »Zusätzliches« bot, das erlösabhängige steuerliche Förderung von Forschung und Entwicklung nicht bietet (Lockshin und Mohnen 2012).

Generell kann man mit Keynes sagen, dass Investitionen von Unternehmen (besonders in Innovationen) etwas mit den »tierischen Instinkten«, dem Bauchgefühl von Investoren hinsichtlich der künftigen Wachstumsaussichten zu tun haben. Dieses Gefühl wird weniger von der steuerlichen Situation beeinflusst als von dem wissenschaftlichen Umfeld in dem betreffenden Land: der Art und Weise, wie wissenschaftliche Qualifikationen erlangt werden, der Qualität des Bildungswesens und damit des Humankapitals. Die Steuererleichterungen in den 1980er-Jahren brachten nicht mehr Investitionen in Innovation, sie veränderten lediglich die Einkommensverteilung (und erhöhten die Ungleichheit). Aus demselben Grund sind »Unternehmenszonen«, wie es sie in Großbritannien gibt, bei denen es fast ausschließlich um Steuererleichterungen und gelockerte Vorschriften geht, *keine* Innovationszonen. Es wäre besser, das Geld zu sparen oder in gut geführte Wissenschaftsparks zu investieren, von denen eher Innovationen zu erwarten sind (Massey, Quintas und Wield 1992).

Innovationspolitik muss also den Forderungen nach verschiedensten steuerlichen Maßnahmen widerstehen – etwa der oben diskutierten Patent Box oder Steuererleichterungen für Forschung und Entwicklung –, um nicht Innovationen zu fördern, die es sowieso gegeben hätte; dafür sprechen viele Belege. Vor allem müssen die politisch Verantwortlichen hellhörig werden, wenn Unternehmen sich über »zu viel Steuern und Bürokratie« beklagen und zugleich in ihrem globalen Handeln eine klare Präferenz für Regionen an den Tag legen, wo staatliches Geld genau in die Bereiche fließt, die Vertrauen und »tierische Instinkte« hinsichtlich zukünftiger Wachstumschancen wecken.

In diesem Kapitel ging es darum aufzuzeigen, dass viele Annahmen der herkömmlichen Wachstumspolitik nicht selbstverständlich akzeptiert werden dürfen. In den letzten rund zehn Jahren haben die Politiker auf der Suche nach Indikatoren für Wirtschaftswachstum auf Dinge geschaut, die sich messen lassen: Ausgaben für Forschung und Entwicklung, Patente, Wagniskapital-Investitionen und die Zahl kleiner Unternehmen, die vermeintlich wichtig für das Wachstum sind. Ich habe versucht, diese Annahmen zu entmystifizieren. Nun wende ich mich dem größten Mythos von allen zu: dass der Staat nur einen begrenzten Beitrag zur Förderung von Unternehmergeist, Innovation und Wachstum leistet.

3 Der Staat als Risikoträger

Bei seiner Amerikareise besuchte der französische Staatspräsident François Mitterrand kürzlich auch das kalifornische Silicon Valley. Er hoffte, mehr über den Erfindungsreichtum und den Unternehmergeist zu erfahren, dem so viele Firmen dort ihre Entstehung verdanken. Beim Mittagessen hörte Mitterrand zu, als Thomas Perkins, Partner bei dem Wagniskapitalfonds, der die Anschubfinanzierung für Genentech Inc. geleistet hatte, das Loblied der risikofreudigen Investoren sang, die Unternehmer finanzieren. Perkins wurde von Paul Berg unterbrochen, Professor an der Stanford University, der für seine Genforschungen den Nobelpreis bekommen hatte. Berg fragte: »Wo wart ihr Jungs in den 50er- und 60er-Jahren, als die ganze Grundlagenforschung finanziert werden musste? Damals wurden die meisten Entdeckungen gemacht, die [die Branche] vorangetrieben haben.«

HENDERSON und SCHRAGE in der *Washington Post* (1984)

Die Debatte, welche Art von Forschung am besten vom staatlichen beziehungsweise vom privaten Sektor geleistet wird, reduziert sich oft auf zwei zentrale Merkmale von Forschung. Das erste ist der lange Zeithorizont zum Beispiel bei Grundlagenforschung, das zweite die Tatsache, dass viele Investitionen in Forschung einen Nutzen für die Allgemeinheit haben, weshalb es problematisch ist, wenn Unternehmen die Gewinne einstreichen. Beide Aspekte sind Anlass für staatliche Finanzierung und liegen zugleich der klassischen Theorie des Marktversagens zugrunde (Bush 1945).

Dabei wird außer Acht gelassen, dass staatliche Finanzierung oft viel mehr leistet, als nur Marktversagen zu reparieren. Da der Staat eher bereit ist, sich auf Knightsche Unsicherheit einzulassen und in frühen Stadien technologischer Entwicklungen zu investieren, kann er neue Produkte und die dazugehörigen Märkte schaffen. Zwei Beispiele dafür sind das Internet und die Nanotechnologie: Da hatte der Staat die Vision, als noch nicht einmal die Begriffe dafür existierten. Indem der Staat neue Bereiche ins Auge fasst und entsprechende »Missionen« (Foray et al. 2012) startet, führt er den Wachstumsprozess an, statt nur Anreize zu geben oder ihn zu stabilisieren. Und um noch einmal auf Judts »Kampf um Worte« zurückzukommen: Dieses mutige Handeln wird mit dem Begriff »Risikoverminderung« nicht ausreichend erfasst. Die Rolle des Staates war es eher, mit Mut und visionärer Kraft Risiken zu *übernehmen* – und nicht einfach nur, sie jemandem *abzunehmen,* der dann die Gewinne einstreicht. Um die erwähnten Mythen zu vermeiden, müssen wir uns genauer anschauen, über welche Risiken wir sprechen.

Welche Risiken?

Unternehmertum gehört – wie Wachstum – zu den am wenigsten verstandenen Themen der Ökonomie. Was ist es? Nach dem österreichischen Ökonomen Joseph Schumpeter ist ein Unternehmer eine Person oder eine Gruppe von Personen, die bereit und in der Lage ist, aus einer neuen Idee oder Erfindung eine erfolgreiche Innovation zu machen. Es geht also nicht nur darum, ein neues Unternehmen zu gründen (die geläufigere Definition), sondern dabei ein *neues Produkt* oder ein *neues Verfahren* zu entwickeln oder für ein bestehendes Produkt oder Verfahren einen *neuen Markt* zu schaffen. Unternehmertum, so Schumpeter, nutzt »den Sturm der kreativen Zerstörung«, um überholte Innovationen auf Märkten und in Branchen ganz oder teilweise durch neue Produkte und Geschäftsmodelle zu ersetzen, und dabei werden die bisher führenden hinweggefegt (Schumpeter 1949). Insofern ist die kreative Zerstörung insbesondere für die Dynamik von Branchen und langfristiges Wirtschaftswachstum verantwortlich. Jede wichtige neue Technologie führt zu kreativer Zerstörung: die

Dampfmaschine, die Eisenbahn, Elektrizität, Elektronik, das Auto, der Computer, das Internet. Jede neue Technologie hat genauso viel zerstört wie geschaffen, aber jede hat auch den allgemeinen Wohlstand gesteigert.

Für Frank H. Knight (1921) und Peter Drucker (1970) geht es beim Unternehmertum um Risiken. Ein Unternehmer ist bereit, seine Karriere und seine finanzielle Sicherheit aufs Spiel zu setzen und im Namen einer Idee etwas zu riskieren, Zeit und Geld für ein ungewisses Vorhaben aufzuwenden. Unternehmerisches Handeln ist wie der technologische Wandel nicht einfach nur mit Risiken verbunden, sondern mit Unsicherheit. Knight (2002, S. 233) unterschied Risiko und Unsicherheit folgendermaßen:

> Der praktische Unterschied zwischen den beiden Kategorien Risiko und Unsicherheit ist, dass im ersten Fall die Verteilung des Ergebnisses in einer Reihe von Fällen bekannt ist … Bei Unsicherheit gilt das nicht, denn im Allgemeinen ist es unmöglich, eine Gruppe von Fällen zu bilden, weil die Situation in hohem Maß einzigartig ist.

Keynes betonte diesen Unterschied ebenfalls (Keynes 1937, S. 213f.):

> Mit »unsicherem« Wissen, lassen Sie mich erklären, will ich nicht nur das, was als gewiss bekannt ist, von dem unterscheiden, was lediglich wahrscheinlich ist. In diesem Sinn unterliegt das Roulettespiel nicht der Unsicherheit … Ich verwende den Begriff hier in der Weise, wie die Aussicht, dass es einen Krieg in Europa geben wird, unsicher ist, oder der Kupferpreis oder der Zinssatz in 20 Jahren oder wann eine neue Erfindung veraltet ist … Bei all diesen Fragen gibt es keine wissenschaftliche Grundlage, auf der sich eine Wahrscheinlichkeit kalkulieren ließe. Wir wissen es einfach nicht!

Technologischer Wandel ist ein gutes Beispiel für die wirklich einzigartige Situation. Es vergehen nicht nur Jahre, bis Investitionen in Forschung und Entwicklung, die zu technologischem Wandel führen, die

Gestalt neuer Produkte annehmen; überdies scheitern die meisten neuen Produkte. In der Pharmabranche beispielsweise kann ein F&E-Projekt von Anfang bis Ende bis zu 17 Jahre dauern. Die Entwicklung eines einzigen Medikaments kostet rund 403 Millionen Dollar, und die Misserfolgsquote ist extrem hoch: Nur einer von 10 000 Wirkstoffen schafft es bis zur Marktreife – eine Erfolgsquote von gerade einmal 0,01 Prozent. Wenn die Suche nach einem neuen Medikament erfolgreich ist, wird häufig zugleich noch ein ganz anderes entdeckt, man spricht dann von glücklichem Zufall oder Serendipität.[1] Das heißt natürlich nicht, dass Innovationen nur auf glücklichen Zufällen beruhen, ganz und gar nicht. Sie basieren auf langfristigen Strategien und gezielten Investitionen. Aber die Renditen aus den Investitionen sind hochgradig ungewiss und lassen sich daher durch die rationale ökonomische Theorie nicht erfassen (dies ist, wie schon gesagt, ein Kritikpunkt, den heutige Schumpeter-Anhänger gegen die »endogene Wachstumstheorie« vorbringen, die Forschung und Entwicklung als spieltheoretische Wahl konzipiert). Außerdem sind Unternehmen in sehr unterschiedlichem Grad zu Innovationen in der Lage, und ihre Verschiedenheit ist ein Hauptgrund dafür, dass es nahezu unmöglich ist, sie in einer »Normalverteilung« rund um

ABB 3. Finanzierungsquellen von F&E in den Vereinigten Staaten 2008

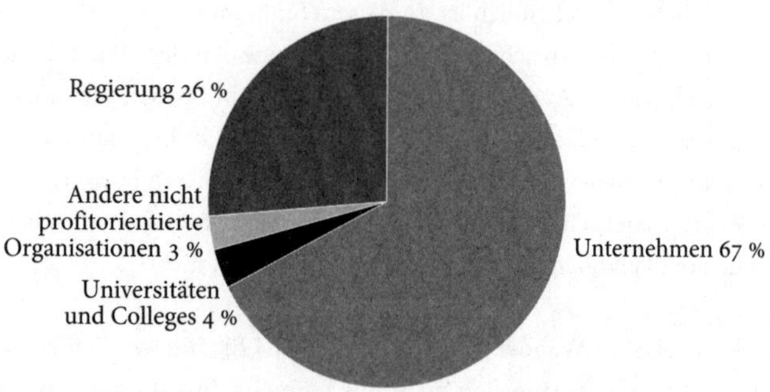

QUELLE: National Science Foundation (2008)

eine »Firma optimaler Größe« (der »repräsentative Agent«) anzuordnen, wie es ein lieb gewonnenes Konzept der neoklassischen Mikrotheorie vorsieht.

Weil der Innovationsprozess mit hohem Risiko und Serendipität verbunden ist, werden Unternehmen, die auf Gewinnmaximierung bedacht sind, weniger in Grundlagenforschung investieren. Aus angewandter Forschung ziehen sie mehr und direktere Gewinne. Investitionen in Grundlagenforschung sind ein typisches Beispiel für »Marktversagen«: Der Markt allein würde nicht genügend Grundlagenforschung produzieren, deshalb muss der Staat einspringen. Darum lehnen nur wenige Politiker, egal welcher Couleur, die Aussage ab, der Staat solle überwiegend die Grundlagenforschung finanzieren (was er auch tut). Für die Vereinigten Staaten zeigen die Abb. 3 und 4, dass die staatlichen Ausgaben für Forschung und Entwicklung insgesamt nur 26 Prozent der gesamten Aufwendungen ausmachen[2], die des privaten Sektors hingegen 67 Prozent. Aber dieses Verhältnis ändert sich deutlich, wenn man allein die Grundlagenforschung betrachtet. 57 Prozent der Ausgaben für Grundlagenforschung kommen in den Vereinigten Staaten vom Staat, der private Sektor trägt nur 18 Prozent.

ABB 4. Finanzierungsquellen von Grundlagenforschung in den Vereinigten Staaten 2008

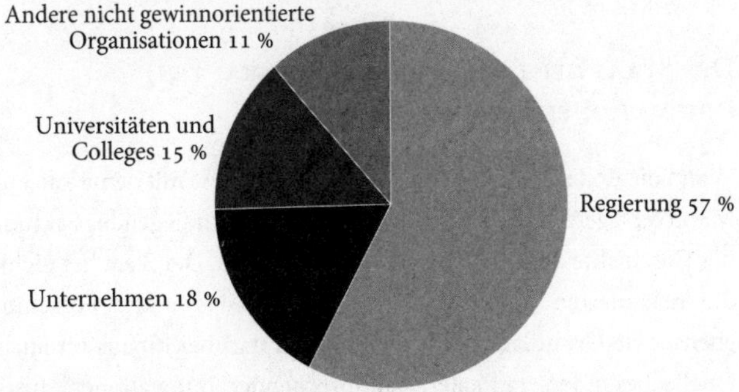

QUELLE: National Science Foundation (2008)

Ein wichtiger Unterschied zwischen den Vereinigten Staaten und Europa ist das Ausmaß, in dem Ausgaben für Forschung und Entwicklung dem »allgemeinen Fortschritt« dienen und nicht einem konkreten Ziel. Zielorientierte F&E-Investitionen erfolgen zum Beispiel innerhalb des Programms einer Regierungsbehörde oder eines konkreten Vorhabens etwa im Zusammenhang mit Verteidigung, Raumfahrt, Landwirtschaft, Gesundheit, Energie oder Industrietechnologie. Staatliche Ausgaben für Forschung und Entwicklung, die dem allgemeinen Fortschritt dienen, machen in der Regel weniger als 50 Prozent der gesamten Ausgaben für Forschung und Entwicklung aus. Hingegen summierten sich die zielorientierten Ausgaben 2003/2004 in den Vereinigten Staaten, Südkorea, Großbritannien, Frankreich, Kanada, Japan und Deutschland auf über 60 Prozent (Mowery 2010).

Mowery (2010) schreibt, es sei gefährlich, wenn man Lehren aus einem zielorientierten Programm auf ein anderes zu übertragen versuche, denn jedes Programm habe seine Besonderheiten (zum Beispiel Verteidigung im Gegensatz zu Gesundheit). Um die Unterschiede zwischen den Programmen zu erfassen, sei es sinnvoller, von »Innovationssystemen« auszugehen statt von Marktversagen. Dieser Ansatz berücksichtige die unterschiedliche Dynamik in einzelnen Branchen und Ländern und die Tatsache, dass jedes Projekt durch die Strukturen, Institutionen und Anreize geprägt wird, die bei ihm zur Anwendung kommen.

Der Staat geht bei radikalen (riskanten) Innovationen voran

Wenn die Rolle des Staates im Innovationsprozess mit dem Konzept des Marktversagens erklärt wird, gerät dabei ein grundlegendes Faktum aus der Geschichte der Innovationen aus dem Blick. Der Staat hat nicht nur die riskantesten Forschungen finanziert, angewandte Forschungen ebenso wie Grundlagenforschung, er war darüber hinaus oft auch die Quelle besonders radikaler, bahnbrechender Innovationen. Insofern hat der Staat selbst aktiv Märkte geschaffen und sie nicht nur repariert.

Anhand von Beispielen aus der Internet- und der Nanotechnologie werden wir uns den Zusammenhang von Forschung und Entwicklung und Wachstum und der Aufgabenteilung zwischen öffentlichem und privatem Bereich in Kapitel 4 noch genauer ansehen.

Nicht alle Innovationen führen zu gesamtwirtschaftlichem Wachstum. Ein Wachstum der gesamten Volkswirtschaft entsteht im Allgemeinen durch neue Produkte oder Prozesse, die Auswirkungen auf viele verschiedene Sektoren haben, wie es etwa beim Aufkommen der Elektrizität und der Computer der Fall war. Makroökonomen sprechen in diesen Fällen von Basistechnologien (General Purpose Technologies, GPTs). Sie zeichnen sich durch drei Merkmale aus:

- Sie verbreiten sich in viele Sektoren.
- Sie werden mit der Zeit immer besser und für die Nutzer in der Regel kostengünstiger.
- Sie erleichtern Innovationen durch die Erfindung und Herstellung neuer Produkte und Verfahren.

Ruttan (2006) schreibt, umfangreiche und langfristige staatliche Investitionen seien die Triebkraft hinter nahezu jeder Basistechnologie im letzten Jahrhundert gewesen. Er hat die Entwicklung von sechs unterschiedlichen Technologiekomplexen untersucht (dem amerikanischen System der »Massenproduktion«, Luftfahrt, Raumfahrt, Informationstechnologie, Internettechnologie und Atomkraft) und ist zu dem Schluss gekommen, dass staatliche Investitionen jeweils einen großen Anteil an der Entstehung dieser Technologien hatten. Die Kernkraft würde es ohne staatliche Investitionen in großem Umfang womöglich gar nicht geben. In allen Fällen beruhte die erfolgreiche Entwicklung der neuen Technologie nicht nur darauf, dass die richtigen Bedingungen für die Innovation finanziert und geschaffen wurden. Genauso wichtig war es, die Chance zu erkennen, die besonders riskante und unsichere frühe Forschung auf den Weg zu bringen und den Vermarktungsprozess zu überwachen (Ruttan 2006).

Tatsächlich belegen unzählige Beispiele den Einfluss des amerikanischen Staates auf die Technologieentwicklung. Lazonick (2013) hat eine überzeugende Sammlung von Fällen vorgelegt. Sie reichen von der kostenlosen Überlassung von Land an Privatunternehmen für den Bau von Eisenbahnen und der finanziellen Förderung der landwirtschaftlichen Forschung im 19. Jahrhundert über Finanzierung, Unterstützung und aktive Entwicklung in der Luft- und Raumfahrt im 20. Jahrhundert bis zu verschiedenen Formen finanzieller Hilfen für Lebenswissenschaften, Nanotechnologie und saubere Energie im 21. Jahrhundert.

Abbates (1999) umfangreiche Forschungen zeigen, wie das Internet aus einem kleinen Netzwerkprojekt des Verteidigungsministeriums (ARPANET) entstanden ist, bei dem es darum ging, ein Dutzend Forschungsanlagen in den Vereinigten Staaten zu vernetzen; heute verbindet das Internet Millionen Computer und Milliarden von Menschen. Leslie (2000) argumentiert, Silicon Valley sei zwar ein attraktives und einflussreiches Modell für die regionale Entwicklung geworden, aber es sei schwierig zu kopieren, weil fast jeder die Geschichte von »freiem Unternehmertum und visionären Wagniskapitalgebern« erzähle, aber den entscheidenden Faktor auslasse: die Rolle des Militärs bei seiner Entstehung und Erhaltung. Wie Leslie zeigt, »verdankt Silicon Valley seine gegenwärtige Struktur staatlicher Finanzierung, unternehmerischen Strategien, engen Beziehungen zwischen Industrie und Universitäten sowie technologischen Innovationen, die durch die Annahmen und Prioritätensetzungen der Verteidigungspolitik im Kalten Krieg geprägt waren« (Leslie 2000, S. 49). Trotzdem ist das Silicon Valley in den Augen der politisch Verantwortlichen weiterhin das Paradebeispiel, wie Wagniskapital eine Revolution ausgelöst hat. Der Bericht des National Research Council aus dem Jahr 1999 mit dem Titel *Funding a Revolution: Government Support for Computing Research* wollte an die entscheidende Rolle der US-Regierung bei der Computer-Revolution erinnern und sie würdigen. Wir kommen später auf diesen Bericht zu sprechen.

Die führende Rolle der US-Regierung in vielen Bereichen bestätigen auch Block und Keller (2011b), die auf der Mikroebene festgestellt haben, dass zwischen 1971 und 2006 77 der 88 wichtigsten Innovationen (die das *R&D Magazine* als solche ausgezeichnet hat), das heißt 88 Prozent, vollständig von staatlicher Finanzierung abhingen, und insbesondere, aber nicht ausschließlich, in den frühen Stadien – wobei das *R&D Magazine* Informationstechnologien ausdrücklich *nicht* berücksichtigt.

Diese Beispiele sind wichtig, um die Bedeutung staatlich finanzierter Forschung zu verstehen. Es geht nicht darum, einfach ins Blaue zu investieren, sondern im Zusammenhang mit wichtigen neuen Technologien Visionen zu schaffen. Ich möchte das nun am konkreten Beispiel der frühen staatlichen Investitionen in die pharmazeutische Forschung und die Biotechnologie in den Vereinigten Staaten näher erläutern.

ABB 5. Klassifizierung neuer Medikamente

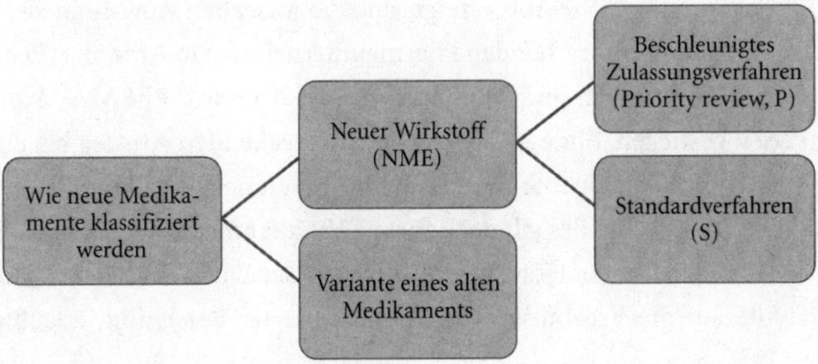

Pharmaforschung: Innovative Medikamente versus Nachahmerpräparate

Die Pharmaindustrie ist wegen der neuen Arbeitsteilung bei Innovationen interessant. Zum Ökosystem der Branche gehören große Firmen ebenso wie kleine Biotech-Unternehmen, Universitäten und staatliche Labors. Aber vor allem staatliche Labors und staatlich finanzierte Universitäten investieren in die Forschung, aus der bahnbrechende neue Medikamente hervorgehen – die neuen Wirkstoffe, die im beschleunigten Verfahren von der FDA zugelassen werden (Abb. 5). Die ehemalige Chefredakteurin des *New England Journal of Medicine*, Marcia Angell (2005), hat nachdrücklich darauf hingewiesen, dass private

Pharmaunternehmen ihre exorbitant hohen Medikamentenpreise mit dem Hinweis auf ihre hohen Ausgaben für Forschung und Entwicklung rechtfertigen, obwohl die wirklich »innovativen« neuen Medikamente, das heißt die ganz neuen Wirkstoffe, aus staatlich finanzierten Labors kommen. Privatunternehmen konzentrieren sich eher auf Nachahmerpräparate (geringfügige Variationen von Medikamenten, die bereits auf dem Markt sind) sowie auf Entwicklung (einschließlich klinischer Versuche) und Vermarktung. Dies lässt die ständigen Klagen der Branche über »erstickende« Regulierung in einem ironischen Licht erscheinen.

Ökonomen messen die Produktivität, indem sie den Input in die Produktion mit dem Output vergleichen. Nach diesem Maßstab waren die großen Pharmafirmen in den letzten Jahren bei Innovationen ziemlich unproduktiv. Wie Abb. 6 zeigt, sind die Ausgaben von Mitgliedern des Verbands der forschenden Pharmaunternehmen in Amerika (Pharmaceutical Research and Manufacturers of America, PhRMA) exponentiell gestiegen, ohne dass es einen entsprechenden Anstieg bei der Zahl neuer Medikamente gegeben hätte, die auf neuen Wirkstoffen basieren. Entsprechendes gilt auch für die Patentanmeldungen: Die Zahl der Patente ist in die Höhe geschossen, seit der Bayh-Dole Act (1980) Patente auf die Ergebnisse staatlich finanzierter Forschung erlaubte,

ABB 6. Zahl zugelassener neuer Wirkstoffe gegenüber Ausgaben von PhRMA-Mitgliedern in den USA, 1970–2004

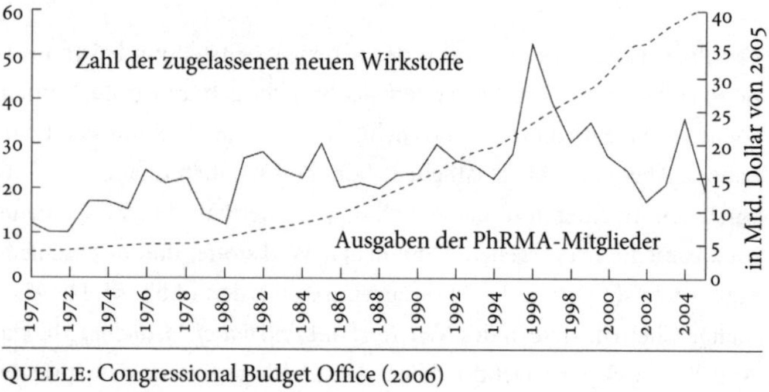

QUELLE: Congressional Budget Office (2006)

ABB 7. Anteil neuer Medikamente in der Pharmabranche, nach Typen (1993–1994)

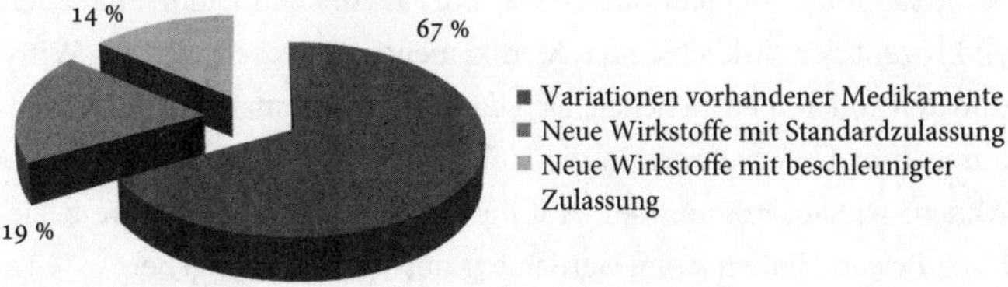

QUELLE: Angell (2005)

aber die meisten Patente haben nur geringen Wert (Demirel und Mazzucato 2012). Wenn man Patente nach der Anzahl ihrer Zitierungen bewertet (der übliche Indikator, dass es sich um »wichtige« Patente handelt), verläuft die Kurve ziemlich flach, das heißt, die Zahl wichtiger Patente ist gering.

Von den 1072 Medikamenten, die zwischen 1993 und 2004 von der amerikanischen Arzneimittelzulassungsbehörde FDA zugelassen wurden, waren nur 357 neue Wirkstoffe und nicht Nachahmerpräparate. Noch erschreckender ist die Zahl *wichtiger* neuer Medikamente mit beschleunigter Zulassung: 146. In Abb. 7 sehen wir, dass nur 14 Prozent als wichtige neue Medikamente galten.

Im Zusammenhang mit der in diesem Buch vertretenen These ist es wichtig festzuhalten, dass 75 Prozent der neuen Wirkstoffe ihre Existenz nicht der Forschung von Privatunternehmen verdanken, sondern der Forschung in staatlich finanzierten Labors der National Institutes of Health (NIH). Staatlich finanzierte Labors haben in die riskanteste Entwicklungsphase investiert, die großen privaten Pharmafirmen haben sich auf die weniger riskanten Variationen vorhandener Medikamente beschränkt (zum Beispiel Medikamente mit einer anderen Dosierung als bereits existierende Präparate).

Das alles ist ziemlich weit von dem entfernt, was kürzlich der Chef der britischen Pharmafirma GlaxoSmithKline, Andrew Witty, verkündete: »Die Pharmabranche ist überaus innovativ … Wenn der Staat Innovationen fördert und nicht behindert, wird diese Branche die nächste Ära der revolutionären Medizin einläuten« (*Economist* 2010b). Tatsächlich erlaubt der »revolutionäre« Geist der staatlichen Labors, in denen 75 Prozent der wirklich neuen Medikamente entwickelt werden, Witty und den anderen Firmenchefs, sich darauf zu konzentrieren, die Aktienkurse ihrer Unternehmen in die Höhe zu treiben (zum Beispiel durch Aktienrückkaufprogramme). Auf die Frage, ob diese parasitäre Beziehung Bestand haben kann, werden wir noch genauer eingehen.

Biotechnologie: Öffentliche Vorreiter, private Nachzügler

In Großbritannien erhält der Medizinische Forschungsrat (Medical Research Council) jährlich finanzielle Zuschüsse vom Staat, die vom Ministerium für Wirtschaft, Innovation und Fähigkeiten (Department for Business, Innovation and Skills) vergeben werden. Das Geld kommt zwar vom Staat, aber der Forschungsrat ist frei in der Wahl, wen er unterstützt. Er arbeitet eng mit dem Gesundheitsministerium und anderen Forschungseinrichtungen, mit Vertretern der Branchen und sonstigen Akteuren zusammen, um zu erkunden, welcher Bedarf im Gesundheitswesen besteht, und ihn abzudecken. Forschungen des Forschungsrat führten in den 1970er-Jahren zur Entwicklung der monoklonalen Antikörper – die nach seinen Angaben einem Drittel aller neuen Medikamente für viele große Volkskrankheiten wie Krebs, Arthritis und Asthma zugrunde liegen.

Ähnlich sieht das Bild in der biopharmazeutischen Industrie in den Vereinigten Staaten aus. Das Wachstum in dieser Branche wurde nicht, wie oft behauptet, von privater Finanzierung (etwa durch Wagniskapital) angetrieben, sondern vielmehr durch staatliche Investitionen und Ausgaben (Mazzucato und Dosi 2006). Weil es langwierig und ungewiss ist, bis sich Investitionen auszahlen, war das enorme Interesse von Wagniskapitalgebern und großen Pharmafirmen eher paradox (Pisano 2006). Lazonick und Tulum zufolge (2011) hat die Antwort auf dieses verwirrende Rätsel zwei Aspekte. Erstens hatten die frühen Investoren die Chance auf einen leichten Ausstieg: durch spekulative Kursschwankungen und durch die Bereitschaft von Investoren, in Börsenneulinge zu investieren. Zweitens konnte diese Branche in den letzten Jahrzehnten dank massiver staatlicher Unterstützung gedeihen.

Tatsächlich konnten sich biopharmazeutische Unternehmen in den Vereinigten Staaten entwickeln, weil der Staat für die Wissensbasis sorgte, der die Firmen ihren Erfolg und die gesamte Branche ihr Wachstum verdanken. Wie Vallas, Kleinman und Biscotti (2009, S. 66) überzeugend zusammenfassen:

> … die Wissensökonomie ist nicht einfach spontan von unten entstanden, sondern wurde durch eine verkappte Industriepolitik von oben gefördert; Regierung und Unternehmenschefs plädierten unisono für staatliches Eingreifen, um die Entwicklung der Branche voranzubringen, und behaupteten dann heuchlerisch, der Staat solle »den freien Markt gewähren lassen«.

Angesichts dieser Doppelzüngigkeit ist es kein Wunder, dass bei politisch Verantwortlichen und in der allgemeinen Öffentlichkeit heute so viel Verwirrung über die Rolle des Staates in der Wirtschaft besteht. Block (2008) erklärt einen Teil dieser Verwirrung mit der »heimlichen« Industriepolitik der Vereinigten Staaten. Aber heimlich sei sie hauptsächlich insofern, als sie nicht öffentlich diskutiert werde, weder von den politisch Verantwortlichen noch von den einflussreichen Medien. Block (2008, S. 15) behauptet, »wie der entwendete Brief liegt der heimliche Entwicklungsstaat offen zutage. Aber er wurde durch den Erfolg der marktfundamentalistischen Ideologie«, die die politische Debatte durchzieht, »unsichtbar gemacht«. Angesichts der Bemühungen von Politikern überall auf der Welt, ihre Volkswirtschaften voranzubringen und den Erfolg der Vereinigten Staaten zu wiederholen, ist es wichtiger denn je, die »wahre« Geschichte von Innovationen und Wirtschaftswachstum zu erzählen.

Vallas, Kleinman und Biscotti betonen mit Blick auf den großen Einfluss des Staates auf die Entwicklung der biopharmazeutischen Unternehmen, dass »massive Verschiebungen bei den staatlichen Ausgaben für Forschung und Entwicklung im Spiel waren«, und fügen hinzu: »Es ist schwer, den Schluss zu vermeiden, dass die Wissensökonomie nicht geboren, sondern gemacht wurde« (2009, S. 71). Obwohl Pharmafirmen viel Geld für Forschung und Entwicklung ausgeben, seien die privaten Investitionen vollständig abhängig von »der Versorgung mit Wissen« gewesen, »das entweder von staatlichen Einrichtungen finanziert oder sogar produziert wurde«.

Die National Institutes of Health: Die Welle erzeugen, statt sie nur zu reiten

Staatliche Unterstützung und staatliches Engagement im Biotech-Bereich kommen in vielerlei Form vor. Vor allem haben staatliche Investitionen viel mehr als private zur Schaffung der enormen Wissensbasis beigetragen, die Pharmafirmen brauchen. Ganz vorn bei den entsprechenden Investitionen liegen die National Institutes of Health (NIH) und andere staatliche Einrichtungen. Aus den Zahlen, die Lazonick und Tulum (2011) zusammengestellt haben, geht hervor, wie wichtig die Finanzmittel der National Institutes of Health für Innovationen im biopharmazeutischen Bereich waren. Von 1978 bis 2004 beliefen sich die Gesamtausgaben für Forschung in den Lebenswissenschaften auf 365 Milliarden Dollar. In jedem Jahr von 1970 bis 2009 mit Ausnahme eines kleinen Einbruchs 2006 erhöhten sich die Ausgaben nominell, während die Zuflüsse von Wagniskapitalgebern und durch Investitionen an der Börse stark schwankten.

Abb. 8 zeigt, dass die National Institutes of Health von 1936 bis 2011 insgesamt 841 Milliarden Dollar (in Dollar von 2012) ausgegeben haben. Allein das Budget für 2012 betrug 30,9 Milliarden. Während die Unternehmen weiterhin Steuererleichterungen und »Bürokratieabbau« fordern, hängen sie massiv von der Finanzierung durch eben die Steuereinnahmen ab, die sie bekämpfen. Und tatsächlich erleben genau die

ABB 8. Das Budget der National Institutes of Health, 1938–2012

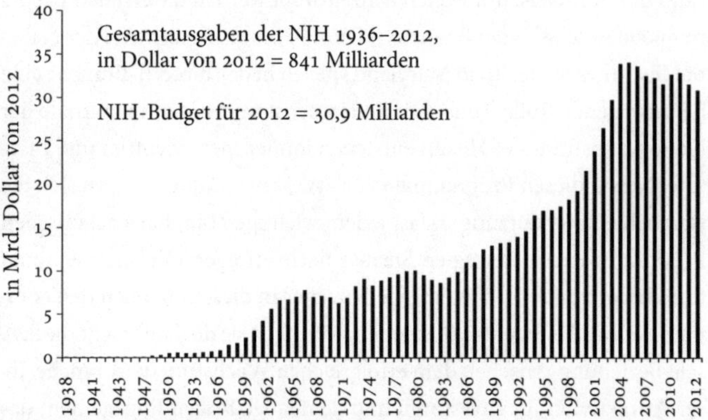

QUELLE: Office of the Budget, National institutes of Health (2011, S. 1176)

Länder, die wie Großbritannien zunehmend überzeugt sind, »niedrige Steuern und wenig Regulierung« seien Triebkräfte der Wirtschaft, dass viele Firmen wie Pfizer und Sanofi abwandern.

Noch verblüffender ist, dass in den 35 Jahren, seit Genentech 1976 als erstes biopharmazeutisches Unternehmen gegründet wurde, die National Institutes of Health die pharmazeutische Biotechnologie mit 624 Milliarden Dollar finanziert haben (Stand 2010). Lazonick und Tulum (2011, S. 9) zufolge zeigen diese Zahlen, dass die US-Regierung durch die National Institutes of Health und damit durch den amerikanischen Steuerzahler »seit Langem der landesweit (und weltweit) wichtigste Investor in die Wissensschöpfung in medizinischen Bereichen« ist. Die entsprechende Wissensbasis sei »unverzichtbar«; ohne sie wäre weder privates Wagniskapital noch öffentliches Beteiligungskapital in die Branche geflossen. Sie ritten lediglich auf der Welle, die andere erzeugt hatten.

Die National Institutes of Health haben fast 50.000 Zuschüsse (um die man sich bewerben muss) an über 325.000 Forscher von mehr als 3000 Universitäten, medizinischen Hochschulen und sonstigen Forschungseinrichtungen in allen US-Bundesstaaten und weltweit vergeben. Diese Beihilfen machen 80 Prozent des Budgets der National Institutes of Health aus; mit weiteren 10 Prozent werden die eigenen Labors mit 6000 Beschäftigten finanziert. Die 26 Forschungszentren der National Institutes of Health in Maryland spielen in der Biotech-Branche eine herausragende Rolle – und ihre Rolle wächst weiter, denn innerhalb der National Institutes of Health entstehen immer mehr Zentren und Institute. Neben diesen Programmen zur »Wissensschöpfung« lässt sich die staatliche Unterstützung in fast jedem wichtigen biopharmazeutischen Produkt in den Vereinigten Staaten nachverfolgen (Vallas, Kleinman und Biscotti 2009). Obwohl viele Forscher in diesem Bereich den enormen Beitrag des Staates anerkennen, würdigen sie doch oft nicht die kausale Beziehung zwischen dem erfolgreichen Wachstum der Branche, ihrer Attraktivität für Investoren und dem langjährigen Engagement des Staates, um die entsprechende Wissensbasis zu schaffen und zu erhalten.

Aber warum ernten so oft Wagniskapitalgeber den Ruhm, die Biotech-Revolution auf den Weg gebracht zu haben? Paul Berg, Träger des Chemie-Nobelpreises 1980, hat die Geschichte der privaten und staatlichen Finanzierung im Biotech-Bereich in dem Zitat zu Beginn dieses Kapitels auf den Punkt gebracht. Berg war sich bewusst, dass der Staat den Weg für die weitere Entwicklung des Sektors bereitete, weil er den Mut, die visionäre Kraft und die finanziellen Mittel aufbrachte, die den Privaten fehlten. Oder gerechter sollte man formulieren: weil er in neue Technologien investierte, bis aus beängstigender Unsicherheit normales Risiko geworden war.

In diesem Kapitel ging es darum zu zeigen, dass der Staat viel mehr leistet, als einfach nur »ins Blaue hinein« Grundlagenforschung zu finanzieren. Stattdessen ist er an den verschiedenen Formen »riskanter« und unsicherer Forschung beteiligt, denn der private Sektor ist in vieler Hinsicht weniger unternehmerisch gesinnt als der staatliche: Privatunternehmen scheuen vor radikal neuen Produkten und Verfahren zurück und überlassen das Feld erst einmal dem Staat. Ergebnisoffene Forschung ist nötig, aber nicht ausreichend, damit Innovationen entstehen können, und tatsächlich leistet der Staat mehr. Im nächsten Kapitel schaue ich mir die Rolle des Staates in der Wissensökonomie noch genauer an. Im übernächsten Kapitel konzentriere ich mich auf Apple als Beispiel eines Unternehmens, das von staatlich finanzierter ergebnisoffener Forschung und von der politischen Unterstützung der Vermarktung seiner Produkte enorm profitiert hat.

4 Der Unternehmerstaat in den Vereinigten Staaten

> *… seit den Gründervätern waren die USA immer zwischen zwei Traditionen hin- und hergerissen, der aktivistischen Politik von Alexander Hamilton (1755–1804) und Thomas Jeffersons (1743–1826) Maxime »je weniger die Regierung regiert, desto besser«. Mit der Zeit und dem üblichen amerikanischen Pragmatismus hat man den Wettstreit so gelöst, dass die Jefferson-Anhänger für die Rhetorik zuständig wurden und die Hamilton-Anhänger für die Politik.*
>
> ERIK REINERT (2007, S. 23)

Die Vereinigten Staaten erscheinen zwar als Inbegriff des freien Unternehmertums, aber in der Realität übernimmt der Staat seit Langem massiv Risiken, um Innovationen zu fördern. In diesem Kapitel stellen wir vier erfolgreiche Beispiele vor: DARPA (die Defense Advanced Research Projects Academy der US-Regierung), SBIR (Small Business Innovation Research), den Orphan Drug Act (Europa hat 2001 ein entsprechendes Gesetz verabschiedet, das nach dem Vorbild des amerikanischen Gesetzes von 1983 gestaltet ist) und die National Nanotechnology Initiative. Diesen Beispielen gemeinsam ist ein proaktives Vorgehen des Staates, um einen Markt zu schaffen mit dem Ziel, Innovationen voranzutreiben. Die Vereinigten Staaten sind also nicht nur eine Unternehmergesellschaft – ein Umfeld, in dem es kulturell natürlich ist, ein Unternehmen zu gründen und auszubauen –, sondern auch ein Land, in dem der Staat eine unternehmerische Rolle spielt, indem er in radikal neue Bereiche investiert. Der Staat hat in frühen Stadien finanzielle Hilfe geleistet, als das Wagniskapital zurückscheute, und hochkarätige innovative Tätigkeiten des privaten Sektors in Auftrag gegeben, die niemals zustande gekommen wären, hätte nicht die Politik eine bestimmte Strategie und Vision unterstützt.

Bisher habe ich argumentiert, dass für Wirtschaftswachstum zwar das technologische Innovationsniveau entscheidend wichtig ist, aber keine lineare Beziehung zwischen Ausgaben für Forschung und Entwicklung, Firmengröße, der Zahl von Patenten und dem Innovationsniveau in einer Volkswirtschaft insgesamt besteht. Klar scheint jedoch zu sein, dass zu den Vorbedingungen für Innovationen eine hochgradig vernetzte Wirtschaft mit zahlreichen Feedback-Schleifen zwischen Einzelpersonen und Organisationen zählt, die es ermöglichen, Wissen zu teilen und immer weiter zu entwickeln.

In diesem Kapitel will ich zeigen, dass es an den Grenzen des Wissens nicht ausreicht, ein nationales Innovationssystem zu haben. Auf längere Sicht werden bessere Ergebnisse erzielt, wenn der Staat ein wichtiger Akteur innerhalb des Systems ist. Er muss seine Rolle nicht unbedingt auf nationaler Ebene spielen (kann es aber), und seine Rolle sollte nicht nur in langfristigen Subventionen für bestimmte Unternehmen bestehen (»Gewinner herauspicken«). Durch seine verschiedenen Behörden und Labors kann der Staat neue Ideen rasch verbreiten. Er kann auch beweglich agieren und durch seine Funktionen bei Beschaffung, Auftragsvergabe und Regulierung Märkte gestalten und technologischen Wandel vorantreiben. Dann handelt er als Katalysator des Wandels – der Funke, der das Feuer entzündet.

Die Defense Advanced Research Projects Agency (DARPA)

Die Rolle des Militärs bei Wirtschaftswachstum und Entwicklung war in der Geschichte der Vereinigten Staaten nicht anders als in anderen modernen Ländern. Aber in den Vereinigten Staaten hat die Erfahrung, dass durch technische Entwicklungen Kriege gewonnen werden können, alle, die die Innovationspolitik verbessern wollten, nachhaltig beeindruckt.

Im DARPA-Modell geht die Rolle des Staates weit über die Finanzierung von Grundlagenforschung hinaus. Der Staat lenkt Ressourcen in bestimmte Bereiche und Richtungen, eröffnet neue Chancen und bringt öffentliche und private Akteure zusammen, die mit technologischen Entwicklungen zu tun haben, auch privates und öffentliches Wagniskapital, außerdem unterstützt er die Vermarktung (Block 2008; Fuchs 2010).

Während Marktfundamentalisten Franklin D. Roosevelts New Deal als den entscheidenden Wendepunkt in der amerikanischen Wirtschaftsgeschichte ansehen, schreibt Block (2008), der Zweite Weltkrieg sei für die Entwicklung der Innovationspolitik in den Vereinigten Staaten viel wichtiger gewesen. In der Zeit nach dem Zweiten Weltkrieg arbeitete das Pentagon eng mit anderen nationalen Sicherheitsbehörden wie der Atomenergiekommission und der Raumfahrtbehörde (NASA) zusammen. Aus dieser Zusammenarbeit entstanden neue Technologien wie Computer, Düsenjets, die zivile Nutzung der Atomenergie, Laser und Biotechnologie (Block 2008). Bei all dem übernahm die Advanced Research Projects Agency (ARPA), eine 1958 vom Pentagon gegründete Behörde, eine Vorreiterrolle. Inzwischen heißt sie DARPA (Defense Advanced Research Projects Agency); das Akronym wird auch in diesem Buch verwendet. Die DARPA ist an wichtigen Initiativen bei vielen unterschiedlichen Technologien beteiligt,[1] doch die staatliche Unterstützung im Computerbereich hat zu einem neuen Paradigma der Technologiepolitik geführt.

Die DARPA wurde gegründet, um den Vereinigten Staaten einen technischen Vorsprung auf unterschiedlichen Gebieten zu sichern, die hauptsächlich (aber nicht nur) mit Technologie zu tun hatten. Die DARPA agierte immer extrem zielorientiert. Die Behörde hat ein Jahresbudget von über 3 Milliarden Dollar, 240 Mitarbeiter, handelt flexibel ohne großen Verwaltungsaufwand und ist mit der Regierung verbunden, aber unabhängig von ihr. Sie hat erfolgreich hochkarätige Programmmanager angeworben, die aufgrund ihrer kurzfristigen Verträge mit

Laufzeiten zwischen vier und sechs Jahren bereit sind, Risiken einzugehen. Die Struktur ist darauf ausgelegt, die Lücke zwischen ergebnisoffener akademischer Forschung mit langen Zeithorizonten und den eher zufälligen technischen Entwicklungen beim Militär zu schließen.

Nach dem Sieg im Zweiten Weltkrieg, den die Vereinigten Staaten zu einem Großteil staatlich geförderten und staatlich gelenkten technologischen Entwicklungen verdankten, hatte es die Regierung eilig, die Empfehlungen des Berichts von Vannevar Bush aus dem Jahr 1945 umzusetzen, der für dauerhafte staatliche Unterstützung für Grundlagenforschung wie für angewandte Wissenschaft plädierte. Das Band zwischen Staat und Wissenschaft festigte sich weiter durch das Manhattan Project (die große gemeinsame wissenschaftliche Anstrengung der Vereinigten Staaten in Zusammenarbeit mit Großbritannien und Kanada, die zu Entwicklung und Einsatz der Atombombe im Zweiten Weltkrieg führte). Im Rahmen des Projekts wiesen Physiker die Politiker auf die militärischen Implikationen der neuen Technologie hin. Künftig war es eine Aufgabe der Staates, zu entscheiden, welche Technologien sowohl militärisch wie kommerziell nutzbar waren.

Block (2011, S. 7) zufolge kümmerten sich von da an immer mehr Regierungsmitarbeiter immer stärker um die Förderung von Innovationen. Sie rekrutierten Forscher, ermutigten Wissenschaftler zur Lösung spezieller Probleme und drängten auf die Erreichung bestimmter Ziele. Daraus folgte die Erkenntnis, dass die Regierung nicht nur traditionell den militärischen Bereich unterstützen, sondern auch etwas für zivile wirtschaftliche Zwecke tun konnte.

Der Start des Sputnik 1957 durch die Sowjets versetzte die politisch Verantwortlichen in den Vereinigten Staaten in Panik; sie fürchteten, technologisch hinter die Sowjetunion zurückzufallen. Die Gründung der DARPA 1958 war eine direkte Folge des »Sputnik-Schocks«. Bis dahin hatte das Militär allein über sämtliche finanziellen Mittel verfügt, die für militärische Forschung und Entwicklung ausgegeben wurden. Nach der Gründung der DARPA floss ein Teil der Militärausgaben in »Nachdenken ins Blaue« – Ideen, die insofern hinter dem Horizont lagen, als sie womöglich für die nächsten zehn oder zwanzig Jahre keine greifbaren Ergebnisse bringen würden. Die DARPA konnte sich deshalb vollkommen frei darauf konzentrieren, mit neuartigen Strategien innovative technologische Entwicklungen zu fördern. Das eröffnete Wissenschaftlern und Ingenieuren zahlreiche Chancen, innovative Ideen vorzuschlagen und finanzielle Unterstützung dafür zu bekommen (Block 2008).

Die DARPA leistete deutlich mehr als bloße Forschungsfinanzierung. Sie unterstützte die Einrichtung von Fachbereichen für Informatik, griff Start-up-Firmen finanziell unter die Arme, leistete Beiträge zur Halbleiterforschung und zu Forschungen zu Mensch-Maschine-Schnittstellen und koordinierte die Anfänge des Internets. Viele dieser höchst wichtigen Aufgaben wurden über das 1962 eingerichtete Information Processing Techniques Office abgewickelt. Diese Aktivitäten hatten erheblichen Anteil an der Entwicklung der Computerindustrie in den 1960er- und 1970er-Jahren, und viele Technologien, die später in das Design der Personal Computer einflossen, wurden von Forschern entwickelt, die ihr Geld von der DARPA erhielten (Abbate 1999).

Wichtig war ebenfalls, dass in dieser Zeit ein neues Umfeld für Innovationen entstand, nachdem 1957 eine Gruppe von Wissenschaftlern und Ingenieuren aus einer Firma ausgeschieden war, die William Shockley gegründet hatte (Block 2011). Die Rebellen, oft bezeichnet als die »verräterischen acht«, gründeten gemeinsam Fairchild Semiconductor, ein neues Unternehmen, das die Halbleitertechnologie vorantrieb und den »Prozess der ökonomischen Abspaltung« fortsetzte, wodurch »ständig neue wirtschaftliche Herausforderungen entstanden« (Block und Keller 2011, S. 12f.). Lazonick (2009) fügt noch hinzu, Fairchild Semiconductor stehe am Anfang der »Spinoff-Kultur« – und das Unternehmen verdankte fast sein gesamtes Wachstum Aufträgen des Militärs. Das Geschäftsmodell der Abspaltungen wurde nach der Revolte von 1957 üblich und populär, hätte aber ohne staatliche Unterstützung und ohne den Staat als wichtigen Kunden nicht funktioniert. Ein neues Paradigma entstand und bewirkte, dass innovative Ideen viel schneller aus den Labors auf die Märkte kamen.

Bis dahin waren die Möglichkeiten des Staates, den technologischen Fortschritt zu beschleunigen, begrenzt gewesen, weil große Rüstungsunternehmen mit ihrer enormen Macht Druck und Forderungen nach Innovationen abwehrten. Der Staat hatte auch wegen der kleinen Zahl von Firmen, die über die entsprechenden Fähigkeiten verfügten, nur begrenzt Einfluss auf Innovationen. Die Firmen wollten übereinstimmend bestimmte Risiken vermeiden, die mit ungewissen technischen Entwicklungen verbunden waren, und widerstanden entsprechendem staatlichem Druck. Doch in einem neuen Umfeld mit ambitionierten Start-ups wuchsen die Chancen für echten Wettbewerb.

Programmverantwortliche bei der DARPA erkannten das Potenzial dieses neuen Umfelds für Innovationen und verstanden es zu nutzen. Sie konzentrierten sich zuerst auf neue, kleinere Firmen, denen sie mit weniger Geld helfen konnten, als bei den großen Rüstungsfirmen vonnöten war. Die kleinen Firmen begriffen schneller, dass sie ambitionierte Innovationen brauchten, um in Zukunft zu bestehen. Kleine, neue Firmen in echtem Wettbewerb, dazu das Spinoff-Modell, das sich immer mehr durchsetzte: Wie Block (2008) anmerkt, mussten sich vor diesem Hintergrund auch die großen Firmen um innovative Durchbrüche bemühen. Die Regierung nutzte das neue Umfeld und konnte den Anstoß zu Innovationen in großen wie kleinen Unternehmen, in Universitäten und staatlichen Labors geben. Die im Gegensatz zu den stärker formalisierten und bürokratischen Strukturen anderer Regierungsprogramme dynamische und flexible Struktur der DARPA erlaubte, den verstärkten Einfluss des Staates zu nutzen, um echte Konkurrenz innerhalb des Netzes zu erzeugen. Die DARPA setzte ihr Geld so ein, dass vermehrt Wissen zwischen konkurrierenden Forschungsgruppen floss. Sie sorgte dafür, dass Forscher bei Workshops zusammenkamen und Ideen austauschten; so konnten sie auch Sackgassen vermeiden, in die andere geraten waren. Die Verantwortlichen der DARPA bahnten geschäftliche und technologische Kontakte zwischen Forschern an Universitäten und Unternehmern an, die neue Firmen gründen wollten, brachten Start-up-Firmen und Wagniskapitalgeber zusammen, suchten größere Unternehmen, die eine bestimmte Technologie vermarkten wollten, oder leisteten Hilfestellung bei der Beschaffung eines Regierungsauftrags, um die Vermarktung voranzubringen.

In dieser Vermittlerfunktion schuf die DARPA nicht nur Verbindungen zwischen den Beteiligten des Netzwerks, sondern arbeitete auch daran, den Pool von Wissenschaftlern und Ingenieuren aus bestimmten Tätigkeitsbereichen ständig zu erweitern. Ein Beispiel dafür ist die Rolle, die die DARPA in den 1960er-Jahren durch die Finanzierung neuer Fachbereiche für Informatik an mehreren Universitäten in den Vereinigten Staaten spielte. Die DARPA sorgte dafür, dass mehr Forscher das notwendige Spezialwissen hatten, und konnte damit langfristig den technologischen Wandel in diesem Bereich vorantreiben. In den 1970er-Jahren übernahm die DARPA bei der Herstellung von Computerchips die Kosten, die für die Umsetzung von Entwürfen in Prototypen anfielen, indem sie ein Labor an der University of Southern California finanzierte. Wer einen interessanten Entwurf für einen neuen Mikrochip besaß, konnte ihn in diesem Labor herstellen lassen. Dadurch erweiterte sich der Pool derjenigen, die schnellere und bessere Mikrochips entwarfen, beträchtlich.

In dieser Zeit entstand auch der Personal Computer; 1976 stellte Apple das erste Gerät vor. Der Boom der Computerbranche im Silicon Valley und die Schlüsselrolle der DARPA dabei haben viel Aufmerksamkeit auf sich gezogen, gerieten jedoch allmählich in Vergessenheit bei all jenen, die behaupten, das Silicon Valley sei ein Beispiel für das freie Spiel der Marktkräfte im Kapitalismus. So wird in einem aktuellen Dokumentarfilm mit dem Titel *Something Ventured, Something Gained* (Geller und Goldfine 2012), der 85 Minuten lang die Entwicklung des Silicon Valley schildert, die Rolle des Staates nicht ein einziges Mal erwähnt.

Die gewaltigen Entwicklungen in der Biotechnologie, die sich ebenfalls in den 1970er-Jahren vollzogen, machten den politisch Verantwortlichen klar, dass die Rolle der DARPA in der Computerbranche keine einzelne, isolierte Erfolgsgeschichte war. Die dezentralisierte Industriepolitik, die an der spektakulären Verbreitung der Personal Computer so großen Anteil gehabt hatte, trug auch zu Wachstum und Fortschritt in der Biotechnologie bei.

Block (2008, S. 188) identifiziert vier Schlüsselmerkmale des DARPA-Modells:

- Etliche relativ kleine Büros, oft besetzt mit hochkarätigen Wissenschaftlern und Ingenieuren, bekommen ein ausreichendes Budget, über das sie weitgehend autonom verfügen können, um vielversprechende Ideen zu unterstützen. Die Büros agieren proaktiv und nicht reaktiv und arbeiten eine Agenda für die Forscher auf dem betreffenden Gebiet aus. Das Ziel ist, eine wissenschaftliche Community zusammenzubringen, die an den Universitäten, im öffentlichen Sektor und bei den Unternehmen präsent ist und sich auf die Lösung konkreter technischer Probleme konzentriert.
- Finanzielle Mittel fließen an einen Mix aus Wissenschaftlern an Universitäten, Start-up-Unternehmen, etablierten Firmen und Industriekonsortien. Es wird nicht zwischen »Grundlagenforschung« und »angewandter Forschung« unterschieden, weil beides eng verzahnt ist. Die DARPA-Mitarbeiter werden ermutigt, die Gelder von Gruppen zu kürzen, die keine Fortschritte vorweisen können, und an andere Gruppen zu leiten, die mehr Erfolg versprechen.
- Weil das Ziel darin besteht, nutzbare technologische Fortschritte zu erzielen, erstreckt sich das Mandat der Behörde auch darauf, Firmen zu helfen, dass sie ihr Produkt bis zur Marktreife bringen. Die DARPA kann Firmen entsprechende Hilfestellung weit über die Finanzierung von Forschungen hinaus leisten.
- Es ist ihre Aufgabe, ihre Kontrollfunktion dazu einzusetzen, Ideen, Ressourcen und Menschen aus unterschiedlichen Forschungs- und Entwicklungseinrichtungen in konstruktiver Weise zusammenzubringen.

Der Hauptfokus liegt darauf, Firmen bei der Entwicklung neuer Produkte und Verfahren zu helfen. Entscheidend ist, dass der Staat vorangeht und den Firmen ein Modell vorgibt, dem sie folgen können. Und dabei agiert er praxisbezogener, da seine Vertreter direkt mit den Firmen zusammenarbeiten und gemeinsam die aussichtsreichsten innovativen Pfade identifizieren und verfolgen. Dabei kann der Staat Spitzenkräfte gewinnen – genau die Art von Sachverstand, die die Dynamik schafft, die dem Staat nach Ansicht von Kritikern oft fehlt. Wie bereits erwähnt, ist diese Kritik eine sich selbst erfüllende Prophezeiung, weil der Staat nicht selbstbewusst und dynamisch handeln wird, wenn er dauernd unter Beschuss steht.

In Kapitel 6 zeigen wir, wie ARPA-E, die jüngste Behörde innerhalb des Energieministeriums, heute versucht, für den »grünen« Sektor das zu leisten, was die DARPA für die Informationstechnologie geleistet hat.

Das Small-Business-Innovation-Research-(SBIR)-Programm

Im Gegensatz zur allgemeinen Auffassung, während der Amtszeit von Ronald Reagan hätten die Marktkräfte ungehindert wirken können, hat die US-Regierung in den 1980er-Jahren auf den Erfolgen der dezentralisierten Industriepolitik der DARPA aufgebaut. Eines der wichtigsten Ereignisse in dieser Zeit war die Unterzeichnung des Small Business Innovation Development Act 1982, wodurch ein Konsortium zwischen der Small Business Administration und verschiedenen anderen Regierungseinrichtungen wie dem Verteidigungsministerium, dem Energieministerium und der Umweltschutzbehörde entstand. Das Gesetz basierte auf einem Pilotprogramm der National Science Foundation (NSF) aus der Zeit der Regierung Carter. Nach dem SBIR-Programm sollten Regierungsbehörden mit großen Forschungsetats einen Teil (ursprünglich 1,25 Prozent) kleinen, unabhängigen Firmen zukommen lassen. In der Folge bekamen zahlreiche höchst innovative Start-up-Unternehmen Unterstützung aus dem Programm (Lerner 1999; Audretsch 2003).

Außerdem wurde das Netzwerk von einzelstaatlichen und lokalen

ABB 9. Zahl von Zuschüssen in der Startphase und in frühen Phasen, SBIR und Wagniskapital

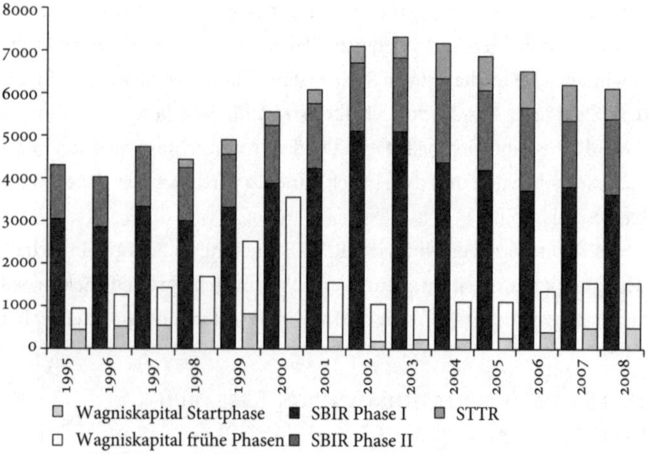

QUELLE: Block und Keller (2012, S. 15)

Einrichtungen, die mit bundesstaatlichen Programmen kooperierten, ausgeweitet. Ein Beispiel dafür ist die Schaffung von Organisationen, die – finanziert von einzelstaatlichen und lokalen Verwaltungen – Unternehmer dabei unterstützen sollen, für ihre Projekte Gelder aus dem SBIR-Programm zu erhalten. Das SBIR-Programm erfüllt in diesem neuen Innovationssystem eine einzigartige Rolle, denn für viele Unternehmen, die mit technologischen Innovationen befasst sind, ist es die erste Anlaufstelle bei der Suche nach einer Finanzierung. Das Programm stellt Hightech-Firmen jährlich über 2 Milliarden Dollar an direkter Unterstützung zur Verfügung; es hat die Entwicklung neuer Unternehmen gefördert und die Entwicklung Hunderter neuer Technologien vom Labor bis zur Marktreife begleitet. In Anbetracht dessen, was das SBIR-Programm leistet, ist es verwunderlich, wie wenig Aufmerksamkeit es bekommt. Großbritannien versucht seit 2001, seinen Erfolg zu kopieren, aber bislang ist das noch nicht gelungen.

Block (2011, S. 14) erwähnt ebenfalls, dass das SBIR-Programm weitgehend unsichtbar blieb. Er spricht von »einer Diskrepanz zwischen der wachsenden Bedeutung solcher bundesstaatlicher Initiativen und dem Fehlen einer öffentlichen Debatte oder Diskussion darüber«. Wie schon gesagt, ist diese Diskrepanz ein großes Problem sowohl für die politisch Verantwortlichen wie für die Öffentlichkeit – ja für alle, die über die Wirtschaftspolitik diskutieren und sich bemühen, die aktuelle Wirtschaftskrise zu entschärfen und zugleich den Weg für künftige Innovationen und Entwicklungen in der globalisierten Welt zu bereiten.

Wie Abb. 9 zeigt, ist die Bedeutung des SBIR-Programms nicht geringer, sondern größer geworden. Da Wagniskapital immer öfter nur kurzfristig zur Verfügung gestellt wird, um hohe Renditen zu erzielen und bei einem Börsengang schnell wieder auszusteigen, muss das SBIR-Programm bei der Risikofinanzierung stärker einspringen (Block und Keller 2012).

Orphan-Arzneimittel

Ein Jahr nachdem das SBIR-Programm ins Leben gerufen wurde, trat ein weiteres Gesetz zur Förderung von Innovationen in Privatunternehmen, diesmal speziell in der Biotechnologie-Branche, in Kraft. Der Orphan Drug Act von 1983 ermöglichte es kleinen, engagierten Biotech-Firmen, sich eine Scheibe vom Medikamentenmarkt abzuschneiden. Das Gesetz beinhaltet Steueranreize, finanzielle Unterstützung für klinische Studien sowie Forschung und Entwicklung, beschleunigtes Zulassungsverfahren und außerdem starke Schutzrechte für Produkte, die zur Behandlung seltener Krankheiten entwickelt werden. Als selten wird in den Vereinigten Staaten eine Krankheit definiert, wenn sie weniger als 200.000 Patienten pro Jahr betrifft. Es hieß, in Anbetracht dieses kleinen Markts würde sich ohne finanzielle Anreize niemand um die Entwicklung entsprechender Medikamente kümmern, sie würden »Waisen« (orphans) bleiben. Hinter dem Gesetz stand der Wunsch, die Investitionen der Pharmafirmen in solche Medikamente zu erhöhen.

Der Schutz durch dieses Gesetz ermöglicht kleinen Firmen, ihre Technologieplattform zu verbessern und ihre Aktivitäten auszuweiten, sodass sie zu wichtigen Akteuren in der biopharmazeutischen Industrie werden können. Orphan-Arzneimittel hatten erheblichen Anteil daran, dass große biopharmazeutische Unternehmen wie Genzyme, Biogen, Amgen und Genentech zu dem wurden, was sie heute sind (Lazonick und Tulum 2011). Seit der Verabschiedung des Orphan Drug Act wurden 2364 Produkte als Orphan-Arzneimittel anerkannt, 370 davon bekamen die Marktzulassung (FDA, o.J.).

Zusätzlich zu den Bedingungen, die im Orphan Drug Act formuliert werden, weisen Lazonick und Tulum (2011) noch darauf hin, dass unterschiedliche Versionen desselben Wirkstoffs als »orphan« eingestuft werden können. Ein Beispiel von Novartis verdeutlich das. Im Mai 2001 erhielt das Unternehmen die Zulassung der FDA mit Marktexklusivität für sein Medikament Glivec zur Behandlung von chronischer myeloischer Leukämie. 2005 bemühte sich Novartis über einen Zeitraum von fünf Monaten um die Anerkennung desselben Medikaments als Orphan-Arzneimittel für fünf weitere Indikationen. Nach dem Jahresbericht 2010 erreichte Novartis mit Glivec in dem Jahr einen weltweiten Umsatz von 4,3 Milliarden Dollar. Das bestätigt das Argument von Lazonick und Tulum (2011), dass die Erlöse beträchtlich sein können, auch wenn der Markt für ein Medikament klein ist.

Offensichtlich erzielen nicht nur kleine Firmen erhebliche Erlöse mit Orphan-Arzneimitteln. Einige der größten Pharmafirmen weltweit wie Roche, Johnson & Johnson, GlaxoSmithKline, Pfizer und andere haben sich für einzelne Produkte um die Einstufung als Orphan-Arzneimittel bemüht. Die National Organization for Rare Disorders (NORD, Nationale Organisation für seltene Störungen), eine Non-Profit-Organisation, die einen wesentlichen Teil ihres Geldes von der Bundesregierung erhält, hat große Pharmafirmen ermutigt, ihr umfangreiches Forschungswissen durch Lizenzvereinbarungen mit kleineren Biotech-Firmen zu teilen, um die Entwicklung von Medikamenten für seltene Krankheiten voranzubringen. Lazonick und Tulum (2011) illustrieren die Bedeutung des

Orphan Drug Act, indem sie den Anteil von Orphan-Arzneimitteln als Prozentsatz der gesamten Medikamenteneinnahmen großer biopharmazeutischer Unternehmen ausweisen. Die finanzielle Entwicklung der sechs größten Firmen zeigt, dass Orphan-Arzneimittel zu einem erheblichen Teil zu ihren Einnahmen beitragen: 59 Prozent der Einnahmen aus Produkten insgesamt und 61 Prozent der Einnahmen der sechs größten biopharmazeutischen Unternehmen stammen aus Verkäufen von Orphan-Arzneimitteln. Wenn in diese Rechnung noch spätere Derivate mit Orphan-Status einbezogen werden, steigen die Zahlen (für das Jahr 2008) in beiden Fällen auf 74 Prozent der Einnahmen. Beim Vergleich von Timing und Anstieg der Einnahmen aus Orphan-Arzneimitteln und anderen »Blockbustern« stellen Lazonick und Tulum (2011) fest, dass die Orphan-Arzneimittel zahlreicher sind, der Anstieg bei den Erlösen früher begann und viele 2007 höhere Umsätze (in Dollar) generierten als andere wichtige Medikamente.

Unbestreitbar haben Orphan-Arzneimittel eine zentrale Rolle bei der Entwicklung der biopharmazeutischen Industrie gespielt, aber der ODA ist nur einer von vielen wichtigen Schritten der US-Regierung zur Unterstützung der Biotech-Branche. Ebenso offensichtlich ist, dass die großen Pharmafirmen in der biopharmazeutischen Industrie sehr einflussreich sind, wie das Beispiel der Orphan-Arzneimittel zeigt. »Big Pharma« und die Biotech-Branche sind bei Orphan-Arzneimitteln stark voneinander abhängig, die Unterscheidung zwischen Big Pharma und Big Biotech-Pharma hat sich verwischt. Doch in beiden Fällen hingen Entwicklung und Erfolg ganz wesentlich vom Staat ab. Lazonick und Tulum fassen die Rolle des Staates für die Jahre ab 2000 so zusammen:

> Die US-Regierung agiert weiterhin als Investor in die Schöpfung von Wissen, als Unterstützer der Medikamentenentwicklung, als Beschützer von Märkten für Medikamente und nicht zuletzt als … Käufer der Medikamente, die biopharmazeutische Unternehmen verkaufen. Biopharmazeutische Medikamente sind dank Big Go-

> vernment zu einem Big Business geworden und … bleiben für den kommerziellen Erfolg weiterhin von Big Government massiv abhängig (2011, S. 18).

Aus diesen drei Beispielen für die Vorreiterrolle des Staates bei der Förderung von Innovationen – DARPA, das SBIR-Programm und die Schaffung eines Marktes für Orphan-Arzneimittel durch den Orphan Drug Act – lässt sich eine Folgerung ziehen: Die Vereinigten Staaten haben in den letzten Jahrzehnten eine aktive, interventionistische Politik betrieben, um mit Blick auf große politische Ziele Innovationen in der Privatwirtschaft voranzubringen. Alle drei Beispiele haben gemeinsam, dass der Staat seine Unterstützung nicht nach dem Gießkannenprinzip verteilt, sondern durchaus »Gewinner herauspickt«. Man kann ihm jedenfalls nicht industriepolitische Untätigkeit vorwerfen. Vielmehr agiert der Staat flexibel, belohnt Innovationen und leitet Ressourcen innerhalb kurzer Zeit an aussichtsreiche Unternehmen weiter, entweder durch Angebotsförderung (zum Beispiel die Informations- und Vermittlungstätigkeit der DARPA, strategische Programme und Entwicklung von Visionen) oder durch Nachfrageförderung und finanzielle Unterstützung in frühen Stadien (das SBIR-Programm und die Orphan-Arzneimittel). Der Staat schafft nicht einfach nur die »Rahmenbedingungen für Innovationen«, sondern hat aktiv die Forschung finanziert und die Netzwerke zwischen staatlichen Behörden und dem privaten Sektor geknüpft, die die kommerzielle Entwicklung erleichtern. Das unterscheidet sich sehr vom aktuellen politischen Kurs in Großbritannien. Dort geht man davon aus, dass der Staat dem privaten Sektor nur Anreize zum Handeln bieten kann.

Die nationale Nanotechnologie-Initiative

Die unternehmerische Rolle des Staates bei der Förderung neuer Technologien, die die Grundlage für jahrzehntelanges Wirtschaftswachstum legen, war jüngst auch bei der Nanotechnologie in den Vereinigten Staaten zu beobachten. Die Investitionen und strategischen Entscheidungen des Staates gehen auch hier über die Bereitstellung der adäquaten Infrastruktur, die Finanzierung von Grundlagenforschung und die Festsetzung von Normen und Regeln weit hinaus.

Die Nanotechnologie wird wahrscheinlich die nächste Basistechnologie sein, das heißt Einfluss auf viele unterschiedliche Bereiche haben und die Grundlage für Wirtschaftswachstum abgeben. Heute ist diese Einschätzung allgemein verbreitet, aber in den 1990er-Jahren war das noch anders. Motoyama, Appelbaum und Parker (2011, S. 109–119) schildern detailliert, wie der amerikanische Staat als Vordenker der Nanotech-Revolution auftrat – indem er »allen Widrigkeiten zum Trotz« die ersten Investitionen tätigte und ausdrücklich dynamische Netzwerke bildete, die unterschiedliche staatliche Akteure (Universitäten, staatliche Labors, Regierungsbehörden) und soweit möglich auch den privaten Sektor verbanden. Gemeinsam brachten sie eine Revolution auf den Weg, die nach Einschätzung vieler noch bedeutsamer sein wird als die Computerrevolution. Der Staat hat mit der nationalen Nanotechnologie-Initiative (National Nanotechnology Initiative, NNI) als Erster »definiert«, was Nanotechnologie überhaupt ist. Motoyama, Appelbaum und Parker (2011, S. 11) schildern die Gründung so:

> Die Gründung und die weitere Entwicklung der NNI erfolgten weder ganz von unten noch ganz von oben: Sie ging nicht aus einer Grundströmung von privatwirtschaftlicher Initiative aus, war aber auch nicht das Ergebnis strategischer Entscheidungen von Regierungsverantwortlichen. Vielmehr entstand die NNI aus der Vision und den Bemühungen einer kleinen Gruppe von Wissenschaftlern und Ingenieuren der National Science Foundation und der Regierung Clinton in den späten 1990er-Jahren … Es ist offensichtlich, dass Washington als Vorreiter aktiv die Nanotechnologie auswählte, die politische Unterstützung initiierte und Milliarden von Dollar in die weitere Entwicklung investierte.

Das Ziel der Regierung war, das »nächste neue Ding« nach dem Internet zu finden. Die wichtigsten Akteure (Beamten) in Washington trafen bei der Privatwirtschaft zunächst auf verständnislose Blicke, überzeugten aber schließlich die Regierung, in eine neue Forschungsagenda zu investieren, Budgetoptionen vorzubereiten und eine klare Arbeitsteilung zwischen verschiedenen Behörden zu entwickeln. Aber erst einmal musste definiert werden, was Nanotechnologie überhaupt war. Diese Aufgabe übernahm das Beratungskomitee des Präsidenten für Wissenschaft und Technik (President's Committee of Advisors on Science and Technologie, PCAST). Es argumentierte, man könne nicht erwarten, dass der private Sektor in Anwendungen von Nanotechnologie investiere, die noch zehn oder zwanzig Jahre von der Marktreife entfernt seien (Motoyama, Appelbaum und Parker 2011, S. 113):

> Die Industrie investiert in der Regel nur in Produkte, die in einem Zeitrahmen von drei bis fünf Jahren wettbewerbsfähig sind. Für Manager ist es schwierig, gegenüber ihren Anteilseignern große Investitionen in die langfristige Grundlagenforschung zu rechtfertigen, die nötig ist, damit Nanotechnologie-Produkte entwickelt werden können. Außerdem ist die dafür erforderliche interdisziplinäre Forschung mit den meisten gegenwärtigen Unternehmensstrukturen nicht vereinbar.

Dieses Zitat ist so interessant, weil es deutlich macht, wie sehr der private Sektor auf kurzfristige Zeiträume fixiert ist (vor allem, aber nicht nur, eine Auswirkung der Shareholder-Revolution der 1980er-Jahre auf langfristige Strategien) und dass seine rigiden Strukturen die erforderliche Forschung und Entwicklung eher behindern. Der Staat ist keineswegs weniger innovativ als der private Sektor; vielmehr hat er sich als flexibler und dynamischer erwiesen, wenn es darum geht, die Verbindungen zwischen den verschiedenen Disziplinen zu verstehen, die bei der Nanotechnologie-Revolution ins Spiel kommen (Physik, Chemie, Materialwissenschaft, Biologie, Medizin, Ingenieurwissenschaft und

Computersimulation). Wie Block und Keller (2011a) darlegen, blieb der Einsatz des Staates für modernste neue Technologien oft hinter dem Schleier einer verkappten Industriepolitik verborgen. Die staatlichen Akteure, die die Nanotechnologie vorantrieben, mussten immer von einem »Bottom-up-Ansatz« sprechen, damit es nicht den Anschein hatte, sie würden »Gewinner herauspicken« oder nationale Champions auswählen. Doch letztlich »gehörten zu der Politik zwar auch Konsultationen mit Wissenschaftlern und Experten aus den Unternehmen, aber der entscheidende Anstoß und die Führung – von Hintergrundberichten bis zu Budgetplänen – kamen von oben« (Motoyama, Appelbaum und Parker 2011, S. 112). Mit diesem Ansatz gelang es, erst Clinton und dann Bush davon zu überzeugen, dass Investitionen in Nanotechnologie das Potenzial haben würden, »die künftige Produktivität der Industrie zu steigern«, und dass »das Land, das bei der Entdeckung und Umsetzung von Nanotechnologie führend ist, über Jahrzehnte in der Wirtschaft und bei der Verteidigung einen großen Vorsprung haben würde« (Motoyama, Appelbaum und Parker 2011, S. 113).

Letztlich ergriff die US-Regierung die Initiative. Sie wählte nicht nur die Nanotechnologie als »Gewinner« aus, als den Sektor, der am stärksten unterstützt werden sollte, sondern brachte auch die Nanotechnologie-Initiative auf den Weg, überprüfte Regeln und Vorschriften im Hinblick auf die Nanotechnologie und ihre Risiken und wurde zum größten Investor, weit über das hinaus, was sie bereits für die Biotech- und Lebenswissenschaften getan hatte. Die Richtung wurde eindeutig von oben nach unten vorgegeben, durch wichtige hochrangige Beamte in der National Science Foundation und im Weißen Haus, doch die konkreten Schritte erfolgten wie beim Internet und den Computern stark dezentralisiert durch verschiedene staatliche Behörden (insgesamt 13 unter der Führung der National Science Foundation und mit Einbeziehung der National Institutes of Health, des Verteidigungsministeriums und des SBIR-Programms). Über die verschiedenen Behörden gibt die US-Regierung gegenwärtig rund 1,8 Milliarden Dollar jährlich für die Nanotechnologie-Initiative aus.

Die Nanotechnologie hat heute noch keine große wirtschaftliche Bedeutung, weil es an Vermarktungsmöglichkeiten für die neuen Technologien fehlt. Motoyama, Appelbaum und Parker (2011) führen das darauf zurück, dass übermäßig hohe Investitionen in die Forschung geflossen sind und nur wenig in die Vorbereitung der Vermarktung. Sie fordern entsprechend mehr staatliche Investitionen in die Vermarktung. Aber was bleibt noch als Aufgabe des privaten Sektors, wenn der Staat sich um die Forschung kümmert, in die Infrastruktur investiert und auch noch für die Vermarktung sorgt?

Die Beispiele in diesem Kapitel zeigen, wie der Staat eine wichtige Rolle bei Innovationen und Wirtschaftswachstum spielt. Keineswegs erstickt er Innovationen oder ist ein Klotz am Bein der Wirtschaft, sondern in vielen modernen Branchen hat er Innovationen und Dynamik gefördert, während die Privatwirtschaft zuschaute. Ironischerweise war der Staat in dieser Hinsicht in den Vereinigten Staaten aktiver, die doch angeblich stärker marktwirtschaftlich orientiert sind als Europa. Wenn es um Innovationen geht, gilt das jedenfalls nicht.

5 Der Staat hinter dem iPhone

Bleibt hungrig, bleibt tollkühn.

STEVE JOBS (2005)

In seiner berühmten Rede bei der Abschlussfeier der Universität Stanford am 12. Juni 2005 rief Steve Jobs, der damalige Chef von Apple Computer und Pixar Animation Studios, die Absolventen auf, innovativ zu sein; »tut, was ihr liebt« und »bleibt tollkühn«, schärfte er ihnen ein. Die Rede wurde weltweit als Motto der »Wissensökonomie« zitiert. Innovationen brauchen demnach nicht nur große F&E-Labors, sondern eine Innovations»kultur« und Akteure, die in der Lage sind, die »Spielregeln« zu ändern. Jobs betonte die »tollkühne« Seite von Innovationen und damit die Tatsache, dass ein Unternehmen wie Apple – das Herzstück der Revolution im Silicon Valley – seinen Erfolg nicht (nur) der Erfahrung und dem technischen Sachverstand der Mitarbeiter verdankt, sondern (auch) ihrer Fähigkeit, ein bisschen »verrückt« zu sein, Risiken einzugehen und dem Design einen genauso hohen Stellenwert zu geben wie der reinen Technik. Jobs, der Schulabbrecher, der Kalligrafie erlernte und zeitlebens wie ein Student in Turnschuhen herumlief, verkörperte selbst den Anspruch, jung und »tollkühn« zu sein.

Die Rede ist inspirierend, und Jobs wurde wegen der visionären Produkte, die er konzipierte und auf den Markt brachte, zu Recht als »Genie« bezeichnet. Aber trotzdem spinnt diese Geschichte einen Mythos um den Ursprung des Erfolgs von Apple. Ein genialer Kopf, ein hoher Stellenwert des Designs, Spieltrieb und Tollkühnheit hatten ohne Zweifel Anteil daran. Doch ohne die hohen staatlichen Investitionen in die

Computer- und die Internetrevolution wäre nur ein neues Spielzeug dabei herausgekommen – und nicht so revolutionäre Produkte wie das iPad und das iPhone, die die Art und Weise verändert haben, wie Menschen arbeiten und kommunizieren. Genau wie das Wagniskapital in der Biotechnologie erst ins Spiel kam, nachdem der Staat die schwierigen Vorarbeiten geleistet hatte, brachten auch die Genialität und »Tollkühnheit« von Steve Jobs vor allem deshalb Erfolg und hohe Gewinne, weil Apple von den massiven staatlichen Investitionen in die »revolutionären« Technologien profitierte, die das iPhone und das iPad überhaupt erst möglich machten: das Internet, GPS, Touchscreen-Displays und Kommunikationstechnologie. Ohne diese staatlich finanzierten Technologien hätte es keine Welle gegeben, auf der Apple tollkühn reiten konnte.

In diesem Kapitel erzählen wir die Geschichte von Apple und stellen dabei Fragen, die das übliche Urteil über Apples Erfolg und den Anteil des Staates in einem neuen Licht erscheinen lassen. In Kapitel 8 fragen wir dann, ob die Allgemeinheit in Amerika bei Arbeitsplätzen und Steuereinnahmen von den hohen Risiken dieser Investitionen von Steuergeldern profitiert hat. Oder wurden die Gewinne abgeschöpft und Steuern vermieden? Warum wird der Staat so schnell wegen verfehlter Investitionen kritisiert, wenn er wie bei dem Projekt eines amerikanischen Überschall-Transportflugzeugs (Supersonic Transport, SST) »Verlierer auswählt«, aber nicht wegen erfolgreicher früher Investitionen in Firmen wie Apple gepriesen, wo er »Gewinner herausgepickt« hat? Und warum wird der Staat nicht für seine Direktinvestitionen in Grundlagen- und angewandte Forschung belohnt, die zu den erfolgreichen Technologien führten, ohne die revolutionäre kommerzielle Produkte wie die von Apple undenkbar gewesen wären?

Innovationen bei Apple

Apple hat die populärsten elektronischen Produkte der Welt auf den Markt gebracht und arbeitet an vorderster Front bei der digitalen Revolution und der Konsumelektronik, die sich anscheinend grenzenlos immer weiter entwickeln. Die Beliebtheit und der Erfolg von Apple-Produkten wie iPod, iPhone und iPad haben die Wettbewerbslandschaft beim mobilen Computereinsatz und bei Kommunikationstechnologien verändert. In weniger als zehn Jahren ist Apple dank seiner Produkte zu einem der wertvollsten Unternehmen der Welt geworden; im Jahr 2011 konnten sich die Aktionäre über einen Rekordgewinn von 26 Milliarden Dollar freuen. Die neue Produktfamilie iOS brachte dem Unternehmen großen Erfolg, aber die wenigsten Käufer wissen, dass das, was in Apples innovativen Produkten steckt, das Ergebnis vieler Jahrzehnte staatlicher Förderung von Innovationen ist. Ihr großartiges Design und ihre fantastische Verflechtung verdanken die Apple-Produkte dem Genie von Steve Jobs und seinem großen Team, aber die moderne Technologie in iPod, iPhone und iPad ist ein oft übersehenes und unbekanntes Ergebnis der Forschungen und Investitionen von Regierung und Militär.

Vor gerade einmal einem Jahrzehnt war Apple vor allem für das innovative Design und die innovative Produktion seiner Personal Computer bekannt. Gegründet wurde das Unternehmen am 1. April 1976 im kalifornischen Cupertino von Steve Jobs, Steve Wozniak und Ronald Wayne; 1977 wurde es als Gesellschaft eingetragen mit dem Zweck, den PC Apple I zu verkaufen.[1] Ursprünglich hieß das Unternehmen Apple Computer Inc., und 30 Jahre lang konzentrierte sich Apple auf die Herstellung von Personal Computern. Am 9. Januar 2007 teilte Apple mit, der Bestandteil »Computer« werde aus dem Firmennamen gestrichen, weil sich der Fokus von Computern zu Konsumelektronik verschoben habe. Im selben Jahr brachte Apple das iPhone und den iPod Touch auf den Markt, beide ausgestattet mit seinem neuen mobilen Betriebssystem iOS, das inzwischen auch in anderen Apple-Produkten steckt wie dem iPad und dem Apple-Fernseher. Das iPhone (und der iPod Touch) knüpften an Technologien früherer iPod-Generationen an, hinzu kamen als Teile des neuen Betriebssystems ein revolutionärer Multi-Touchscreen mit einer virtuellen Tastatur.

TABELLE 3. Nettoumsatz, Gewinn und F&E-Ausgaben von Apple von 1999 bis 2011 (in Mio. US-Dollar)

Jahr	weltweit	Nord- und Süd-amerika	iPod	iPhone	iPad	Netto-gewinn	F&E	Umsatz/F&E (in Prozent)
2011	108249	8315	7453	47057	20358	25922	2429	2,24
2010	65225	24498	8274	25179	4958	14013	1782	2.73
2009	36537	16142	8091	6754	k.A.	5704	1333	3,65
2008	32479	14573	9153	1844	k.A.	4834	1109	3,41
2007	24006	11596	8305	123	k.A.	3495	782	3,26
2006	19315	9307	7676	k.A.	k.A.	1989	712	3,69
2005	13931	6590	4540	k.A.	k.A.	1335	534	3,83
2004	8279	4019	1306	k.A.	k.A.	276	489	5,91
2003	6207	3181	345	k.A.	k.A.	69	471	7,59
2002	5742	3088	143	k.A.	k.A.	65	430	7,49
2001	5363	2996	k.A.	k.A.	k.A.	(25)	430	8,01
2000	7983	4298	k.A.	k.A.	k.A.	786	380	4,76
1999	6134	3527	k.A.	k.A.	k.A.	601	314	5,12

ANMERKUNG: Die Angaben zu Nettoumsatz, Gewinn und Ausgaben für F&E stammen aus den Jahresberichten von Apple für die Börsenaufsicht.

ABB 10. Nettoumsatz von Apple nach Region und Produkten (in Mrd. US-Dollar)

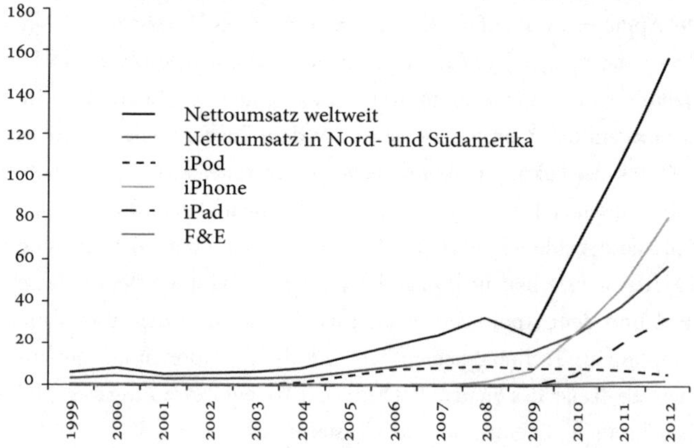

ABB 11. Kursentwicklung der Apple-Aktie von 1990 bis 2012[4]

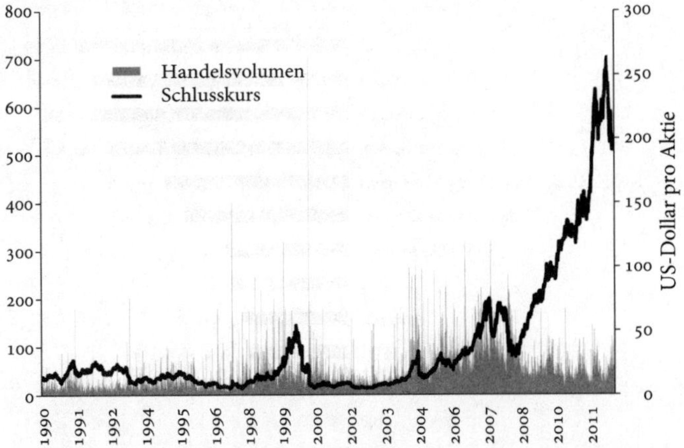

30 Jahre lang verkaufte Apple erfolgreich Computer, aber die Verkaufszahlen und die Popularität der Produkte mit dem neuen Betriebssystem iOS stellten alles bis dahin Gewesene in den Schatten.[2] In den ersten fünf Jahren nach dem Verkaufsstart von iPhone und iPod Touch 2007 stiegen die weltweiten Umsätze um fast 460 Prozent. Wie aus Tabelle 3 hervorgeht, entfielen 2011 fast 70 Prozent der weltweiten Umsätze auf die neue Produktlinie mit iOS.

Der Erfolg und die Popularität der neuen Produkte schlugen sich auch bald in der Bilanz nieder. Nach den letzten verfügbaren Zahlen des US-Finanzministeriums (BBC 2012) hatte Apple 2011 höhere Barreserven (76,4 Milliarden US-Dollar) als der amerikanische Staatshaushalt (73,7 Milliarden US-Dollar). Der Einnahmenszuwachs schlug sich sofort in Kurssteigerungen und einer hohen Popularität der Apple-Aktie nieder, die an der Technologiebörse NASDAQ gelistet ist. Wie aus Abb. 11 hervorgeht, ist der Kurs der Apple-Aktie von 8 Dollar auf 700 Dollar gestiegen, seit Steve Jobs am 23. Oktober 2001 den iPod vorstellte.[3]

Wie Abb. 10 zeigt und die Finanzberichte von Apple dokumentieren, bereitete das spektakuläre Wachstum nach der Markteinführung der

ABB 12. Produktive F&E oder Mitnahmeeffekt?

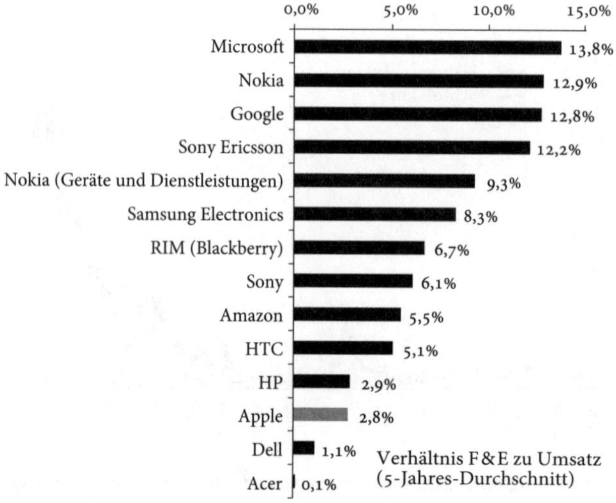

QUELLE: Aus »You Cannot Buy Innovation«, Asymco, 30. Januar 2012.
ANMERKUNG: Die Berechnungen des Autors basieren auf den Angaben der führenden Smartphone-Entwickler zu ihren Ausgaben für F&E im 5-Jahres-Durchschnitt für den Zeitraum 2006 bis 2011.

Produkte aus der iOS-Familie den Weg für Apples erfolgreiches Comeback nach der schwierigen Phase Ende der 1980er-Jahre. Interessanterweise geht aus den Finanzberichten hervor, dass das Unternehmen mit wachsendem Erfolg ein neues Produkt nach dem anderen auf den Markt brachte, aber das Verhältnis von F&E-Ausgaben zu Umsatz gleichzeitig kontinuierlich zurückging (siehe Tabelle 3). Man könnte sagen, das sei nur ein Beweis, wie ungewöhnlich stark das Umsatzwachstum im Verhältnis zum Wachstum der Ausgaben für Forschung und Entwicklung war. Oder man könnte es als das erwartete Ergebnis stetiger Investitionen in Forschung und Entwicklung interpretieren. Doch vor dem Hintergrund des starken Wettbewerbs auf den Märkten für Produkte der Konsumelektronik sind diese relativ bescheidenen Zahlen für

Forschung und Entwicklung doch auffallend. Horace Schmidt, der Apple seit Langem beobachtet, hat eine andere Perspektive gewählt und die F&E-Ausgaben von Apple mit denen seiner Konkurrenten verglichen. Nach den Daten, die Schmidt (2012) zusammengetragen hat und die in Abb. 12 dargestellt sind, ist Apple unter den letzten drei, was das Verhältnis von F&E-Ausgaben zu Umsatz anbetrifft. Zehn seiner 13 wichtigsten Konkurrenten rangieren also vor Apple.

Schmidt fragt nun, wie es Apple schafft, mit (im Verhältnis zum Umsatz) relativ geringen Ausgaben für Forschung und Entwicklung gegenüber seinen Wettbewerbern zu bestehen und sie beim Umsatz trotzdem zu schlagen. Viele Apple-Experten erklären das damit, dass es dem Unternehmen gelungen sei, effektive F&E-Programme so zu implementieren, wie es das sonst im Technologie-Bereich nur bei kleinen Start-up-Firmen gebe. Ohne Zweifel hat Apples Erfindungsreichtum beim Produktdesign in Verbindung mit Steve Jobs' Beharren auf Einfachheit zu seiner Effizienz beigetragen. Bei dieser Erklärung fehlen aber die entscheidenden Fakten: nämlich dass Apple seinen Erfindungsreichtum nicht auf die *Entwicklung* neuer Technologien und Bauteile richtet, sondern auf ihre *Integration* in eine innovative Architektur. Apple verwendet bei seinen großartigen innovativen Produktdesigns wie viele andere Smartphone-Produzenten Technologien, die anderswo erfunden wurden, oft mit Unterstützung durch Steuergelder. Schauen wir uns die Technologien, denen Apple seinen Ruhm verdankt, etwas genauer an.

Auf der Welle des technologischen Fortschritts reiten

Von seinen bescheidenen Anfängen als Verkäufer von Computerbausätzen bis zu seiner heutigen Position als Vorreiter in der globalen Informations- und Kommunikationsindustrie hat Apple immer mit Technologien gearbeitet, die ursprünglich vom amerikanischen Staat und vom amerikanischen Militär entwickelt und finanziert wurden. Apples Erfolg hängt hauptsächlich mit seiner Fähigkeit zusammen, a) neue Technologien mit einem großen Potenzial frühzeitig zu erkennen, b) diese Technologien dank komplexer Ingenieurleistungen erfolgreich zu verbinden und c) eine klare unternehmerische Vision zu verfolgen, die der designorientierten Produktentwicklung im Hinblick auf maximale Nutzerzufriedenheit höchste Priorität einräumt. Diese Fähigkeiten haben Apple weltweit zu einem Schwergewicht in der Computer- und Elektronikbranche gemacht. Doch bevor das Unternehmen seine populären Produkte auf der Plattform iOS auf den Markt brachte, erhielt es enorme direkte und/oder indirekte Unterstützung des Staates auf drei Gebieten:

1. Direkte Investitionen in den frühen risikoreichen Stadien der Entwicklung.
2. Zugang zu Technologien aus wichtigen staatlichen zivilen und militärischen Forschungsprogrammen, öffentlichen Aufträgen oder Technologien, die aus staatlichen Forschungseinrichtungen stammten, alles gefördert durch Mittel der Einzelstaaten und des Bundesstaats.
3. Steuerliche, handelspolitische und technologiepolitische Erleichterungen zur Unterstützung amerikanischer Unternehmen, die es Apple ermöglichten, seine Innovationsanstrengungen auch in Zeiten fortzusetzen, in denen nationale und/oder globale Probleme das Unternehmen hinderten, seinen Vorsprung zu behaupten, oder es im Wettbewerb auf den Weltmärkten zurückfallen ließen.

Diese drei Punkte untersuchen wir in den folgenden Abschnitten im Zusammenhang mit der technologischen Seite von Apples Erfolgsgeschichte genauer.

Von Apple I zum iPad: Die sehr sichtbare Hand des Staates

Von Anfang an bemühten sich Jobs und Wozniak beim Aufbau von Apple sehr um finanzielle Unterstützung aus staatlichen und privaten

Quellen. Frühe Wagniskapitalgeber und Legenden des Silicon Valley wie Don Valentine, der Gründer von Sequoia, Arthur Rock, der Gründer von Arthur Rock & Company, Venrock, der Wagniskapital-Zweig der Familie Rockefeller, sowie Mike Markkula, Investor der ersten Stunde bei Fairchild und Intel, gehörten zu den ersten »Business Angels«, die ihre Vision mit Geld unterstützten (Rao und Scaruffi 2011). Neben den Technologien, die Apple halfen, die Computerbranche zu revolutionieren, bekam das Unternehmen auch Geld vom Staat, um seine visionären Ideen für die Computerbranche umzusetzen. Vor dem Börsengang 1980 warb Apple außerdem 500.000 Dollar als Aufbauinvestition von der Continental Illinois Venture Corp. (CIVC) ein, einer Investmentgesellschaft (Small Business Investment Company, SBIC), die eine Lizenz der Small Business Administration (einer 1953 gegründeten Bundesbehörde) für Investitionen in kleine Unternehmen besaß (Slater 1983; Audretsch 1995).

Wie in Kapitel 4 bereits angesprochen, wurde die Entwicklung von Personal Computern durch technologische Durchbrüche möglich, die in verschiedenen Kooperationen zwischen staatlichen Einrichtungen und privaten Firmen (Public-Private-Partnerships) gelungen waren; die meisten Partnerschaften hatten Regierungsbehörden und Militäreinrichtungen auf den Weg gebracht (Markusen et al. 1991; Lazonick 2008; Block 2008; Breakthrough Institute 2010). Als Apple 1976 gegründet wurde, um den Bausatz für den Apple I zu verkaufen, verwendete man Schlüsseltechnologien, die durch staatliche Investitionen in die Computerbranche in den 1960er- und 1970er-Jahren entstanden waren. In dieser Zeit revolutionierte die Verwendung von Silizium die Halbleiterindustrie und kündigte ein neues Zeitalter an, in dem Computer für jedermann erschwinglich werden sollten. Die Durchbrüche wurden möglich dank gemeinsamer staatlicher und privater Forschungen in verschiedenen Labors, unter anderem Labors der DARPA, AT&T Bell Labs, Xerox PARC, Shockley und Fairchild, um nur einige wenige zu nennen. Das Silicon Valley wurde bald zum »Zentrum der Innovationen« im Computerbereich, gestärkt und gefördert durch die Vorreiterrolle des Staates bei Finanzierung und Forschung (sowohl Grundlagenforschung wie angewandter Forschung). Innovative Unternehmer und die private Industrie profitierten dann von dem, was viele Beobachter den »kalifornischen Internet-Goldrausch« oder »Silicon-Goldrausch« nannten (Kenney 2003; Southwick 1999).

Im iPod, iPhone und iPad stecken zwölf wichtige Technologien, die diese Produkte entweder überhaupt erst möglich machen oder sie von ihren Rivalen auf dem Markt unterscheiden. Dabei handelt es sich um Halbleiterbauelemente wie 1. Mikroprozessoren oder Prozessoren (CPU, Central Processing Unit); 2. Speicherbausteine (DRAM, Dynamic Random-Access Memory) und 3. Mikrofestplattenspeicher und Festplattenlaufwerke (HDD); 4. Flüssigkristallbildschirme (LCD, Liquid Cristal Display); 5. Lithium-Polymer- und Lithium-Ionen-Akkus (Li-pol und Li-ion); 6. digitale Signalprozessoren (DSP, Digital Signal Processing), die auf Verbesserungen der Algorithmen für die schnelle Fourier-Transformation (FFT, Fast Fourier-Transformation) beruhen; 7. das Internet; 8. Hypertext-Übertragungsprotokoll (HTTP, Hypertext Transfer Protocol) und Hypertext-Auszeichnungssprache (HTML, Hypertext Markup Language); 9. Mobilfunk und Mobilfunknetze – ohne sie würde es die Apple-Produkte nicht geben; außerdem haben 10. Satellitennavigation (GPS, Global Positioning Systems), 11. Steuerung über Clickwheel und Multi-Touchscreens und 12. Spracherkennung (Apples virtuelle Assistentin SIRI) die Erfahrungen und Erwartungen der Nutzer drastisch verändert und ganz wesentlich zur Popularität und zum Erfolg der Apple-Produkte beigetragen. Im folgenden Abschnitt schauen wir uns die zentralen Technologien und Features genauer an, die Apple so genial integriert hat, zuerst im iPod, später auch im iPhone und im iPad.

Wie staatlich finanzierte Forschung die »Erfindung« von Apples iPod möglich machte

Unmittelbar nach Markteinführung des iPods der ersten Generation im Jahr 2001 stellte Apple eine Fülle neuer, innovativer Produkte vor (zum

Beispiel iPhone und iPad), die die gesamte Branche der mobilen Unterhaltung revolutionierten. Auf dem iPod, einem kleinen, tragbaren Gerät, konnten die Konsumenten Tausende von Musiktiteln speichern; Kassetten und CDs waren überflüssig. In den ersten Jahren des 21. Jahrhunderts wurde der iPod bei den Konsumenten schnell populär und verdrängte andere Geräte wie den Walkman und den Discman von Sony. Diese neue Anwendung der bestehenden Technologie zur magnetischen Speicherung ermöglichte es Apple, einem Rivalen wie Sony, einer Ikone unter den Herstellern tragbarer Abspielgeräte, die Stirn zu bieten und sich schließlich an die Spitze des Musik- und Unterhaltungsmarkts zu setzen (Adner 2012). Der Erfolg des iPod war in zweierlei Hinsicht wichtig: 1. Er bereitete den Weg für Apples Comeback nach Jahren stagnierenden Wachstums oder sogar des Schrumpfens, und 2. der populäre iPod war der Vorläufer einer ganzen Familie innovativer iOS-Produkte. Das alles ist allgemein bekannt, oft wird jedoch übersehen, wie viel von Apples Erfolg an Technologien hängt, die durch staatlich geförderte Forschung entstanden sind.

Riesenmagnetowiderstand, Spintronik und Festplattenlaufwerke

Die Verleihung der Nobelpreise 2007 war einer der wenigen Anlässe, bei denen die Rolle des Staates in der Forschung, die den Weg für Apple bereitete, gewürdigt wurde. Der Franzose Albert Fert und der Deutsche Peter Grünberg bekamen den Nobelpreis in Physik für ihre Entdeckung des Riesenmagnetowiderstands (GMR, Giant Magnetoresistance). Der GMR ist ein quantenmechanischer Effekt, der in Strukturen beobachtet wird, die aus abwechselnd magnetischen und nichtmagnetischen dünnen Schichten bestehen. Die wichtigste Anwendung des GMR-Effekts sind Magnetfeldsensoren, wie sie bei Festplattenlaufwerken (HDD) und anderen Geräten zum Einsatz kommen. Bei der Nobelpreisverleihung erklärte Börje Johansson (2007), Mitglied der Schwedischen Akademie der Wissenschaften, in seiner Laudatio die Bedeutung des GMR-Effekts für die Allgemeinheit, indem er auf den Einsatz der Technologie im iPod verwies.

Erfindung und Vermarktung der Microdrive-Technologie, der sehr kleinen Festplatten in Geräten und Speicherkarten, sind besonders interessant, weil die Entwicklung ganz wesentlich vom Staat getragen wurde: Er schuf nicht nur die wissenschaftliche Basis, sondern förderte den Weg von der abstrakten Idee bis zum marktfähigen Produkt (McCray 2009). Alles begann mit zwei eigenständigen, unabhängigen universitären, vom Staat finanzierten und unterstützten physikalischen Forschungsprojekten in Deutschland und Frankreich und kulminierte in einem der erfolgreichsten technologischen Durchbrüche der letzten Jahre, der mit dem Nobelpreis ausgezeichnet wurde. Nach der Pionierarbeit von Dr. Fert und Dr. Grünberg gelang es anderen Forschern in den 1980er- und 1990er-Jahren, die Speicherkapazitäten herkömmlicher Festplatten stetig zu erweitern, was die Grundlage für spätere Forschungen und technologische Fortschritte legte (Overbye 2007).

Der große wissenschaftliche Durchbruch beim GMR-Effekt erfolgte zwar in Europa, aber der amerikanische Staat spielte bei der Grundlagenforschung wie bei der Vermarktung der Technologie eine zentrale Rolle. Das Labor von Peter Grünberg kooperierte mit dem Argonne National Laboratory (dem größten Forschungslabor des amerikanischen Energieministeriums, beheimatet in Illinois) und erhielt vor der Entdeckung wichtige Unterstützung vom Energieministerium (DoE, Department of Energy) (DoE 2007). Aufbauend auf diesen Erkenntnissen zur Festplattentechnologie entwickelten Unternehmen wie IBM und Seagate rasch erfolgreiche kommerzielle Produkte (McCray 2009). Trotz der damaligen Fortschritte bei der Festplattentechnik erlebten sie ähnliche Herausforderungen durch Wettbewerber wie in den späten 1980er-Jahren die Halbleiterbranche.

McCray beschreibt, wie aus der Mission der DARPA in den Kriegsjahren – ein Umfeld für Innovationen zu schaffen und zu erhalten, in dem überlegene Verteidigungstechnologien entstehen konnten – in der Nachkriegszeit die Aufgabe wurde, die früheren Investitionen in Technologien umzuwandeln, die die wirtschaftliche Konkurrenzfähigkeit verbesserten. Nach McCray (2009) initiierte das Verteidigungsministerium das Technology Reinvestment Program (TRP) und stellte 800 Millionen Dollar zur Verfügung, um nach dem Kalten Krieg die vorhandenen technologischen Kapazitäten des Landes zu stärken. Durch dieses Programm förderte die DARPA Dual-use-Technologien, die sowohl militärisch wie zivil kommerziell nutzbar waren wie Spintronik.[5] Bemerkenswert ist vor allem der Zuwachs an wissenschaftlichen Forschungsprojekten und -publikationen, seit die DARPA in den 1990er-Jahren mit der Unterstützung der Spintronik im Projekt SPINTRONIC begann. McCray (2009, S. 74) betont, die Beiträge der DARPA zu den Fortschritten in diesem Bereich seien schon deshalb alles andere als »unbedeutend« gewesen, weil das Programm in einer Zeit auf den Weg gebracht wurde, als der Wettbewerb mit den Japanern Computergiganten wie IBM und die Bell Labs zwang, ihre Ausgaben für Grundlagenforschung zurückzufahren.

Festkörperchemie und Halbleiterbauelemente auf Siliziumbasis

Seit der Markteinführung des iPod wurde das erste wichtige neue Apple-Produkt mehrfach überarbeitet, außerdem hat es das Design des iPad und iPhone beeinflusst. Alle drei Geräte wurden dank der winzigen Mikrochips möglich, die es erlauben, enorme Mengen an Informationen in Sekundenbruchteilen zu verarbeiten und zu speichern. Prozessoren (CPUs) haben heute integrierte Schaltkreise (ICs), die viel kleiner sind und eine viel größere Speicherkapazität haben als die Schaltkreise, die Jack Kilby und Robert Noyce in den 1950er-Jahren entwickelten. Die Erfindung der neuen ICs, die auf einem Silizium-Substrat platziert werden, ermöglichte technologische Entwicklungen auf unterschiedlichen Feldern der Elektronik. Der Vormarsch der Personal Computer (PC), die Mobilfunktechnik, das Internet und die meisten elektronischen Geräte, die heute auf dem Markt sind, nutzen diese winzigen Chips.

Beschaffungsprogramme der US Air Force und der NASA haben den Weg der Schaltkreise von den Bell Labs, von Fairchild Semiconductor und Intel in Geräte wie das iPhone und das iPod maßgeblich unterstützt. Das Militär war zunächst der einzige Kunde der ersten Prozessoren mit den neuen Schaltkreisen. Aufträge des Militärs finanzierten die im Entstehen begriffene Mikroprozessor-Industrie und die Unternehmen, die passende Geräte und Anlagen entwickelten; für reguläre kommerzielle Märkte waren sie einfach unerschwinglich. Die große Nachfrage der US Air Force nach Mikroprozessoren stand im Zusammenhang mit dem Raketenprogramm Minuteman II. Die Apollo-Mission der NASA brachte die Technologie voran, außerdem erforderte sie wichtige Verbesserungen im Produktionsprozess der Mikroprozessoren und größere Speicherkapazitäten. Umgekehrt trugen die Regierungsbehörden dazu bei, dass die Kosten für die integrierten Schaltkreise innerhalb weniger Jahre erheblich sanken.[6]

Die Anfänge der Halbleiterentwicklung in den 1980er-Jahren fanden zwar in den Vereinigten Staaten statt, aber Japan entwickelte schneller fortschrittliche Herstellungsverfahren und konkurrenzfähige Speicherprodukte.[7] In Anbetracht der hohen Bedeutung der Halbleiter für Verteidigungstechnologien betrachtete das Verteidigungsministerium die Branche als lebenswichtig für seine militärische Schlagkraft und für die nationale Sicherheit. Wachsende Angst, dass die Produktionsanlagen dafür womöglich aus Ländern wie Japan importiert werden müssten, drängte das Verteidigungsministerium zum Handeln. Das Ergebnis war die Strategic Computing Initiative (SCI), die von 1983 bis 1993 die Computertechnologie mit über 1 Milliarde Dollar unterstützte (Roland und Shiman 2002). Die Herstellung fortschrittlicher Produkte wie Mikroprozessoren hatte zudem erhebliche wirtschaftliche Auswirkungen, die eine enge Zusammenarbeit von Staat und Industrie erforderten. Weil die amerikanische Regierung die einzigartige Chance erkannte, die die Halbleiterfertigung versprach, und weil sie außerdem die Folgen fürchtete, falls Amerika gegenüber aufstrebenden Halbleiterproduzenten wie Japan ins Hintertreffen geraten sollte, drängte sie amerikanische Hersteller und Universitäten zur Kooperation. Sie gingen im Konsortium Semiconductor Manufacturing Technology (SEMATECH) eine neue Partnerschaft ein.

Der Schritt, die Halbleiterproduktion in den Vereinigten Staaten gegenüber der seiner Mitbewerber zu stärken, war Teil einer umfassenden Initiative, die wirtschaftliche und technologische Wettbewerbsfähigkeit des Landes zu verbessern. Die Organisation der Zusammenarbeit im Rahmen von SEMATECH war für die Regierung eine Herausforderung. Um die Partnerschaft attraktiver zu machen, subventionierte die Regierung Forschung und Entwicklung im Rahmen von SEMATECH mit 100 Millionen Dollar jährlich. Nach und nach erkannten die Mitglieder des Konsortiums die Vorzüge der Partnerschaften bei Forschung und Entwicklung. Die Mitglieder von SEMATECH teilten ihr Wissen, was doppelte Forschung verhinderte und ihnen insgesamt Ausgaben für Forschung und Entwicklung ersparte. Dass Mikroprozessoren und Speicherchips heute so viel mehr leisten als in den Anfängen und gleichzeitig so viel billiger sind, ist zu einem großen Teil ein Ergebnis jahrelanger staatlicher Eingriffe und Steuerung in diesem Bereich (Irwin und Klenow 1996).

Von Kapazitätssensoren zu Clickwheels

Die zweite Mission von Steve Jobs, dem Pionier der Personal Computer, war es, den PC erneut zu revolutionieren. Er wollte Apple für die Post-Computer-Ära vorbereiten. In seinen Interviews und Auftritten in den Medien sprach er oft von der neuen Ära der Beziehung zwischen Mensch und Computer. 2010 erklärte er auf der D8-Konferenz seine Vorstellung von der Zukunft des Computers durch einen Vergleich mit der raschen Urbanisierung, die das Verhalten der Konsumenten verändert und neue Transportmittel erfordert hatte (Jobs 2010). In der Rede definierte Jobs Apples grundsätzliche Strategie neu: Apple wolle eine Produktfamilie rund um das Konzept unterschiedlicher Computerbedürfnisse je nach dessen Einsatzbereich aufbauen. Jobs sprach oft von seinem Vertrauen in die Datenverarbeitungstechnik, die es Apple ermöglicht hatte, kompakte tragbare Geräte auf den Markt zu bringen. Diese Technologien führten zu den Geräten mit dem Betriebssystem iOS, die schließlich die Desktop-Computer ablösten. Unterdessen hatte Apple an tragbaren iOS-Geräten gearbeitet. Dabei wurde der Mac zum »digitalen Angelpunkt«, der die ganze Produktfamilie zusammenhielt (Walker 2003).

In den 1980er- und 1990er-Jahren hatte Steve Jobs Tablet-Computer noch strikt abgelehnt, aber bei seiner Rückkehr zu Apple Mitte der 1990er-Jahre beschloss er, dass es Zeit war, auf Tablets zu setzen. Dieser Gesinnungswandel hing damit zusammen, dass es bei Halbleiterbauelementen, Akkus und Displays große technische Fortschritte gegeben hatte. Doch eine große Herausforderung bestand nach wie vor: Es fehlte eine clevere Technologie, die den *Eingabestift* ersetzen konnte, etwas, das Jobs lange verachtet hatte und für unpraktisch hielt (Isaacson 2011, S. 575). Raffiniertere Anwendungen wie »träges« Scrollen, Fingertracking (Steuerung des Mauszeigers mit dem Finger) und Gestenerkennung für touchscreenfähige Displays eröffneten Jobs und seinem Team die Möglichkeit, weitere Fortschritte zu machen (und den Eingabestift weit hinter sich zu lassen). Also warben Jobs und sein Team Experten an, die diese neuen Technologien in die Apple-Produkte integrieren konnten. Sie entwickelten ein neues Steuerungssystem und verbesserten die Eingabetechniken auf Touchscreens.[8]

Das Clickwheel des iPod, das Nutzern erlaubt, schnell durch ihre gespeicherten Musiktitel zu blättern, gehörte zu Apples frühen Versuchen, Bewegungssteuerung durch Scrollen mit den Fingern zu ermöglichen. Neben den Microdrive-Festplatten als Speichermedium für Daten, die viel Speicherplatz benötigen, unterschied sich der iPod auch durch das Clickwheel, das einfach mit den Fingern bedient wird, von anderen tragbaren Abspielgeräten für Musik. Die Steuerung mit den Fingern war damals zwar noch ganz neu, aber die Technologie dahinter gab es bereits seit Jahrzehnten. Das Clickwheel profitierte stark von der Technologie der *Kapazitätssensoren,* die bereits bei vielen anderen Produkten eingesetzt wurden.[9] Das Clickwheel ist nicht das einzige Bauteil von Apple-Produkten, das die Möglichkeiten von Kapazitätssensoren nutzte. Auch der iPodTouch, das iPhone und der Multi-Touchscreen des iPad funktionieren nach dem Prinzip, dass mehrere Berührungspunkte auf einer Glasplatte gleichzeitig erkannt werden.

E. A. Johnson, der als Erfinder des kapazitiven Touchscreens gilt, veröffentlichte seine ersten Untersuchungen in den 1960er-Jahren, als er am Royal Radar Establishment (RRE) arbeitete, einer Behörde der britischen Regierung, die Forschung und Entwicklung für verteidigungsrelevante Technologien leistete (Buxton 2012). Bent Stumpe und Frank Beck, zwei Ingenieure bei der European Organization for Nuclear Research (CERN), entwickelten 1973 den ersten funktionsfähigen Touchscreen. Ein weiterer Meilenstein war Samuel Hursts resistiver Touchscreen, der auf Druck reagiert. Hurst machte seine Erfindung, kurz nachdem er für zwei Jahre das Oak Ridge National Laboratory (ein staatliches Forschungslabor in Tennessee, errichtet 1943, in dem das Manhattan Project durchgeführt wurde und der erste funktionsfähige Kernreaktor stand) verlassen hatte, um an der University of Kentucky zu lehren (Brown et al., o. J.). In seiner Zeit an der Universität entwickelte Hurst zusammen mit Kollegen die ersten resistiven Touchscreens. Nach seiner Rückkehr nach Oak Ridge gründeten sie 1971 ein Unternehmen zur Vermarktung der neuen Technologie; 1983 produzierten sie die ersten marktfähigen Geräte (Brown et al., o. J.). Die frühen Arbeiten an Touchscreens in den 1970er- und 1980er-Jahren wie die von Johnson, Stumpe, Hurst und anderen wurden in verschiedenen staatlichen und privaten Labors weiterentwickelt und legten die Basis für die heutigen Multi-Touchscreens (Buxton 2012). Neben verschiedenen anderen Faktoren war für Apple der Übergang von Touchpads mit eingeschränkter Funktionalität zu Multi-Touchscreens ein großer Sprung vorwärts im Wettrennen um das Smartphone. Zusammen mit anderen technologischen Fortschritten, die bei Apple genutzt werden, hat das Unternehmen nicht nur die Märkte neu definiert, um die es kämpft, sondern es hat auch ein völlig neues Wachstumsmodell ersonnen.

Die Geburt der iPod-Geschwister: iPhone und iPad

Zu Apples neuer Vision gehörten radikale Neudefinitionen herkömmlicher Massenprodukte. Sie war ein großer Erfolg. Mit dem iPod verdiente Apple mehr als 22 Milliarden Dollar. Bis zur Vorstellung des iPhones 2007 war der iPod das weltweit erfolgreichste Produkt von Apple. Die Verbindung von Ästhetik, Technik und Benutzerfreundlichkeit mit einem großartigen Marketing half Apple, auf den Märkten für Konsumelektronik rasch Marktanteile zu erobern. Apples neue Generation von iPods, iPhones und iPads wurde in der Annahme gebaut, dass sich neue Konsumentenbedürfnisse und -präferenzen erschaffen ließen, indem man vorhandene Technologien mixte, die ihre Entstehung jahrzehntelanger staatlicher Förderung verdankten. Als Pionier der »Smartphone«-Revolution war Apple führend bei der erfolgreichen Integration von mobiler Kommunikation, mobiler Computernutzung und digitaler Unterhaltungstechnologie in einem einzigen Gerät. Das iPhone wurde zu einem Kultobjekt und änderte dramatisch die Erwartungen der Konsumenten, was ein Mobiltelefon ist und was es kann. Mit der Einführung des iPad krempelte Apple die Branche der tragbaren Computer um, in der über Jahrzehnte Laptops, Netbooks und ähnliche Geräte dominiert hatten. Mit dem iPad brachte Apple ein schlankes Handgerät mit einem großen Touchscreen und virtueller Tastatur auf den Markt, mit dem man im Internet surfen und Multimedia-Inhalte abspielen kann, das außerdem mit zahllosen anderen Apple-Produkten und -anwendungen kompatibel ist. Damit schuf das iPad praktisch eine vollkommen neue Nische auf dem Computermarkt und besetzte sie zugleich. In weniger als einem Jahrzehnt wurde Apple zum Alleinherrscher in der Unterhaltungselektronik, ein Zeugnis dafür, wie gut es dem Unternehmen gelang, Design und Marketing seiner Produkte an Konsumentenwünschen auszurichten, und auch ein Zeugnis für seine organisatorischen Fähigkeiten bei komplexer »Systemintegration« (Lazonick 2011).

Von Clickwheels zu Multi-Touchscreens

Die Entwicklung von Multi-Touchscreen-Displays, die mehrere Berührungen gleichzeitig erkennen, gehört zu den wichtigsten Technologien der tragbaren Apple-Geräte wie des iPod. Die Technologie erlaubt die Interaktion zwischen Mensch und Computer über eine neue Schnittstelle: Der Benutzer navigiert mit den Fingern auf der Glasoberfläche des LCD-Displays. Wie beim Clickwheel basiert auch diese bahnbrechende neue Möglichkeit, elektronische Geräte zu bedienen, auf früherer Grundlagen- und angewandter Forschung, die vom Staat subventioniert wurde. In den 1990er-Jahren rüsteten zahlreiche Computerentwickler ihre Produkte mit Touchscreens aus, auch Apple, aber die meisten konnten nur auf eine einzige Bewegung reagieren.[10] Wayne Westerman und John Elias von der University of Delaware (Westerman 1999) entwickelten die Möglichkeit, durch die Bewegung mehrerer Finger Inhalte auf dem Bildschirm zu verschieben.

Wayne Westerman promovierte im Rahmen eines gemeinsamen Stipendienprogramms der National Science Foundation (NSF) und der Central Intelligence Agency/Director of Central Intelligence (CIA/DCI) bei Professor John Elias an der (staatlich finanzierten) University of Delaware über neuromorphe Systeme (Westerman 1999). Danach gründeten er und Elias das Unternehmen FingerWorks und vermarkteten die neue Technologie. Ihr Produkt namens »iGesture Numpad« ermöglichte es Computernutzern, allein durch leichtes Tippen auf einen elektronischen Bildschirm und ohne weitere Geräte wie eine Tastatur oder eine Maus Eingaben zu machen. Die wissenschaftlichen Grundlagen und der Patentantrag für die neue Technologie der Berührungen und Gestenerkennung gründeten auf früheren Forschungen zu Kapazitätssensoren und Touchscreen-Technologien. Apple, das sich für Multi-Touch-Steuerung auf einer Glasoberfläche für die neue Generation seiner iOS-Produkte interessierte, registrierte rasch, dass es FingerWorks gelungen war, aus früheren Forschungen zu Touchscreens ein marktfähiges Produkt zu entwickeln. 2005 übernahm Apple FingerWorks, zwei

Jahre vor der Markteinführung des iPhones der ersten Generation 2007, und heute bildet die Technologie das Herzstück der begehrten Multi-Touchscreens der gesamten Produktfamilie. Westerman und Elias hatten also mit finanzieller Unterstützung des Staates eine Technologie ersonnen, die den Multi-Milliarden-Markt der mobilen elektronischen Geräte revolutionierte. Wieder einmal profitierte Apples umfangreiches Portfolio mit geistigen Eigentumsrechten von einer Technologie, bei der zu Anfang der Staat das Risiko getragen hatte.

Internet und HTTP/HTML

Die innovativen Technik-Features und Hardware-Komponenten machen das iPhone zu einem »coolen« Gerät, aber »intelligent« wird es erst dadurch, dass es die Nutzer jederzeit mit der virtuellen Welt verbindet. Mit dem Spracherkennungssystem SIRI hat es fast den Anschein, als wolle das Mobiltelefon intelligenter sein als seine Nutzer. Zuerst hat Apple die bei den Handgeräten üblichen Keypads durch ein berührungsempfindliches Display ersetzt und dann mit SIRI die Eingabe und Navigation auf solchen Geräten von Grund auf verändert. So wird Apples Smartphone immer »smarter«, und es ist wichtig, dass wir erkennen und einschätzen, welchen intellektuellen und technischen Leistungen es seine Intelligenz verdankt. Wenn Hardware, Software, Speicher und Prozessor Körper, Seele und Gehirn eines Computers sind, was sind dann Internet, Hypertext Transfer Protocol (HTTP) und Hypertext Markup Language (HTML) für einen Computer oder jedes intelligente Gerät? Oder was wäre ein Computer oder intelligentes Gerät ohne Internet- oder Mobilfunkanbindung? Antworten auf diese Fragen können uns helfen, die Bedeutung der Vernetzung für solche Geräte zu verstehen. Aber noch wichtiger: Sie helfen uns zu verstehen, wie wichtig die Unterstützung des Staates bei Erfindung und Entwicklung der Mobilfunktechnik, von Internet und Satelliten war.

In der Zeit des Kalten Krieges fürchteten die amerikanischen Behörden Angriffe mit Atomwaffen mit schwerwiegenden Folgen für die

Kommunikationsnetzwerke. Paul Baran, Forscher bei RAND – einer Organisation, die ihre Wurzeln im Projekt »Forschung und Entwicklung« (Research and Development, abgekürzt RAND) der US Air Force hatte –, empfahl eine Lösung mit vielen einzelnen Kommunikationsstationen statt zentralisierter Schaltanlagen. Ein dezentralisiertes System könnte einen Atomschlag überstehen und danach weiter funktionieren (Research and Development 2011).[11] Die technischen Herausforderungen bei der Planung eines solchen Netzes wurden dank der Arbeit mehrerer von der DARPA zusammengestellter Teams überwunden, die sich mit der Vernetzung von Stationen und der Übermittlung von Information befassten. Die DARPA trat an AT&T und IBM heran mit der Anfrage, ein solches Netz zu bauen, aber beide Firmen lehnten ab, weil sie glaubten, das Netz würde ihr Geschäftsmodell bedrohen. Mit der Hilfe des staatseigenen British Post Office vernetzte die DARPA schließlich erfolgreich mehrere Stationen von der West- bis zu Ostküste (Abbate 1999). Von den 1970er- bis in die 1990er-Jahre finanzierte die DARPA das Kommunikationsprotokoll (TCP/IP), das Betriebssystem (UNIX) und die E-Mail-Programme für das Netzwerk, während die National Science Foundation (NSF) die ersten digitalen Highspeed-Netzwerke in den Vereinigten Staaten auf den Weg brachte (Kenney 2003).

Unterdessen entwickelte Ende der 1980er-Jahre der britische Wissenschaftler Tim Berners-Lee Hypertext Markup Language (HTML), Uniform Resource Locators (URL) und das einheitliche Hypertext Transfer Protocol (HTTP) (Wright 1997). Mit Unterstützung eines weiteren Computerwissenschaftlers namens Robert Cailliau installierte Berners-Lee erstmals erfolgreich HTTP auf den Computern des CERN. Das gemeinsame Manifest von Berners-Lee und Cailliau aus dem Jahr 1989, in dem sie den Aufbau des World Wide Web beschrieben, wurde schließlich zum internationalen Standard für die Verbindung von Computern weltweit. Öffentliche Gelder spielten beim Internet von den ersten Anfängen bis zur weltweiten Anwendung eine wichtige Rolle. Heute ist das Internet in vieler Hinsicht eine Basistechnologie, die den Lauf der

Weltgeschichte beeinflusst hat, weil sie Nutzern rund um den Globus erlaubt, Wissen miteinander zu teilen. Das tun sie mit Computern und beliebten intelligenten Geräten wie iPhone, iPod und iPad.

GPS und SIRI

Eine weitere großartige Funktion, die iPod, iPhone und iPad bieten, ist die Integration des Global Positioning System (GPS). GPS war ein Versuch des amerikanischen Verteidigungsministeriums, die weltweite geografische Ortsbestimmung zu digitalisieren, um die Positionsbestimmung und Navigation von Waffensystemen zu verbessern (Breakthrough Institute 2010). Was in den 1970er-Jahren als eine ausschließlich für die militärische Nutzung bestimmte Technologie begann, ist heute auch für viele zivile Einsatzmöglichkeiten verfügbar. Tatsächlich hat die zivile Nutzung von GPS nach der Freigabe Mitte der 1990er-Jahre die militärischen Anwendungen zahlenmäßig bald in den Schatten gestellt. Trotzdem liegen bis heute Weiterentwicklung und Unterhaltung des Systems im Wesentlichen in den Händen der US Air Force; die Regierung gibt dafür jährlich im Durchschnitt 705 Millionen Dollar aus.[12] Ein iPhone-Nutzer kann dank dem NAVSTAR-GPS-System nach dem nächstgelegenen Restaurant oder einer Adresse suchen. Das System arbeitet mit einer Konstellation von 24 bis 30 Satelliten, die Positionsdaten und Informationen über Geschwindigkeit und Bewegungsrichtung liefern. Diese Technologie und die erforderliche Infrastruktur hätte es nicht gegeben, hätte nicht der Staat die Initiative ergriffen und die finanzielle Verantwortung für ein so komplexes System übernommen.

Die neueste Funktion von Apples iPhone ist die virtuelle persönliche Assistentin namens SIRI. Und wie die meisten anderen technischen Möglichkeiten der iOS-Produkte hat auch SIRI ihre Wurzeln in staatlicher Forschung und Finanzierung. SIRI ist eine künstliche Intelligenz, die lernfähig ist, natürliche Sprache versteht und über einen Algorithmus zur Websuche verfügt (Roush 2010). Im Jahr 2000 bat die DARPA das Stanford Research Institute (SRI), die Federführung bei einem Projekt zur Entwicklung eines »virtuellen Büroassistenten« für Militärangehörige zu übernehmen. Dem SRI wurde die Koordinierung des Projekts »Cognitive Assistent that Learns and Organizes« (CALO) übertragen, bei dem 20 Universitäten aus den ganzen Vereinigten Staaten gemeinsam an der Entwicklung der notwendigen technischen Grundlagen arbeiteten. Als das iPhone 2007 vorgestellt wurde, erkannte das SRI die Chance, aus dem CALO-Projekt eine Smartphone-Anwendung zu machen, und kommerzialisierte die Technologie über das Start-up-Unternehmen »SIRI«, das im selben Jahr mit Wagniskapital gegründet wurde. 2010 kaufte Apple SIRI für eine Summe, über die beide Seiten sich in Schweigen hüllen.

Ein Wandel im Branchenstandard von der Eingabe per Keypad zur Eingabe per Touchpad und die Integration der Satellitennavigation per GPS waren eine beachtliche Leistung, als das iPhone neu eingeführt wurde. Zum zweiten Mal änderten sich die Spielregeln für die Entwickler von Mobiltelefonen, Abspielgeräten und Tablet-Computern durch Multi-Touchscreens und Gestenerkennung. Mit SIRI hat Apple eine radikal neue Idee für einen Eingabemechanismus vorgestellt, der in mehrere iOS-Features und -Anwendungen integriert wurde. SIRI hat ein völlig neues Kapitel in der Interaktion von Mensch und Maschine aufgeschlagen und neue Möglichkeiten geschaffen. Steve Jobs hat oft vom Potenzial der künstlichen Intelligenz gesprochen und sein Interesse an der Technologie bekundet. In seinem Interview mit Walt Mossberg und Kara Swisher (2010) im Jahr 2010 bei der kalifornischen D8-Konferenz berichtete er begeistert von der kurz zuvor erfolgten Übernahme von SIRI und schwärmte von den Möglichkeiten der Technologie. Wieder einmal gestaltet Apple die Zukunft der Informations- und Kommunikationsbranche mit und greift dabei auf die komplexen Ideen und Technologien zurück, die der Staat auf den Weg gebracht und geduldig gefördert hat.

Die Geschichte des Flüssigkristallbildschirms (LCD) weist große Ähnlichkeiten mit der Geschichte des Festplattenlaufwerks, des Mikroprozessors und des Speicherchips (neben anderen wichtigen Technologien) auf, die alle aus der Ära des Kalten Kriegs stammen: Sie sind entstanden, weil das Militär im Interesse der nationalen Sicherheit seine technologischen Fähigkeiten stärken musste. Die wachsende Konkurrenz der Japaner bei Flachbildschirmen (Flat Panel Display, FPD) bereitete dem Verteidigungsministerium Sorgen, weil der Bedarf des Militärs an dieser Technologie nicht allein von japanischen Herstellern gedeckt werden durfte. Folglich implementierte das Verteidigungsministerium eine Reihe von Programmen, die diese Branche im Wettbewerb stärken sollten. Dazu gehörten auch die Bildung eines Industriekonsortiums und der Einsatz zusätzlicher Mittel, um die Produktionskapazitäten und die Produkte selbst zu verbessern.

Der Durchbruch bei der LCD-Technologie kam in den 1970er-Jahren, als im Labor von Westinghouse unter der Leitung von Peter Brody der Dünnschichttransistor (Thin Film Transistor, TFT) entwickelt wurde. Die entsprechenden Forschungen bei Westinghouse wurden fast ausschließlich von der amerikanischen Armee bezahlt (Hart und Borrus 1992). Als dann die Leitung von Westinghouse beschloss, die Forschungen einzustellen, schaute sich Brody nach anderen Finanzierungsmöglichkeiten um in der Hoffnung, die Technologie unabhängig zu vermarkten. Bei der Suche nach Aufträgen, um die Produktion von TFT-Bildschirmen steigern zu können, nahm er Kontakt zu führenden Computer- und Elektronikunternehmen auf, darunter Apple, Xerox, 3M, IBM, DEC und Compaq. Keines dieser großen Privatunternehmen wollte einen Vertrag mit Brody schließen, weil sie alle skeptisch waren, dass es ihm gelingen würde, ausreichend große Produktionskapazitäten zu schaffen, um beim Preis gegenüber den Japanern konkurrenzfähig zu sein (Florida und Browdy 1991, S. 51). 1988 schloss Brody dann einen Vertrag über 7,8 Millionen Dollar mit der DARPA und baute seine Firma Magnascreen für die Entwicklung von TFT-LCDs auf. Dieser Fortschritt in der LCD-Technologie wurde die Grundlage für eine neue Generation von Displays für tragbare elektronische Geräte wie Mikrocomputer, Telefone und so weiter.

Florida und Browdy schreiben, dieses Muster – private Akteure sind auf unterschiedlichen Hochtechnologie-Gebieten nicht in der Lage, die erforderlichen Produktionskapazitäten zu schaffen oder zu erhalten – sei ein generelles Problem im Innovationssystem des Landes:

> Der Verlust dieser Display-Technologie [TFT-LCD] weist auf eine fundamentale Schwäche des amerikanischen Hochtechnologie-Systems hin. Unseren großen Konzernen fehlten nicht nur die Vision und die Beharrlichkeit, diese Erfindung zu einem marktfähigen Produkt weiterzuentwickeln, es fehlten darüber hinaus auch die Wagniskapitalgeber, die Hightech-Branchen wie Halbleiter und Personal Computer erst möglich machten. Weder große noch kleine Firmen hatten die Kraft, eine faszinierende Innovation in eine kommerzielle Produktion umzusetzen (1991, S. 43).

Um die Herstellung der TFT-LCDs in den Vereinigten Staaten zu halten, gründeten die großen Display-Hersteller das Advanced Display Manufacturers of America Research Consortium (ADMARC). Diese Initiative wurde zunächst durch das Advanced Technology Program (ATP) des National Institute of Standards and Technology (NIST) finanziert (Florida und Browdy 1991). Außerdem bekam die Branche Hilfe vom Staat in Form von Antidumping-Zöllen (während die Regierung gleichzeitig das Lied vom »freien Wettbewerb« sang) sowie durch Gelder und Aufträge von verschiedenen militärischen und zivilen Behörden, die in den 1990er-Jahren auch viele Hersteller von TFT-LCDs unterstützen (OTA 1995).

Der Lithium-Ionen-Akku ist ein weiteres Beispiel einer Technologie, die in den Vereinigten Staaten entwickelt und in Japan perfektioniert und in großer Stückzahl gefertigt wurde. John B. Goodenough, der Pionier der frühen Forschung zu Lithium-Ionen-Akkus, bekam den größten Teil seines Geldes in den späten 1980er-Jahren vom Energieministerium und von der National Science Foundation (Henderson 2004; OSTI 2009). Wissenschaftliche Durchbrüche an der University of Texas in Austin wurden von dem japanischen Elektronikgiganten Sony rasch kommerzialisiert und 1991 auf den Markt gebracht. Ralph J. Brodd (2005) schrieb in einem Diskussionspapier für das NIST, die Probleme bei der Produktion der neuen, innovativen Akkus glichen der Situation bei der Produktion der TFT-LCDs. Ein weiterer großer wissenschaftlicher Erfolg versickerte und ließ sich nicht in heimische Produktion in großer Stückzahl überführen. Brodd identifizierte in seinem Papier mehrere Faktoren, die die Massenproduktion von Lithium-Ionen-Akkus in den Vereinigten Staaten behinderten, aber besonders hob er die Kurzsichtigkeit amerikanischer Konzerne und Wagniskapitalgeber hervor. Ihre Kurzsichtigkeit rühre daher, dass sie vor allem rasche Rendite erwarteten, während ihre japanischen Konkurrenten sich darauf konzentrierten, langfristig Marktanteile zu erobern (Brodd 2005, S. 22). Deshalb hätten sie oft keinerlei Interesse, die erforderlichen Produktionskapazitäten im eigenen Land aufzubauen; lieber würden sie im Ausland produzieren lassen.

Das Fehlen einer Akku-Technologie, die dem Speicherbedarf der immer leistungsfähigeren elektronischen Geräte entsprach, war nach der Revolution bei den Halbleiterbauelementen die größte Herausforderung für die Elektronikindustrie. Die Erfindung der Lithium-Ionen-Technologie machte es möglich, tragbare Geräte viel dünner und leichter zu bauen, weil die Akkus bei geringerer Größe immer mehr Leistung boten. Wieder sprang die Bundesregierung ein, um Herstellern kleinerer Akkus über eine Vielzahl von Behörden und Programmen zu helfen, die in die Branche investierten, damit die erforderlichen Produktionskapazitäten aufgebaut werden konnten (Brodd 2005). Die neue Akku-Technologie war nicht nur für elektronische Geräte wichtig, sondern genauso wichtig oder sogar noch wichtiger für die Entwicklung von »Null-Emissions«-Elektrofahrzeugen. Wie wir in Kapitel 6 und 7 noch

ABB 13. Ursprünge populärer Apple-Produkte

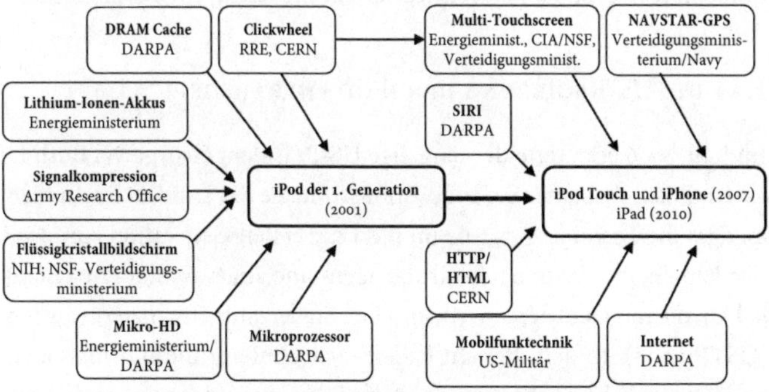

QUELLE: Zeichnung der Autorin auf der Grundlage des Diagramms in dem OSTP-Bericht »Impact on Basic Research on Innovation«, das zeigt, welche Grundlagenforschung in welche Innovationen eingeflossen ist (2006, S. 8).

sehen werden, hat sich die US-Regierung über Jahrzehnte aktiv in der Energiebranche eingemischt im Rahmen ihrer allgemeinen Bemühungen, wichtige wirtschaftliche und gesellschaftliche Fragen zu lösen.

Moderne iOS-Produkte sind hochkomplexe elektronische Geräte. Ihre Einsatzmöglichkeiten unterscheiden sich, aber jedes Gerät enthält viele Technologien, die auch die anderen Geräte enthalten. Mit den meisten Apple-Geräten, ausgenommen die Mediaplayer der iPod-Serie, kann man auch mobil telefonieren. Die Mobilfunktechnologie bekam in den ersten Jahren enorme Unterstützung durch den Staat. Der Breakthrough Report (2010, S. 5) beleuchtet die Rolle des amerikanischen Militärs bei der Förderung des Sprechfunks im 20. Jahrhundert. Das Office of Science and Technology Policy (2006, S. 8) hat außerdem die Unterstützung des Staates für die digitale Signalverarbeitung (Digital Signal Processing, DSP) untersucht, die auf Fortschritten in der Anwendung der schnellen Fourier-Transformation (FFT) in den 1980er-Jahren aufbaute. Die neuen Verfahren ermöglichten die Verarbeitung von Ton in Echtzeit (wie bei einer Konferenzschaltung) und die Verarbeitung großer Ton- und Multimedia-Dokumente ebenfalls in Echtzeit, was die Qualität der Wiedergabe sehr verbessert. DSP gilt als eine wesentliche Funktion von iOS-Produkten mit integriertem Mediaplayer (Devlin 2002).

Hat die US-Regierung den iPod »herausgepickt«?

Im Jahr 2006 erläuterte der damalige US-Präsident George W. Bush in einem Positionspapier die Innovationsstrategie des Landes. Darin hieß es, dass die Technologien, die im iPod der ersten Generation zum Einsatz kamen, ihre Wurzeln in Grundlagen- und angewandter Forschung haben, die mit Geld der amerikanischen Steuerzahler finanziert wurden (OSTP 2006). In dem Bericht fehlen zwar Hintergrundinformationen und genaue Zahlen, aber er enthält ein Diagramm, das zeigt, woher die Hardware-Komponenten des iPod wie Festplattenlaufwerk, Akku, LCD, DRAM-Cache, Signalprozessor und so weiter stammen. Abb. 13 liegt das OSTP-Diagramm zugrunde, ergänzt um Bauteile späterer Apple-Produkte wie iPod Touch, iPhone und iPad.

Einen eigenen Sektor voranbringen

Die Regierung der USA hat sich nicht nur darum gekümmert, die wissenschaftliche Basis zu pflegen und Innovationen in den Vereinigten Staaten voranzubringen, sie spielte auch eine wichtige Rolle beim Schutz des »geistigen Eigentums« von Firmen wie Apple sowie anderen handelsrechtlichen Regelungen. Die Bundesregierung kämpfte aktiv dafür, dass Firmen wie Apple sicheren Zugang zu den weltweiten Konsumentenmärkten bekamen, und sie ist ein entscheidend wichtiger Partner, der diesen Firmen hilft, weltweite Wettbewerbsvorteile zu erringen und zu behalten (Prestowitz 2012). Obwohl sich in den Vereinigten Staaten beheimatete Unternehmen als transnationale Organisationen verstehen, die über politische Grenzen hinweg operieren, wenden sie sich doch als Erstes an Washington, sobald Konflikte auf dem Weltmarkt auftauchen. Der Zugang zu ausländischen Märkten, die durch handelsrechtliche Restriktionen geschützt waren, gelang nur, wenn die amerikanische Regierung als Unterstützer und Vorhut agierte. Zum Beispiel hatte Apple in den 1980er-Jahren Schwierigkeiten mit dem Zugang zum japanischen Markt. Daraufhin suchte das Unternehmen Hilfe bei der US-Regierung, mit der Begründung, die Regierung habe die Pflicht, bei der japanischen Regierung darauf hinzuwirken, dass die japanischen Märkte für amerikanische Produkte geöffnet würden (Lyons 2012). Als der globale Wettbewerb ungehindert zuschlug, bekamen Unternehmen wie Apple Schützenhilfe von der Regierung, die dafür sorgte, dass der Schutz des geistigen Eigentums überall auf der Welt durchgesetzt wurde. Bis heute erhält Apple diese Form von Unterstützung durch lokale und bundesstaatliche Behörden und kann in diesem geschützten Bereich weiter Innovationen vorantreiben.

Außerdem unterstützt die US-Regierung amerikanische Unternehmen wie Apple noch auf verschiedene andere Weisen großzügig durch steuerliche Regelungen und durch Aufträge. Nach einem Bericht des Finanzministeriums erhielten die Unternehmen (einschließlich Apple) 2008 insgesamt Steuererleichterungen in Höhe von 8,3 Milliarden Dollar für Forschung und experimentelle Entwicklung (Office of Tax and Policy 2011). Außerdem gewährt der Bundesstaat Kalifornien großzügige eigene Steuervergünstigungen, die hauptsächlich von Firmen aus dem Computer- und Elektronikbereich in Anspruch genommen werden (Ibele 2003).[13] Seit 1996 soll Apple aus den verschiedenen Programmen insgesamt 412 Millionen Dollar bekommen haben (Duhigg und Kocieniewski 2012).

Regierungsaufträge haben Apple mehrfach durch schwierige Phasen gebracht und sicherten sein Überleben angesichts erbitterter Konkurrenz. Die staatlichen Schulen in den Vereinigten Staaten sind treue Apple-Kunden; seit den 1990er-Jahren kaufen sie alljährlich ihre Computer und Software bei Apple.[14] Klooster (2009) schreibt, die Schulen seien für Apple überlebenswichtig gewesen, als das Unternehmen in den späten 1980er-Jahren nach den Flops mit dem Apple III und mit Lisa (einem der ersten Computer mit Maus und einer grafischen Benutzeroberfläche) ins Schlingern geriet. Nach der Finanzkrise schufen 2009 Gelder aus dem American Recovery and Reinvestment Act (ARRA) Anreize, von denen die Computer- und Elektronikfirmen in den Vereinigten Staaten profitierten. Ein solcher Anreiz neben anderen war eine kleine Änderung bei der steuerlichen Förderung von Innovationen (§529 des Steuergesetzes), wonach Anschaffungen von »Computertechnologie und -ausstattung« als Bildungsausgaben definiert wurden. Man rechnet damit, dass das Apples Umsatz mit Computern, Tablets und Software in die Höhe treiben wird.[15]

Kurzum, »tun, was du liebst« und dabei »tollkühn« bleiben ist viel leichter in einem Land, in dem der Staat eine Schlüsselrolle bei der Entwicklung risikoreicher Technologien spielt, die frühen hohen und riskanten Investitionen übernimmt und die Unternehmen unterstützt, bis in späteren Phasen private Akteure auftauchen, die »kreativ sind« und »ihren Spaß haben«. Während die Apostel des »freien Markts« weiter davor warnen, dass es dem Staat nicht gelingt, »Gewinner herauszupicken«, sieht die Wahrheit anders aus: Die Politik der amerikanischen Regierung hat die Grundlagen gelegt, die es Apple ermöglichten, zu einem großen Akteur in einer Hightech-Branche zu werden, die bisher im 21. Jahrhundert zu den dynamischsten gehörte. Ohne die vielen gezielten Investitionen und Interventionen der US-Regierung wären viele Möchtegern-Apples im weltweiten Rennen um die Vorherrschaft im Computer- und Kommunikationszeitalter auf der Strecke geblieben. Dass es Apple gelungen ist, komplexe Technologien in benutzerfreundliche und attraktive Geräte zu integrieren und dafür leistungsfähige Software zur Verfügung zu stellen, ist ein nicht zu unterschätzender Erfolg. Aber dabei darf nicht übersehen werden, dass die besten Technologien, die Apple einsetzt, ihre Existenz kollektiven und kumulativen Bemühungen unter der Federführung des Staates verdanken. Der Staat handelte angesichts hoher Unsicherheit und oft im Namen der nationalen Sicherheit oder zumindest der nationalen Konkurrenzfähigkeit.

In Kapitel 8 kehre ich noch einmal zu Apple zurück und frage, was der Staat als Gegenleistung für seine riskanten unternehmerischen Investitionen in das Unternehmen Apple und in die »revolutionären«

Technologien, die das iPhone so »smart« machen, bekommen hat. Wie wir sehen werden, ist das die vielleicht entscheidende Frage, die die politisch Verantwortlichen sich im 21. Jahrhundert stellen müssen. Auf der einen Seite wollen wir einen »aktiven« Staat, der den Mut hat, die nächste technologische Revolution, die »grüne Revolution«, anzuführen. Auf der anderen Seite muss der Staat diese Revolution mit einem begrenzten Budget und unter Sparzwang aus dem Boden stampfen. Ein Schlüssel zur Lösung dieses Dilemmas ist die Verknüpfung von Risiko und Belohnung.

6 Druck versus Anreize: Die grüne Revolution

Die Anfänge bei der ARPA-E waren ziemlich verrückt. Die wenigen Angestellten mussten die ersten Ausschreibungen organisieren und wurden mit 3700 Bewerbungen für die ersten 37 Förderungen überschwemmt, woraufhin das Computersystem zusammenbrach. Aber sie gewannen ein unglaubliches Team von Intelligenzbestien: einen Experten für Thermodynamik von Intel, einen Professor für Elektrotechnik vom MIT, einen Wagniskapitalgeber für Projekte aus dem Bereich der sauberen Technologien, der auch am MIT lehrte. Der Direktor Arun Majumdar hatte zuvor das Nanotechnologie-Institut in Berkeley geleitet. Sein Stellvertreter Eric Toone war Professor für Biochemie an der Duke University und Unternehmer. Arun sagte oft, sie seien alle wie Brüder gewesen; ich stelle es mir immer vor wie ein 400-Millionen-Dollar-Manhattan-Projekt innerhalb des 800-Milliarden-Dollar-Konjunkturpakets.

MICHAEL GRUNWALD (in Andersen 2012)

Am Erfolg von Apple lässt sich ablesen, wie staatliche Investitionen die Revolution in der Informations- und Kommunikationstechnologie möglich machten. Sie schufen eine neue globale Hightech-Infrastruktur und viele der Schlüsseltechnologien, denen Firmen wie Apple ihre Erfolge verdanken. Demgegenüber geht es bei der »grünen industriellen Revolution«, die durch staatliche Anstrengungen rund um den Globus vorangetrieben wird, darum, eine gewaltige bestehende Infrastruktur zu verändern: die der Energieversorgung. Wegen der enorm hohen »versunkenen Kosten«[1] in diesem Bereich ist nicht nur staatliche Förderung für innovative neue Technologien und Unternehmen nötig, sondern eine kontinuierliche Unterstützung der Märkte, auf denen diese Technologien konkurrieren (Hopkins und Lazonick 2012): Um die Entstehung innovativer »grüner« Unternehmen und Technologien zu fördern und die Energiemärkte zu verändern, sind politische Maßnahmen erforderlich, die sowohl die Angebots- wie die Nachfrageseite betreffen. Denn beide beeinflussen entweder die Struktur und Funktionsweise der Märkte oder die Investitionen der Firmen, die wachsen oder den Übergang in »grüne« Sektoren bewerkstelligen wollen. Vereinfacht gesagt, gehören zur *nachfrage*orientierten Politik alle Umweltbestimmungen, die Auswirkungen auf den Energieverbrauch haben. *Angebots*orientierte Politik konzentriert sich hingegen darauf, wie Energie erzeugt und vertrieben wird; sie beeinflusst die Innovationen bei Energietechnologien und das Tempo ihrer Umsetzung. Eine nachfrageorientierte Politik kann helfen, eine technologische Richtung vorzugeben, und bestimmte Lösungen fördern (wenig Kohlendioxidausstoß / gar kein Kohlendioxidausstoß und erneuerbare Energien). Beispiele für *nachfrage*orientierte Maßnahmen sind Vorgaben für die Energieversorger, wie viel Energie sie aus erneuerbaren Quellen zu beziehen haben (Renewable Portfolio Standards), Ziele für die Senkung des Treibhausgasausstoßes, Vorgaben für die Reduzierung der Energieintensität (die Energieintensität ist ein Maß für den Energieverbrauch im Verhältnis zum BIP), neue Bauvorschriften oder auch eine Kohlendioxidabgabe. Alle Vorgaben zielen auf Energieverbrauchsmuster und erzeugen eine Nachfrage nach weniger Umweltverschmutzung, sauberer Energie und besserer Energieeffizienz. Zur *angebots*orientierten Politik können Steuererleichterungen gehören, Subventionen, Kredite, Zuschüsse und andere finanzielle Vorteile für bestimmte Energietechnologien, entsprechende Preisregelungen (zum Beispiel Einspeisevergütungen), Aufträge für Forschung und Entwicklung sowie die finanzielle Unterstützung der Entwicklung von Innovationen und vieles mehr. Angebotsorientierte Maßnahmen unterstützen die nachfrageorientierten Strategien.

Weltweit sind Hunderte, wenn nicht Tausende relevanter Energiestrategien im Einsatz, manche bereits seit Jahrzehnten, auf internationaler, nationaler, einzelstaatlicher wie lokaler Ebene. Alle in diesem Kapitel erwähnten Länder haben sich sowohl für angebots- wie für nachfrageorientierte Maßnahmen entschieden, um die grüne Industrie voranzubringen, mit sehr unterschiedlichen Ergebnissen. Viele Kommentatoren der Energiepolitik vergessen, dass Windturbinen und Photovoltaik-Module marginale Technologien bleiben werden, solange sie nicht Energie zu gleichen oder geringeren Preisen produzieren wie fossile Brennstoffe. So lange wird es die Energiewende, die wir dringend brauchen, um den Klimawandel aufzuhalten, nicht geben. Besser zu verstehen, wie Unternehmen staatliche Unterstützung durch Innovationen in Produkte umwandeln, die weniger kosten und mehr leisten, ist üblicherweise der »missing link« in Diskussionen über die Energiepolitik. Dieser »missing link« kann unseren Wunsch ersticken, die Energiewende zu beschleunigen – und vor allem, dafür viel Geld einzusetzen. Saubere Technologien müssen vom Staat unterstützt werden, bis der Vorsprung der etablierten Technologien bei den versunkenen Kosten aufgeholt ist, und in manchen Fällen sind diese Kosten über ein Jahrhundert aufgelaufen.

Darum geht es in diesem Kapitel ausführlich um *angebots*orientierte Unterstützungsmechanismen (obwohl ich natürlich auch wichtige nachfrageorientierte Strategien diskutiere). Im gegenwärtigen politischen Umfeld geben viele Länder massiv staatliche Gelder aus, um grüne Energiequellen zu fördern – das ist die direkteste Unterstützung für die Entwicklung einer Branche. Es ist auch ein besserer »Ansporn« für die grüne Industrie, weil nachfrageorientierte Strategien letztlich immer davon ausgehen, dass ein »dynamischer privater Sektor« auf den Appell reagieren wird, die Umweltverschmutzung zu reduzieren und stärker auf erneuerbare Energiequellen zu setzen. Auch sorgen nachfrageorientierte Strategien nicht automatisch dafür, dass bestimmte Ziele mit »heimischen Ressourcen« oder lokaler wirtschaftlicher Entwicklung erreicht werden.[2] *Nachfrage*orientierte Strategien sind sehr wichtig, und ihre Bedeutung ist unbestreitbar – besonders als Indizien für künftiges

Marktpotenzial –, aber zu oft wird daraus nur ein allgemeines Plädoyer für den Wandel. Außerdem sind sie genau wie angebotsorientierte Strategien durch politische Machtwechsel gefährdet.[3]

*Angebots*orientierte Strategien sind wichtig, damit das Geld an die richtige Stelle kommt: indem man Firmen direkt oder – durch Investitionen in langfristiges Marktwachstum – indirekt unterstützt in der Hoffnung, dass innovative Unternehmen ihrerseits die grüne Revolution voranbringen. Diese Politik hatte Erfolg, und erneuerbare Energiequellen wie Wind und Sonne haben stark an Bedeutung gewonnen. Dadurch haben sich nun Chancen für »intelligente Stromnetze« und die Digitalisierung von Energieversorgungsnetzen aufgetan beziehungsweise stabilisiert. Ich spreche von »Chancen«, weil die Schwankungen bei erneuerbaren Energien größer sind und technisch bewältigt werden müssen. Und ich spreche von »Stabilisierung«, weil der Bedarf (die »Nachfrage«) an intelligenten Netzen in den Ländern am größten sein wird, die bei der Einspeisung erneuerbarer Energien in ihre Stromnetze am weitesten sind. Ob die Umwandlung unseres Energiesystems gelingt, hängt, mit anderen Worten, stark von gemeinsamen komplementären Veränderungen in der Industrie ab. Aber die erneuerbaren Energien ernsthaft anzupacken ist ein notwendiger und entscheidend wichtiger Schritt, um eine Energietechnologie für das 21. Jahrhundert zu schaffen.

In diesem Kapitel untersuche ich, welche Aussichten für eine neue technologische Revolution bestehen, die auf Innovationen im Zusammenhang mit dem Klimawandel beruht. Zuerst diskutiere ich kurz, welche Faktoren das Interesse an der Entwicklung einer grünen Wirtschaft fördern. Danach untersuche ich, welche unterschiedlichen Ansätze die Länder beim Aufbau einer »grünen« Wirtschaft verfolgen, mit dem doppelten Ziel, die aktuelle wirtschaftliche Rezession zu überwinden und die Umweltprobleme zu bekämpfen. Einige Länder wie China und Deutschland bringen die sauberen Technologien mit nachfrage- und angebotsorientierten politischen Maßnahmen stark voran, hinter denen eine große »grüne« Vision steht. Andere Länder wie die Vereinigten Staaten, Großbritannien und einige europäische Nachzügler verfolgen

Strategien, die eher einem Flickenteppich gleichen, ohne eine klare Richtung und langfristige Anreize. Das Ergebnis ist grüne Politik nach Art einer Springprozession mit bestenfalls zweifelhaften Ergebnissen.

Im dritten Teil wird der ambivalente Kurs der Vereinigten Staaten untersucht. Dabei wird deutlich, wie widersprüchliche Initiativen des Staates eine volle Entfaltung der sauberen Technologien verhindern, weil sie Investitionen und den breiten Einsatz neuer Technologien bremsen. Der Kurs der Vereinigten Staaten ist wichtig, weil er ein typisches Beispiel darstellt, wie langjähriges finanzielles Engagement der öffentlichen Hand durch ambivalentes staatliches Handeln konterkariert wird: Einerseits versucht der Staat, Anreize für grüne Technologien zu schaffen, indem er das Engagement von Wagniskapitalgebern unterstützt. Andererseits versuchen es die Vereinigten Staaten auch mit Druck, etwa wenn sie koordinierte öffentliche Initiativen für Forschung und Entwicklung und Anwendung finanzieren. Die Vereinigten Staaten handeln nach dem Motto »alles finanzieren« in der Hoffnung, dass früher oder später in den Labors eine bahnbrechende Innovation gelingen wird, die möglichst auch noch »grün« ist, dass dann Wagniskapitalgeber auftauchen und die führenden Start-ups finanzieren, damit die innovativen Technologien konkurrenzfähig werden und sich schließlich durchsetzen. Bisher ist das noch nicht geschehen, weil die Entwicklung vieler sauberer Technologien langfristige finanzielle Verpflichtungen erfordert, die Wagniskapitalgeber nicht bereit sind einzugehen. Im vierten Abschnitt werden die einzelnen nationalen Ansätze abschließend bewertet.

Eine grüne industrielle Revolution starten

Was ist eine »grüne industrielle Revolution« überhaupt? Es gibt viele Definitionen, aber der entscheidende Punkt ist immer, dass das gegenwärtige weltweite Industriesystem radikal in Richtung ökologischer Nachhaltigkeit umgebaut werden muss. Nachhaltigkeit erfordert eine Energiewende, die saubere, das heißt die Umwelt nicht verschmutzende Energiequellen in den Mittelpunkt rückt. Die Wende führt uns aus der

Abhängigkeit von endlichen fossilen und nuklearen Brennstoffen heraus und hin zu unerschöpflichen Energiequellen wie Wind, Wasserkraft, Sonnenenergie und Biomasse. Eine nachhaltige Industriewirtschaft braucht auch neue Technologien für recycelbare Materialien, ein entwickeltes Abfallmanagement, eine bessere landwirtschaftliche Praxis sowie mehr Energieeffizienz in allen Bereichen und die Infrastruktur für die Entsalzung von Wasser (als Mittel gegen Ressourcen- und Wasserknappheit). Zweifellos muss jede grüne industrielle Revolution die bestehenden wirtschaftlichen Sektoren verändern und neue schaffen. Es geht in eine bestimmte Richtung, ohne dass ein klarer Endpunkt vorgegeben ist, und die Allgemeinheit profitiert, wenn die Zerstörung des Planeten verhindert wird. In diesem Sinn hat Perez (2002, 2012) argumentiert, die »grüne« Technologie sei keine Revolution, sondern die volle »Entfaltung« der IT-Revolution in allen Bereichen der Wirtschaft – etwa bei der Produktalterung, wenn »Wartung« von einem marginalen Lowtech-Bereich zu einem Hightech-Thema wird.

Eng mit der grünen industriellen Revolution verknüpft ist das Problem des Klimawandels. Der Klimawandel ist als weltweite Umweltkrise, die uns alle betrifft, eine direkte Folge der gegenwärtigen Ausrichtung der Wirtschaft. Hauptverursacher des Klimawandels sind die Treibhausgase, die vor allem durch die heute gebräuchlichen Technologien zur Energieerzeugung – Verbrennung von Kohle, von immer mehr Erdgas und auch von Öl – für die industrialisierten Volkswirtschaften entstehen. Innovation und Wandel bei der Energieerzeugung sind unumgänglich, damit die schlimmsten Auswirkungen des Klimawandels noch verhindert werden können. Den politisch Verantwortlichen steht eine große Bandbreite von Wahlmöglichkeiten offen: Treibhausgase lassen sich durch technologische Lösungen reduzieren oder ganz verhindern, durch Vorschriften oder durch komplexe wirtschaftliche Regulierungen, die auf individueller oder Unternehmensebene Anreize setzen, bestimmte Entscheidungen zu treffen und andere nicht.

Da »fossile« Technologien und die entsprechende Infrastruktur in den modernen Gesellschaften fest verwurzelt sind, geradezu eine »Kohlenstofffixierung« (Unruh 2000) besteht, betrachten wir in diesem Kapitel saubere Energie als Paradigma einer Technologie, die sich auf breiter Front durchsetzen muss, damit die grüne industrielle Revolution gelingen kann. Sonnen- und Windenergie, deren Nutzung die Umwelt nicht verschmutzt, sind zwei Beispiele sauberer Energietechnologien mit einer langen Geschichte. Beide bieten auch für den innovativen IT-Sektor viele Chancen. Die Informationstechnologie profitiert wiederum davon, dass die Initiativen für saubere Energien eine bestimmte »Richtung« vorgeben. Typisch für Wind und Sonne ist, dass sie »unregelmäßige« und »diffuse« Energiequellen sind; sie haben von der Strategie profitiert, die Madrigal (2011, S. 263) als »ein Problem mit Software angehen« beschreibt: Durch immer bessere Computermodelle, Kontrolle der Energieproduktion und Fernwartung ist es gelungen, die Produktivität und Verlässlichkeit von Windkraft- und Solaranlagen zu steigern. Investitionen in »intelligente Netze« sollen es ermöglichen, die modernen Energiesysteme zu digitalisieren und die Flexibilität, Leistungsfähigkeit und Effizienz sauberer Technologien zu optimieren und zugleich den Netzbetreibern und den Endverbrauchern hoch entwickelte Steuerungsmöglichkeiten zur Verfügung zu stellen. Die Kombination von Flexibilität und Kontrolle erinnert an das, was durch die Digitalisierung der Kommunikationsnetze möglich geworden ist. Die Revolution in der Informations- und Kommunikationstechnik durch die Digitalisierung hat nicht nur neue Kommunikationsmöglichkeiten (wie etwa durch das Internet) geschaffen, sondern auch eine unschätzbare Plattform für die Erzeugung, Verbreitung, das Sammeln von und den Zugang zu Wissen in jeder Form. Wenn sich intelligente Stromnetze durchsetzen, könnte das die Art und Weise, wie wir über Energie nachdenken, von Grund auf verändern; neue wirtschaftliche Chancen könnten entstehen, und es könnte möglich sein, den Einsatz der erneuerbaren Energien durch optimales Liefermanagement und optimale Bedarfsdeckung immer weiter zu verbessern.

Um die grüne Revolution zu starten und gegen den Klimawandel anzugehen, brauchen wir wieder einen aktiven Staat, der die hohe Unsicherheit der Anfangsphase aufnimmt, wovor die Privatwirtschaft zurückschreckt. Doch obwohl so viel davon die Rede ist, »saubere Technologien« seien die »neue ökonomische Herausforderung« und die »grüne Revolution« sei die bevorstehende dritte industrielle Revolution, ist tatsächlich an sauberen Technologien wenig vollkommen neu. Wind- und Sonnenenergie werden beispielsweise schon seit über 100 Jahren genutzt (und wenn wir die Nutzung einbeziehen, die nicht der Stromerzeugung dient, noch viel länger). Die industrielle Revolution wird oft als die Geschichte der Dampfmaschine und der fossilen Brennstoffe erzählt (Barca 2011), aber tatsächlich spielten in der Vergangenheit das, was wir heute Biomasse nennen, sowie Wind- und Wasserkraft eine große Rolle.[4] Trotz unserer historischen Erfahrung und unseres heutigen Wissens hat es bisher allerdings keinen ernsthaften Versuch gegeben, saubere Energien durch staatliche Unterstützung zu einem zentralen Bestandteil des Energiemix zu machen. Dass man nicht wirklich gezielt und entschlossen auf eine Zukunft mit sauberen Technologien setzt, verhindert eine raschere Abkehr von der fossilen Energieinfrastruktur und die Hinwendung zu einer sauberen.

Aber es gibt auch hoffnungsvolle Zeichen. In den ersten Jahren des 21. Jahrhunderts haben Regierungen überall auf der Welt wieder einmal die Vorreiterrolle übernommen, Forschung und Entwicklung bei vielen sauberen Technologien wie Wind und Sonne massiv gefördert und den Aufbau moderner Energienetze vorangetrieben. Sie greifen auch den führenden Herstellern unter die Arme, die zu Hause und international um die Marktführerschaft kämpfen. Und schließlich tragen die Regierungen mit politischen Entscheidungen und Geld dazu bei, dass sich kompetitive Märkte für erneuerbare Energien entwickeln. Wie auch in anderen Branchen, etwa der Biotechnologie und der Informationstechnologie, sind die Privaten erst später dazugekommen, nachdem die Politik erfolgreich den größten Teil der Unsicherheit und in erheblichem Umfang die Risiken der neuen Technologien übernommen hatte.

Die »grüne« Industrie steckt immer noch in den Kinderschuhen; typisch dafür ist erhebliche wirtschaftliche wie technologische Unsicherheit. Diese Industrie wird sich nicht »natürlich« durch das freie Spiel der Marktkräfte entwickeln, einmal aufgrund der bestehenden Energieinfrastruktur, aber auch, weil Märkte Nachhaltigkeit nicht belohnen und Verschwendung und Verschmutzung nicht bestrafen. Angesichts solcher Unsicherheit wird die Privatwirtschaft erst aktiv werden, wenn die riskantesten, kapitalintensivsten Investitionen bereits getätigt wurden oder wenn es eindeutige und kohärente Signale der Politik gibt. Wie in den frühen Stadien von Informations-, Bio- und Nanotechnologie deutet wenig darauf hin, dass die Privatwirtschaft von sich aus den »grünen« Bereich betritt und ihn ohne aktive, starke politische Impulse voranbringt. »Anreize« können vielleicht ein paar Unternehmer zum Handeln bewegen, aber die meisten werden stärkere Signale benötigen, damit sie sich auf Investitionen in innovative saubere Technologien einlassen. Nur langfristige politische Entscheidungen können die Unsicherheit verringern, die damit verbunden ist, einen wichtigen Wirtschaftsbereich in eine neue Ära zu überführen. Tatsächlich wurde bisher noch keine Hightech-Branche allein durch Anreize geschaffen oder grundlegend verändert. Viel spricht dafür, dass es auch diesmal nicht ohne Druck gehen wird.

Nationale Ansätze bei grünen Technologien

Verschiedene Länder reagieren unterschiedlich auf die Herausforderung, die Wirtschaft »grüner« zu machen. Manche setzen in Reaktion auf die Finanzkrise auf Konjunkturpakete, mit denen staatliche Investitionen in saubere Technologien gelenkt werden, und verfolgen damit gleichzeitig zwei Ziele: a) das Wirtschaftswachstum anzukurbeln und b) den Klimawandel aufzuhalten. Dabei schreiten einige Länder voran, während andere hinterherhinken. Weil Investitionen in Innovationen kumulativ wirken und die Ergebnisse heutiger Innovationen von den Innovationen gestern abhängen, ist zu erwarten, dass die Länder, die als Sieger aus diesem Wettlauf hervorgehen, über viele Jahre an der Spitze bleiben werden. Mit anderen Worten: Wer als Erster handelt, wird auf lange Sicht Wettbewerbsvorteile haben.

ABB 14. Weltweite neue Investitionen in erneuerbare Energien (in Mrd. US-Dollar)

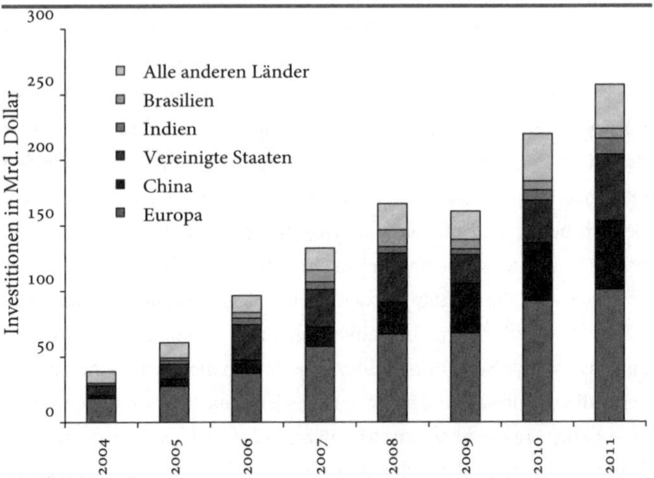

QUELLE: Frankfurt School of Finance and Management (2012)

Doch das Versagen einiger Regierungen, eine »Vision« zu entwickeln und saubere Technologien zu forcieren, hat Auswirkungen auf die Höhe der Investitionen. Länder, die bei sauberen Technologien halbherzig handeln, werden nicht genügend Investitionen aufbringen, um ihren »CO_2-Fußabdruck« zu verkleinern, und können auch nicht erwarten, dass bei ihnen die künftigen Marktführer im Bereich saubere Technologien entstehen werden. Ein Beispiel für ein Land, das den »großen Schritt« wagen will, ist China, und in Europa spielt Deutschland eine Vorreiterrolle. Die Vereinigten Staaten verhalten sich widersprüchlich; immerhin hat die Bundesregierung früh und substanziell in grüne Technologien investiert. Aber ohne klare Vision und Ziel und ohne langfristiges Bekenntnis zu einigen Schlüsseltechnologien ist es den Vereinigten Staaten nicht gelungen, ihren Energiemix deutlich zu verändern. Auch Großbritannien hinkt hinterher.[5]

In den Vereinigten Staaten waren 11,5 Prozent des American Reco-

ABB 15. Staatliche Aufwendungen für F&E im Energiebereich in 13 Ländern in % des BIP, 2007

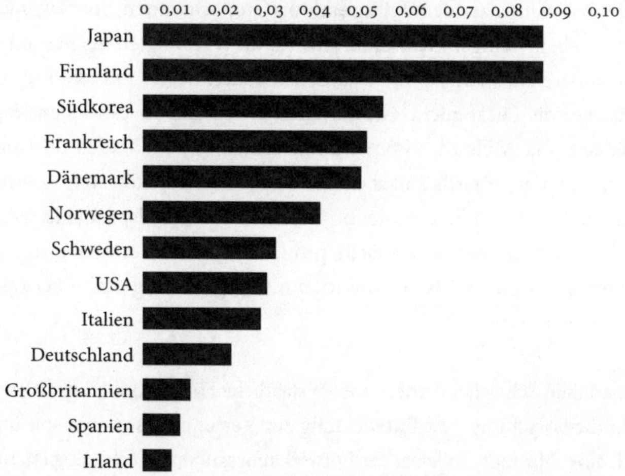

QUELLE: Britisches Committee on Climate Change (2010, S. 22)

very and Reinvestment Act (ARRA) von 2009, des Konjunkturprogramms zur Bekämpfung der Wirtschafts- und Finanzkrise, für Investitionen in saubere Technologien vorgesehen, weniger als in China (34,3 Prozent), Frankreich (21 Prozent) und Südkorea (80,5 Prozent), aber mehr als in Großbritannien (6,9 Prozent). Im Juli 2010 kündigte die Regierung von Südkorea an, sie werde ihre Ausgaben für Forschungen zu grünen Technologien bis 2013 auf umgerechnet 2,9 Milliarden US-Dollar verdoppeln (fast 2 Prozent des BIP). Das bedeutet, dass sie von 2009 bis 2013 umgerechnet insgesamt 59 Milliarden Pfund dafür ausgibt. Abb. 14 zeigt, dass Europa, die Vereinigten Staaten und China von 2004 bis 2011 im weltweiten Vergleich bei den Neuinvestitionen in erneuerbare Energien an der Spitze lagen. In Europa führte Deutschland das Feld an. Noch ist nicht absehbar, wie sich die anhaltende Krise in der Eurozone in den kommenden fünf Jahren auf die Investitionen auswirken wird, aber aktuell geht der Trend in Richtung einer Erhöhung der Ausgaben.

Abb. 15 zeigt außerdem zwischen den einzelnen europäischen Ländern große Unterschiede bei den staatlichen Investitionen in Forschung und Entwicklung auf dem Energiesektor. Großbritannien, Spanien und Irland geben weniger Geld dafür aus als die Vereinigten Staaten und viele andere europäische und asiatische Länder. Leider füllt die Privatwirtschaft die Lücke nicht. Großbritannien liegt mit Investitionen von insgesamt 12,6 Milliarden Pfund (umgerechnet 19,7 Milliarden US-Dollar) in 2009/2010 nach Angaben des Public Interest Research Centre (2011, S. 5) »unter 1 Prozent des britischen Bruttoinlandsprodukts; halb so viel, wie Südkorea gegenwärtig pro Jahr in grüne Technologien investiert, und weniger, als in Großbritannien gegenwärtig für Möbel ausgegeben wird«.

In manchen Schwellenländern stellen staatliche Förderbanken nicht nur Geld für Forschung und Entwicklung zur Verfügung, sondern spielen auch eine führende Rolle bei der Entwicklung sauberer Technologien. In China haben die Investitionen der chinesischen Entwicklungsbank (China Development Bank, CDB) entscheidenden Anteil am Erfolg der Sonnenenergie. Die CDB stockte 2010 ihre Förderung für rund 15 führende chinesische Hersteller von Solarmodulen um 47 Milliarden Dollar auf, damit sie ihre laufende und künftige Expansion finanzieren konnten; 2011 bekamen die Unternehmen fast 866 Millionen Dollar (Bakewell 2011). Das rasche Wachstum der Solarmodul-Hersteller wurde mit öffentlichen Geldern ermöglicht, und in kurzer Zeit etablierten sie sich als wichtige Akteure auf dem Weltmarkt. Als solche konnten sie die Kosten für Solarmodule so schnell senken, dass manche Kommentatoren sagen, der leichte Zugang der chinesischen Firmen zu Krediten sei der Grund, warum in den Vereinigten Staaten und Europa so viele Solarfirmen bankrottgegangen seien. (Bei der in den Vereinigten Staaten beheimateten Firma Solyndra, auf die wir noch zu sprechen kommen, kam noch der Rückzug des ursprünglichen Wagniskapitalgebers hinzu.)

Die brasilianische Entwicklungsbank (Banco Nacional de Desenvolvimento Econômico e Social, BNDES) stellte 2011 mehr als 4,23 Milliarden US-Dollar für die Finanzierung sauberer Technologien zur Verfügung (Fried, Shukla und Sawyer 2012, S. 5). In der Biotechnologie konzentriert sich die BNDES auf Unternehmen, die das »Tal des Todes« überwunden haben. »Tal des Todes« bezeichnet die Phase im Innovationsprozess, die zwischen dem Machbarkeitsnachweis und den nachfolgenden umfangreichen Tests bis zur Zulassung liegt (siehe Abb. 2). Viele Firmen »sterben« in dieser Phase, weil ihnen eine verlässliche private Finanzierung fehlt, darum sind öffentliche Gelder so wichtig. Das Engagement der BNDES für saubere Technologie ist ein vielversprechendes Zeichen.

Chinas »grüner« Fünf-Jahres-Plan

Angesichts von Rückschlägen auf dem europäischen und dem amerikanischen Markt – durch Handelskriege und Zölle, die die Regierungen auf Drängen der Wettbewerber einführten, die sich gegen den Erfolg der aufstrebenden chinesischen Solarindustrie mit ihren niedrigen Preisen wehrten –, entschloss sich China, das Ziel für den Ausbau der Solarenergie *im eigenen Land* bis 2015 auf 20 Gigawatt anzuheben – während bisher nur 3 Gigawatt durch Solarenergie erzeugt werden (Patton 2012). Wenn China diesen Zeitplan einhält, wird es sehr wahrscheinlich zum zweitgrößten Markt für Sonnenenergie weltweit, mit genauso viel Zuwachs in drei Jahren, wie Deutschland in zehn Jahren hatte. Diese Ziele werden flankiert durch regionale Einspeisevergütungen mit vorteilhaften Preisen für Energie aus Wind- und Wasserprojekten (Landberg 2012). Weitere Anreize für chinesische Energieproduzenten sorgen dafür, dass die Kosten für die heutigen Technologien in sieben Jahren wieder eingespielt und danach über Jahrzehnte Gewinne erwirtschaftet werden, während die Hersteller die Technologien weiter verbessern (C. Liu 2011). Chinas Ziel von 100 Gigawatt Strom aus Windkraft bis 2015 und 1000 Gigawatt bis 2050 ist ein weiteres ehrgeiziges Vorhaben, das die wirtschaftliche Entwicklung fördern und zugleich die Kohlendioxidemissionen reduzieren soll (Y. Liu 2012). Dieses Ziel bedeutet für China in etwa so viel wie für andere Länder ein Flug zum Mond. Denn 1000 Gigawatt Strom aus Windkraft entsprechen ungefähr der *gesamten* Kapazität der amerikanischen und europäischen Stromnetze heute, und sie gehören zu den größten weltweit. Bisher hat China seine Ziele immer nur nach oben korrigiert, was vermuten lässt, dass sich an den riesigen Chancen für die heimische Industrie in absehbarer Zukunft nichts ändern wird.

Chinas visionärer und ambitionierter zwölfter Fünf-Jahres-Plan (2011 bis 2015) sieht Investitionen in Höhe von umgerechnet 1,5 Billionen US-Dollar (oder 5 Prozent des BIP) in vielen verschiedenen Bereichen vor: Energieeinsparung und umweltverträgliche Technologien, Biotechnologie, IT der neuen Generation, moderne Fertigungsverfahren, neue Materialien, alternative Brennstoffe und Elektroautos. Hinter all diesen Investitionen steht der Wunsch, bei der wirtschaftlichen Entwicklung einen »zirkulären« Ansatz zu verfolgen, der Nachhaltigkeit an die erste Stelle setzt; dabei wird es als Wettbewerbsvorteil definiert, Verschmutzung und Verschwendung zu vermeiden (siehe Mathews et al. 2011). Flankiert werden die Investitionen in die industrielle Entwicklung durch eine angestrebte Verringerung der Energieintensität, Emissionskontrollen und den Ausbau der erneuerbaren Energien (also eine Kombination von angebots- und nachfrageorientierten Strategien). Martinot und Junfeng (2007, S. 11) heben hervor, dass China die Energieintensität von 1995 bis 2004 um 30 Prozent reduziert hat und bis 2010 eine weitere Reduzierung um 20 Prozent plant. China wird weiterhin das Ziel verfolgen, die Umweltverschmutzung durch seinen Energiekonsum zu verringern, denn es ist nach wie vor der größte CO_2-Emittent weltweit (Hopkins und Lazonick 2012).[6] Nach Einschätzung des Netzwerks Climate Works, das weltweit CO_2-Emissionen beobachtet, markiert der zwölfte Fünf-Jahres-Plan »das erste Mal, dass China die Abschwächung des Klimawandels explizit zu einem Bestandteil seiner wirtschaftlichen Kernstrategie gemacht hat« (2011, S. 2ff.). Allerdings formulierte China auch schon im elften Fünf-Jahres-Plan das Ziel, Umweltverschmutzung und Emissionen zu verringern.

Chinas Strategie der »grünen Entwicklung« liegt die Überzeugung zugrunde, dass die Wettbewerbsvorteile der Zukunft vom effizienten

Umgang mit Ressourcen und von weniger Verschwendung und Verschmutzung abhängen werden. Mit aggressiven nachfrage- und angebotsorientierten Maßnahmen wird neu definiert, wie »optimale« wirtschaftliche Entwicklung aussehen soll. In Chinas »Win-Win«-Plänen erscheinen »Profit« und »Umweltschutz« als komplementäre Ziele und nicht nur als notwendige Kompromisse wie in vielen westlichen Volkswirtschaften. Das Ergebnis ist, dass China weltweit führende Positionen bei der solaren Warmwasserbereitung und der Windkraft einnimmt und in Zukunft nicht nur ein wichtiger Hersteller von Solarmodulen bleiben, sondern auch ein bedeutender Absatzmarkt dafür werden wird.

Alles in allem kann man sagen, dass China heute sauberen Technologien in seiner strategischen Vision und der langfristigen Perspektive für Wirtschaftswachstum höchste Priorität einräumt. Bereits heute fließen Milliarden Dollar in die Finanzierung von Projekten zum Ausbau erneuerbarer Energien, aber mit ernsthaften Investitionen in Wind- und Sonnenenergie hat China gerade erst *begonnen* (Lim und Rabinovitch 2010).

Großbritannien: Keine klaren Signale bei grünen Initiativen

Großbritannien hat sich nur halbherzig auf grüne Investitionen eingelassen. Das passt zum allgemeinen Muster, wie die EU-Länder auf die gegenwärtigen wirtschaftlichen Herausforderungen reagieren. In einem Bericht der Wirtschaftsprüfungsgesellschaft Ernst & Young (2011, S. 2) ist von weltweiten Rekordinvestitionen in »saubere Technologie« in Höhe von 243 Milliarden Dollar im Jahr 2010 die Rede (einschließlich privater und öffentlicher Investitionen wie Einspeisevergütungen für Solarprojekte). Aber es heißt auch, »der Markt ist im Fluss« (was bedeutet, die Signale sind unklar) angesichts schwieriger finanzieller Rahmenbedingungen und großer Unterschiede zwischen einzelnen Ländern und einzelnen Technologien.[7]

Obwohl der britische Premierminister 2010 versprach, er wolle »die grünste Regierung aller Zeiten« führen (Randerson 2010), hat Großbritannien die Ausgaben für eingeführte Programme gekürzt und die Investitionen in grüne Technologien zurückgefahren. 2010/2011 musste das Ministerium für Energie und Klimaschutz auf 85 Millionen Pfund verzichten, einschließlich 34 Millionen aus dem Programm zur Förderung erneuerbarer Energiequellen. Das Budget des Carbon Trust (einer Organisation, die Unternehmen berät, wie sie ihre Emissionen senken können) wurde 2011 um 40 Prozent gekürzt und das des Energy Saving Trust (einer Organisation, die Kommunen und Privathaushalte beim Energiesparen berät) um 50 Prozent. Nimmt man dazu noch die mangelnde Bereitschaft, langfristig finanzielle Mittel für die Entwicklung grüner Technologien zu garantieren – unter anderem werden Elektroautos nicht über ein Jahr hinaus gefördert, und 2012 sollten die Einspeisevergütungen überprüft werden –, hat Großbritannien nicht gerade ein optimales Umfeld für grüne Investitionen geschaffen. (Bereits im April 2011 wurde die Einspeisevergütung für kommerzielle Anlagen mit mehr als 50 kW halbiert, um die versprochene Förderung kleiner Anlagen auf Wohnhäusern zu finanzieren.) Inwieweit frühere Initiativen erfolgreich waren, ist unklar: Im April 2009 versuchte Großbritannien die Reduktion der Emissionen bei der Energieerzeugung durch die Vorschrift zu beschleunigen, dass alle neuen Kohlekraftwerke Einrichtungen zur CO_2-Abscheidung und -Speicherung (Carbon Capture and Storage, CCS) bekommen sollten und alle bestehenden Anlagen bis 2014 entsprechend nachzurüsten seien. Doch nach Angaben des Energie- und Klimaschutz-Ausschusses des Unterhauses könnte das dazu führen, dass mehr Gaskraftwerke gebaut werden statt CCS-Vorrichtungen. Das Beispiel zeigt, wie eine »fehlgesteuerte« Politik Innovationen bremst, in diesem Fall die CCS-Technologie. Der Fall ist sogar noch problematischer, weil er Gaskraftwerke fördert und damit die Abhängigkeit Großbritanniens von fossilen Brennstoffen verstärkt.

Weil Unternehmen nur investieren, wenn sie klare Signale haben, welche Renditen in Zukunft zu erwarten sind, schrecken Länder, die widersprüchliche Signale aussenden, Investoren ab und verlieren sie womöglich ganz. Vestas (in Dänemark) und General Electric (in Amerika) haben die Entscheidung, ihre Pläne für Onshore- und Offshore-Windanlagen fallen zu lassen, unter anderem damit begründet, dass es keine klaren politischen Signale der britischen Regierung gab.[8] Sarah Merrick von Vestas (Bakewell 2012) kommentierte, »es ist sehr schwierig zu erkennen, wie es danach [nach Ablauf der Verpflichtung auf Erneuerbare] weitergehen wird«, und deshalb »ist es sehr schwierig für Investoren, solche langfristigen Entscheidungen zu treffen«. Wenn die Politik nur kurzfristig plant, können Investoren sich nicht langfristig engagieren.

Die wichtigste Initiative der britischen Koalitionsregierung war die Errichtung einer grünen Investitionsbank, die Anschubfinanzierung für die Entwicklung grüner Technologien leisten soll. Der Initiative liegt der Gedanke zugrunde, dass die grüne Revolution durch den privaten Sektor angeführt werden könne; nötig sei nur ein Anreiz oder Anstoß vom Staat. Der Gedanke ist falsch (bei keiner anderen Technologie hat es funktioniert), und die Summen, über die derzeit diskutiert wird, sind zu gering, um eine Wirkung zu entfalten. Bei der Initiative für eine grüne Investitionsbank hat man die Lehren aus früheren technologischen Revolutionen nicht beherzigt: Nur *aktiv* vom Staat getätigte Investitionen sorgen dafür, dass ein Land ganz vorne mit dabei ist und in der Zukunft die steigenden Gewinne einstreichen kann. Während China über 47-mal mehr Geld zur Verfügung stellt, als die Solarfirmen brauchen, jongliert Großbritannien lediglich mit Spielgeld.

Die britische Regierung stellt »grüne« Investitionen oft so dar, als müsse man Umweltschutz und Wirtschaftswachstum gegeneinander aufrechnen. Sie sagt, während eines Konjunkturabschwungs müssten sich die politisch Verantwortlichen auf klare Investitionsstrategien konzentrieren und dürften keine riskanten Wege beschreiten. Doch gerade die langsame Entwicklung der grünen Technologien weltweit könnte ein hervorragender Katalysator für Wirtschaftswachstum sein. Ein Land wie Großbritannien riskiert, bei den grünen Technologien zurückzufallen, nachdem es im letzten Jahrzehnt aufzuholen schien. Wenn sich daran in Zukunft nichts ändert, wird Großbritannien höchstwahrscheinlich zu einem Importeur grüner Technologie werden statt zu einem führenden Produzenten.

Die Vereinigten Staaten: eine ambivalente Haltung gegenüber grünen Technologien

Einen Anhaltspunkt, wie die grüne »Revolution« beschleunigt werden kann, findet man in den Vereinigten Staaten. Dort versuchen vom Staat finanzierte Initiativen auf dem aufzubauen, was nach ihrem Dafürhalten bei früheren technologischen Revolutionen funktioniert hat. Aber während es den Vereinigten Staaten gelungen ist, Universitäten, Branchen und einzelne Unternehmen zu vernetzen und ihre Ressourcen zu nutzen, um saubere Technologien voranzubringen (in der Vergangenheit durch das Energieministerium, neuerdings durch die Advanced Research Projects Agency-Energy, kurz ARPA-E), waren die Ergebnisse durchwachsen. In den 1980er-Jahren haben die Vereinigten Staaten als eines der ersten Länder Wind- und Wasserkraft forciert (die monokristallinen Silizium-Solarzellen wurden in den 1950er-Jahren in den Vereinigten Staaten erfunden), aber die Unterstützung hielt nicht an, und die Vereinigten Staaten mussten zusehen, wie Europa, Japan und mittlerweile China die Führung übernahmen. Schlimmer noch: Die Vereinigten Staaten schafften es nicht, ihren Energiemix signifikant zu verändern; über Jahre blieben sie der größte Emittent von Kohlendioxid weltweit. Mit weltweit einmaligen Innovationskapazitäten und einem gewaltigen Stromnetz wäre die größte Volkswirtschaft der Welt ideal positioniert, um eine Revolution bei sauberen Technologien auf den Weg zu bringen, aber sie hat es versäumt. Im Umfeld der Wahlen von 2012 herrschte wieder große Unsicherheit rund um das Thema saubere Technologie; es bestand die sehr reale Gefahr, dass die Regierung an einem kritischen Punkt ihre Unterstützung einstellen könnte.[9] Jeffrey Immelt, der Chef von General Electric, bezeichnet die gegenwärtige Situation der amerikanischen Energieindustrie und das Fehlen einer klaren energiepolitischen Strategie ganz einfach als »dumm«. Er schätzt, dass andere Länder bei der grünen Ökonomie bereits einen Vorsprung von zehn Jahren haben (Glader 2010).

Vor- und Nachteile des amerikanischen Modells

Mit Wagniskapital Anreize setzen

Die Bilanz der Vereinigten Staaten fällt hauptsächlich deshalb gemischt aus, weil man stark auf Wagniskapital als »Anreiz« für die Entwicklung grüner Technologien vertraut hat. Die Vereinigten Staaten sind das Weltzentrum der Wagniskapitalgeber bei sauberen Technologien: 2011 wurden dort allein 7 Milliarden Dollar investiert, weltweit waren es 9 Milliarden. Der Jumpstart Our Business (JOBS) Act von 2012 versuchte Wagniskapitalgebern Risiko abzunehmen, indem die finanziellen Offenlegungspflichten für »kleinere« Firmen (solche mit weniger als 1 Milliarde Umsatz pro Jahr) gelockert wurden. Das Gesetz erlaubt außerdem Crowdfunding, das heißt, die Wagniskapitalgeber können eine große Bandbreite von Investoren (auch Einzelpersonen) einbeziehen, wenn sie Firmen an die Börse bringen. Ob durch das Gesetz mehr Arbeitsplätze entstehen werden, ist schwer zu sagen, denn in erster Linie scheint es maßgeschneidert dafür zu sein, dass Wagniskapitalgeber schnell hohe Gewinne bei kleinen Firmen machen können, die staatlich finanzierte Technologien nutzen. Auf der einen Seite erhöhen weniger Transparenz und Informationen über junge Firmen die Risiken für alle anderen Investoren. Auf der anderen Seite könnte es die Bindung von Wagniskapitalgebern an kleine Firmen stärken, wenn das Risiko über eine größere Zahl von Investoren gestreut wird. Offensichtlich ist, dass Firmen, die sich mit sauberen Technologien befassen, gegenwärtig zu kämpfen haben. Ihr langfristiges Wachstum und damit auch der Zuwachs an Arbeitsplätzen hängen allerdings mehr von der kontinuierlichen Unterstützung durch den Staat als von den Erlösen beim Börsengang (üblicherweise das Ziel von Wagniskapitalgebern) ab. Außerdem hat sich zum Beispiel in der Solarbranche gezeigt, dass Wagniskapitalgeber »ungeduldige Kapitalisten« sind: Sie sind nicht daran interessiert, die Risiken und Kosten der technologischen Entwicklung über einen längeren Zeitraum zu tragen. Überdies sind ihre Mittel zu begrenzt, um das Wachstum von Firmen im Bereich saubere Technologien umfassend zu finanzieren.

Weil manche sauberen Technologien noch in den Anfängen stecken, das heißt in dem Stadium, in dem die »Knightsche Unsicherheit« am größten ist, konzentrieren sich Wagniskapitalgeber eher auf die einigermaßen sicheren Kandidaten, statt radikale Innovationen zu unterstützen. Sie aber wären nötig, um die Gesellschaft so zu verändern, dass beide Ziele – Wirtschaftswachstum und Klimaschutz – erreicht werden können. Ghosh und Nanda (2010, S. 9) schreiben, gegenwärtig würden die risikoreichsten und kapitalintensivsten Projekte bei sauberen Technologien – die im rechten oberen Block in Abb. 16 – praktisch nur mit öffentlichem Geld finanziert. Wagniskapital konzentriere sich vorwiegend in dem Block links unten. Das ist höchst problematisch, denn es spricht dafür, dass Wagniskapitalgeber Bereiche meiden, die sowohl innovativ wie kapitalintensiv sind. Aber gerade solche Bereiche könnten die sauberen Technologien voranbringen. Wenn der Staat nicht die Bedingungen lockert oder selbst investiert, werden diese wichtigen Bereiche weiterhin an Unterfinanzierung und mangelnder Entwicklung leiden.

ABB 16. Bereiche bei sauberer Energie, in die Wagniskapital fließt

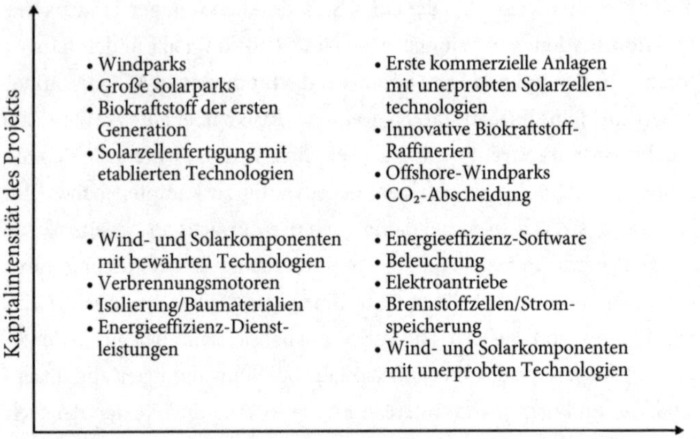

QUELLE: Ghosh und Nanda (2010, S. 9)

Unternehmen im Bereich saubere Technologie können wie Biotech-Unternehmen auf dem Weg von Forschung und Entwicklung bis zur Umsetzung der Ergebnisse in marktfähige Produkte auf eine Reihe von Schwierigkeiten stoßen. Außerdem ist der Kapitalbedarf, um in ausreichenden Stückzahlen produzieren zu können, üblicherweise höher als in IT-Sektoren (wo Wagniskapitalgeber reich geworden sind). In letzter Zeit geht der Trend dahin, dass Wagniskapitalgeber sich sauberen Technologien zuwenden, weil sie bereits Unterstützung vom Staat bekommen haben; ihr Geld fließt dabei vor allem in *etablierte* Technologien mit einer zum Teil bereits jahrzehntelangen Entwicklung (Bullis 2011).[10]

Der Erfolg von Firmen wie First Solar (von der im nächsten Kapitel noch die Rede sein wird) in den Vereinigten Staaten hat sich über Jahrzehnte entwickelt. Wagniskapitalgeber kamen erst relativ spät ins Spiel und zogen sich bald nach dem Börsengang wieder zurück. Einen großen Teil des Risikos bei First Solar trug die US-Regierung. Sie unterstützte die Entwicklung und Kommerzialisierung ihrer innovativen Dünnschicht-Technologie und half sogar aktiv bei der Entwicklung des Herstellungsprozesses mit.

Außerdem haben der Bund und die Einzelstaaten den heimischen Markt für Solarmodule mit Anreizen im Volumen von Milliarden Dollar gefördert und so dafür gesorgt, dass Firmen wie First Solar die Chance bekamen, Marktanteile zu erobern und Größenvorteile zu nutzen. Die Kombination von staatlicher Unterstützung und der Position von First Solar als dominierender Hersteller von Dünnschicht-Modulen und Kostenführer auf dem Markt für Solarmodule garantiert praktisch den Erfolg der Firma. Man kann sich kaum vorstellen, dass ein solches Unternehmen scheitern könnte, sofern die staatliche Unterstützung fortgesetzt wird.

Die Ungeduld der Wagniskapitalgeber: Wie Solyndra von seinen Investoren verbrannt wurde[11]

Das Beispiel Solyndra illustriert, wie der plötzliche Rückzug von Wagniskapitalgebern die Perspektiven von Unternehmen zunichtemachen kann, die – auch mit Unterstützung durch Steuergelder – innovative Technologien entwickeln. Solyndra war einmal der Liebling unter den Unternehmen im Bereich saubere Technologien und erhielt als Erstes eine Kreditgarantie aus dem ARRA-Programm, das Kreditbürgschaften in einem Gesamtvolumen von 37 Milliarden Dollar beinhaltete. Das Programm wurde vom Energieministerium verwaltet; Programmverantwortlicher war Jonathan Silver, ein ehemaliger Wagniskapitalgeber und Hedgefonds-Manager, der 2009 ins Energieministerium gekommen war. Solyndra produzierte innovative CIGS-Solarzellen (die Abkürzung für Kupfer, Indium, Gallium, Selen, eine Dünnschichttechnologie). Das Unternehmen wurde mit 527 Millionen Dollar aus dem Programm unterstützt und investierte in eine neue, hoch automatisierte Fabrik, die mehr Ausstoß und damit kostengünstigere Produktion versprach. Solyndra hoffte, dass die CIGS-Technologie einen deutlichen Kostenvorteil bringen würde, nachdem um das Jahr 2008 die Preise für Roh-Silizium, Hauptbestandteil der marktbeherrschenden kristallinen Silizium-Solarzellen (C-Si), explodiert waren.

Veränderungen auf dem globalen Markt für Solarzellen verhinderten, dass Solyndra von seinen Investitionen profitieren konnte. Bevor das Unternehmen die Kostenvorteile durch die gesteigerten Produktionskapazitäten nutzen konnte, brach der Preis für Roh-Silizium ein. Und bei der konkurrierenden Technologie der Siliziumzellen fielen die Kosten noch stärker als erwartet, weil sich die Chinesen massiv dieser Technologie zuwandten. Trotz staatlicher Hilfe und 1,1 Milliarden Dollar von seinen Investoren erklärte Solyndra im Herbst 2011 Insolvenz. Alle Beteiligten (und Investoren) hatten auf Erfolg und nicht auf Scheitern gesetzt. Trotzdem wurde Solyndra für die Kritiker zum Paradebeispiel dafür, dass der Staat nicht in der Lage ist, in risikoreiche Technologien zu investieren und dabei »Gewinner herauszupicken«.

Solyndras wichtigste Finanziers waren Wagniskapitalgeber, und wie alle Wagniskapitalgeber warteten sie ungeduldig auf einen Börsengang, eine Fusion oder Akquisition als Chance zum »Ausstieg« aus ihrem Investment. Jedes dieser Ausstiegsszenarios hätte ihnen erlaubt, die Aktien, die sie als Gegenleistung für die Investition in die Firma erhalten hätten, teuer zu verkaufen. Die Wagniskapitalgeber wollten nicht die kontinuierliche Rendite aus den Einnahmen aus der Geschäftstätigkeit, sondern waren auf eine exorbitante Rendite durch den Verkauf der Aktien aus. Aber auf unsicheren Märkten ist ein erfolgreicher Ausstieg nicht immer möglich, wie das Beispiel Solyndra zeigt. Als Solyndras wichtigste Investoren ihre Investitionen von 1,1 Milliarden Dollar aufgaben, gingen 1000 Arbeitsplätze verloren, und ein 535-Millionen-Kredit, für den der Staat gebürgt hatte, war vernichtet. Statt Kurs zu halten, verließen Solyndras Investoren also das sinkende Schiff.[12]

Die Probleme, die durch die Ungeduld bei der Finanzierung sauberer Technologien in der US-Wirtschaft entstehen, sind durchaus lösbar, aber die zynische Antwort konservativer Politiker war die Gesetzesinitiative H.R. 6213, »keine Solyndras mehr«, eingebracht vom Abgeordneten Fred Upton (Michigan) und 21 weiteren Republikanern. Das Gesetz wurde im September 2012 mit 245 zu 161 Stimmen vom Kongress verabschiedet, ist jedoch noch nicht in Kraft. Darin wird gefordert, das Bürgschaftsprogramm des Energieministeriums zu beenden, was das Ende der Unterstützung für diese Form sauberer Technologien bedeuten würde. Das Gesetz ignoriert, dass es die Wirtschaft über Jahrzehnte nicht geschafft hat, Ressourcen in saubere Technologien zu leiten. Die von den Republikanern betriebene »Untersuchung« des Falls Solyndra diente im Gegenteil als Rechtfertigung für einen generellen Angriff auf Investitionen in saubere Technologien, obwohl das Kreditprogramm auch Unterstützung für Kernkraftwerke, Autohersteller, Projekte zu erneuerbaren Energien und so weiter enthält.

Wie Bathon (2012) schreibt, wird Solyndra nach dem Bankrott seine Anteilseigner nur auszahlen können, wenn es den Prozess mit einem Streitwert von 1,5 Milliarden Dollar gegen die chinesischen Solarfirmen gewinnt, die es für sein Scheitern verantwortlich macht. Solyndra behauptet, die Chinesen hätten absichtlich Dumpingpreise für ihre Solarmodule festgesetzt und seien außerdem in unfairer Weise vom chinesischen Staat unterstützt worden. Die eklatante Scheinheiligkeit des

Prozesses wäre zu verschmerzen, wenn die Öffentlichkeit dadurch die Gelegenheit bekäme, die erfolglose amerikanische Politik bei der Unterstützung der Solarhersteller mit der erfolgreichen chinesischen Strategie zu vergleichen. Doch die meisten Kommentatoren haben sich nicht mit den komplexen politischen Zusammenhängen und den Feinheiten der Branche befasst, sondern beschäftigen sich damit, wie die Vereinigten Staaten ihre Solarfirmen durch einen Handelskrieg gegen die Chinesen zu schützen versuchen.

Selbst nachdem Solyndra seine größten Vermögenswerte verkauft hatte, einschließlich seines Hauptquartiers und seines (2010 erbauten) Werks mit einem Gesamtwert von 300 Millionen Dollar, blieben zur Verteilung an die Anspruchsberechtigten (einschließlich der Steuerzahler) nur 71 Millionen Dollar übrig (Wood 2012). Beschäftigte, die ihren Arbeitsplatz verloren haben, bekommen 3,5 Millionen Dollar, und der Staat erhält rund 27 Millionen Entschädigung für seinen Kredit. Unterdessen hat sich der Mutterkonzern von Solyndra, 360 Degree Solar Holdings (gegründet von Solyndras Wagniskapitalgebern und dem DoE anlässlich einer Umschuldung im Februar 2011), bereits in Stellung gebracht, um nicht weniger als 341 Millionen Dollar an Steuergeschenken einzustreichen, wenn es ihm gelingen sollte, andere produktive Investitionsmöglichkeiten zu finden. Mit anderen Worten: Die Steuerzahler subventionieren private Investoren noch lange, nachdem ein Unternehmen nicht mehr existiert.

Ungeduldiges Kapital kann Unternehmen vernichten, die versprechen, vom Staat finanzierte Technologien für die breite Masse zugänglich zu machen. Aber die Kritiker konzentrieren sich zu oft auf den Staat als den Schuldigen, statt zu untersuchen, was clevere, profitgierige Geschäftsleute anrichten, die abspringen, ihr finanzielles Engagement einschränken oder denen die Rendite über alles geht. Wenn Wagniskapitalgeber an kapitalintensiven Branchen oder am Aufbau von Produktionsstätten nicht interessiert sind, was haben sie dann für die wirtschaftliche Entwicklung anzubieten? Ihre Rolle sollte so gesehen werden, wie sie ist: begrenzt. Und noch wichtiger: Die Schwierigkeiten, vor denen die wachsende Branche der sauberen Technologien steht, sollten deutlich machen, dass mehr Unterstützung der Politik nötig ist und nicht weniger angesichts bestehender Finanzierungsmodelle, die Investoren bevorzugen und nicht dem öffentlichen Interesse Rechnung tragen.

Staatliche Förderprogramme in den USA

Die Unfähigkeit von Wagniskapitalgebern, radikale Innovationen langfristig zu unterstützen, wird seit vielen Jahrzehnten durch staatliche Programme ausgeglichen. Das amerikanische Energieministerium wurde 1978 gegründet, um vor dem Hintergrund immer neuer weltweiter Energiekrisen einen Rahmen für Innovationen im Energiesektor bereitzustellen. Es fasste mehrere Regierungsbehörden und 17 staatliche Labors zusammen, ein breites Netzwerk, über das im Lauf der Zeit etliche Initiativen für saubere Technologien auf der Angebots- wie auf der Nachfrageseite mit mehreren Milliarden Dollar jährlich gefördert wurden. Dazu zählen 3,4 Milliarden Dollar und 1,2 Milliarden Dollar für Forschung und Entwicklung bei Sonnen- und Windprojekten im Zeitraum 1992 bis 2012 (gerechnet in Dollars von 2011). Zwar haben die Vereinigten Staaten in der Vergangenheit viel mehr Geld für fossile Brennstoffe und Kernkraft ausgegeben; dennoch hat die Förderung durch das Energieministerium bei den meisten Wind- und Solarfirmen im Land Spuren hinterlassen.

Während der ersten Regierung Obama stockte das Energieministerium seine Förderung für die Forschung zu sauberen Energien beträchtlich auf. Durch das Konjunkturprogramm ARRA leitete es mehr als 13 Milliarden Dollar in die Entwicklung entsprechender Technologien und die Modernisierung der Energieinfrastruktur, außerdem in Maßnahmen zur Abfallvermeidung und für mehr Nachhaltigkeit. 2009 unterstützte das Ministerium 46 neue, mit Etats von mehreren Millionen ausgestattete Frontier Research Center (EFRC) an Universitäten, staatlichen Labors, bei Non-Profit-Organisationen und Privatunternehmen überall im Land mit 377 Millionen Dollar: Über einen Zeitraum von fünf

Jahren hat es insgesamt 777 Millionen für diese Initiative aufgewendet. Die Größenordnung der Förderung zeigt, dass das Ministerium Erfindungen bis zur technologischen Reife und weiter ins Stadium der Produktion und Vermarktung bringen will. Hunderte Millionen Dollar fließen über Finanzierungs- und Kreditprogramme an Firmen, die Solarmodule herstellen oder Batterien für Elektroautos und Hybridsysteme entwickeln; außerdem werden Programme unterstützt, die Photovoltaik bei Privathaushalten und Unternehmen fördern. Diese jüngsten Initiativen bedeuten eine enorme Ausweitung der staatlichen Förderung, um die Innovationen der zivilen Wirtschaft in eine bestimmte Richtung zu lenken.

Daneben unterstützt eine Reihe weiterer Bundesbehörden der Vereinigten Staaten Innovationen im Energiebereich. So wird das Verteidigungsministerium nach aktuellen Schätzungen bis 2030 jährlich 10 Milliarden Dollar für erneuerbare Energien ausgeben (siehe Korosec 2011). Das Geld fließt in ein breites Spektrum sauberer Technologien von Sonnenenergie, Wind- und Wasserkraft bis zu Biotreibstoffen und Energiespeicherung. Im kalifornischen Fort Irwin läuft bereits ein Photovoltaik-Projekt mit einem Volumen von 2 Milliarden Dollar (Proebstel und Clint 2011). Die Defense Logistics Agency und die DARPA haben 100 Millionen Dollar aus dem 3-Milliarden-Budget der Behörde in verschiedene Projekte zur Anwendung sauberer Technologien im militärischen Bereich gelenkt (siehe Levine 2009). Das Verteidigungsministerium ist als einer der größten Energieverbraucher in der Regierung an immer striktere Vorgaben zu Energieeffizienz gebunden. Mit einer Fläche, die ein Mehrfaches aller Walmart-Märkte zusammen abdeckt, gibt es jährlich fast 4 Milliarden Dollar für Energie aus. Ein solches Schwergewicht wird langfristig Einfluss auf die Entwicklung vieler sauberer Technologien und ihren Erfolg haben (siehe serdp.org).

Aktive Investitionen: ARPA-E

Die Advanced Research Projects Agency-Energy (ARPA-E) wurde auf der Grundlage des America Competes Act von 2007 errichtet und bekam ihr Geld zunächst aus dem ARRA-Konjunkturprogramm von 2009. Nach dem Vorbild der Defense Advanced Research Projects Agency (DARPA) des Verteidigungsministeriums lautete der Auftrag von ARPA-E, »Forschungen zu neuen ›gebrauchsfertigen‹ Energieinnovationen zu fördern, die die Wirtschaft allein nicht vorantreiben will oder kann, weil das Risiko zu hoch ist, die aber im Erfolgsfall großen Nutzen für das ganze Land bringen können« (Advanced Research Projects Agency-Energy, »About«, o. J.). Wie bereits erwähnt, ist die DARPA heute ein Multi-Milliarden-Dollar-Programm, das seit über 50 Jahren Innovationen unterstützt. Sie zeichnet für die Forschungen verantwortlich, die die Grundlage für das Internet abgaben, für Microsoft Windows, für Tarnkappenflugzeuge und GPS. Dabei praktizierte die DARPA ein Verfahren, das Erica Fuchs als Leitung von unten nach oben beschrieben hat (Fuchs 2009, S. 65; siehe auch in Kapitel 5 die Ausführungen zur iOS-Produktfamilie von Apple).

Eine revolutionäre Idee hinter der DARPA ist, dass Misserfolge geduldet und sogar erwartet werden. Fuchs (2009) führte den Erfolg der DARPA auf ihre Organisationsstruktur zurück. Die Programmmanager – üblicherweise Weltklasse-Forscher – haben alle Freiheiten, die sie brauchen, um abzuschätzen, welche Risiken sie eingehen wollen. Die DARPA-Forscher sind vollkommen unabhängig von der üblichen staatlichen, wissenschaftlichen und industriellen Forschung. Bei der DARPA geht es nicht darum, dass der Staat »Gewinner und Verlierer herauspickt«, sondern der Staat übernimmt die Führung bei Forschung und Entwicklung, auf die sich risikoscheue Privatunternehmen und andere Institutionen wie das Energieministerium, die unter größerem Druck stehen, Ergebnisse zu produzieren, nicht einlassen. Die Aktivitäten der DARPA sollen in der Regel Erfordernissen der nationalen Sicherheit dienen, aber diese Vorgabe ist nicht so eng gefasst wie bei der ARPA-E, die ihren Auftrag so beschreibt: Hochrisikotechnologien im Energiebereich erforschen, bei denen es noch »zu früh« für Investitionen aus dem privaten Sektor ist. Deshalb wird wahrscheinlich weiter darüber diskutiert werden, ob die Behörde noch nötig ist und was »zu früh« bedeutet. Interessant ist außerdem, wie sehr die DARPA die »nationale Sicherheit« in den Vordergrund rückt und nicht die »wirtschaftliche Leistung«. Das verschleiert, in welchem Umfang der Staat wirtschaftlich tätig wird. Vielleicht wäre es eine Lösung für die ARPA-E, unter dem Banner der »Energiesicherheit« zu agieren.

Wie die DARPA formuliert auch die ARPA-E keine eigene Forschungsagenda, sondern lädt Forscher aus Wissenschaft und Industrie ein, risikoreiche Ideen zu verfolgen. Die Agenda entsteht durch die Zusammenarbeit und das kollektive Wissen auf dem neuesten Forschungsstand sowie durch die gegebenen Möglichkeiten. Das Geld für die Finanzierung der Projekte kommt sowohl vom Staat wie von der Privatwirtschaft, was zeigt, dass die Forschungsagenda für unterschiedliche Interessenten attraktiv ist (Hourihan und Stepp 2011). Man erwartet, die Chance, risikoreiche, bahnbrechende Forschungen zu betreiben, werde »viele der besten und klügsten Köpfe der Vereinigten Staaten anziehen – erfahrene Wissenschaftler und Ingenieure und vor allem Studenten und junge Forscher, auch solche aus der Wirtschaft«. Auf der Website der ARPA-E heißt es, die Organisationsstruktur sei »flach, flexibel und schlank«, aussichtsreiche Projekte könnten »über lange Zeiträume verfolgt werden, während Programme, die die Erwartungen nicht erfüllen, auslaufen«. Die Behörde setzt einen Fokus auf die Ausweitung von Netzwerken und soll auch »eine neue Brücke über die Kluft zwischen Grundlagenforschung und Entwicklung/industrieller Innovation schlagen«. 2012 hat sie 270 Millionen Dollar für anspruchsvolle Energieprojekte ausgegeben. Das ist allerdings ein Rückschritt gegenüber den 400 Millionen Dollar im Jahr 2010 und liegt weit unter dem Milliarden-Dollar-Budget der DARPA (Malakoff 2012). Auf der Liste der laufenden Projekte der ARPA-E stehen Prototypen für revolutionäre Energietechnologien und Technologien für den Umbau der bestehenden Energieinfrastruktur (Advanced Research Projects Agency-Energy, »Mission Statement«, o. J.).

Aktive Investitionen nach dem DARPA-Modell führen eher zu Wachstum als eine Politik der »Nichteinmischung«. Das Problem dabei ist, die Richtung der Investitionen zu bestimmen, da die Agenda in diesem Bereich stark von vorhandenen Industrien beziehungsweise wissenschaftlichen Instituten geprägt wird. Die Gefahr besteht, dass man sich auf einen suboptimalen Weg einlässt (»Pfadabhängigkeit«), statt risikofreudig und vielleicht ein bisschen verrückt einen radikal neuen Weg zu beschreiten, der zu umwälzenden Technologien führen kann. Außerdem sind Forschung und Produktentwicklung für das Militär etwas anderes als Forschung und Produktentwicklung auf dem Energiemarkt. Den Energiemarkt beherrschen einige der größten und mächtigsten Unternehmen der Welt, die es generell nicht nach Innovationen drängt, vor allem weil es bei den herkömmlichen Energieträgern (Gas und Strom) trotz der unterschiedlichen Technologien keine wirkliche Produktdifferenzierung gibt und entsprechend nur der Preis entscheidet. Die Unternehmen, die die heutigen Energietechnologien kontrollieren und mit ihnen groß geworden sind, haben hohe versunkene Kosten, die sie das Risiko bei Innovationen scheuen lassen. Schließlich neigt die Energiebranche dazu, Stabilität und Verlässlichkeit des Energiesystems höher zu bewerten als neue Technologien (Chazan 2013).

Neue Energietechnologien bedeuten neue Herstellungsverfahren, und die Energie ist dann in der Regel teurer als bei herkömmlichen Technologien, zumindest wenn man andere Faktoren – wie die Wirkungen auf die Umwelt – nicht mit einrechnet. Die Forscher im Dienst des Militärs haben einen eindeutigen Auftrag, bei dem die Kosten nachrangig sind, weil der Staat nicht »preissensibel« ist und vor allen anderen Innovationen in Auftrag geben kann. Die Diskussionen im Energiebereich werden sich in Zukunft weiter darum drehen, wie jedes Land den zukünftigen Energiebedarf zu decken plant, unter Einbeziehung wirtschaftlicher und gesellschaftlicher Ziele wie der Maximierung des Exportpotenzials oder der weitgehenden Reduzierung der Kohlendioxidemissionen.

Die Vereinigten Staaten handeln bisher nach dem Motto, »alles finanzieren«, in der Hoffnung, früher oder später würden sich innovative, wirtschaftlich realisierbare Energietechnologien abzeichnen. Doch der

Klimawandel, der oft als wichtigste Rechtfertigung für Investitionen in Energietechnologien angeführt wird, ist heute nicht das einzige relevante Umweltproblem. Außerdem ließe sich dieses Problem auch mithilfe nicht erneuerbarer Technologien wie der Kernkraft und der CO_2-Speicherung »lösen«. Wollen wir das wirklich? Wir brauchen deshalb neben Ressourcen zur Förderung von Innovationen auch den Mut, eine technologische Richtung festzulegen und dann konsequent zu verfolgen. Wenn wir es »dem Markt« überlassen, die Richtung zu bestimmen, haben wir die Garantie, dass sich die Energiewende so lange verzögert, bis fossile Brennstoffe so teuer sind, dass es für die Wirtschaft gefährlich wird.

Die grüne Entwicklung forcieren, nicht verzögern

Mit wirtschaftlichen Anreizen allein wird es also nicht gelingen, eine echte »grüne Revolution« auszulösen. Die Länder, die der irrigen Vorstellung anhängen, staatliche Investitionen müssten mit den privaten harmonisiert und ausbalanciert werden, werden ihre Chance für eine historische Energiewende verpassen und gezwungen sein, Energie aus dem Ausland zu importieren. Tatsächlich überlappen sich staatliche und private Aktivitäten oft. Wie die meisten Unternehmen rufen auch diejenigen im Bereich der sauberen Technologien gerne nach staatlicher Hilfe und Unterstützung von Forschung und Entwicklung. Wagniskapitalgeber und Unternehmer investieren bevorzugt in solche Technologien, die staatliche Hilfe bekommen, bleiben aber selten lange dabei.

Angesichts der Risikoscheu der Unternehmen müssen die Regierungen sich engagieren und saubere Technologien über die ersten Anfänge hinaus bis zur Vermarktungsfähigkeit unterstützen. Damit eine neue Technologie zur »Reife« gelangen kann, muss ein gesunder Markt gefördert werden, auf dem Investitionen mit einem vernünftigen Verhältnis von Risiko und Gewinn möglich sind. Bereits heute gibt es dafür weltweit viele entsprechende Instrumente, aber auch da, wo Strategien, Instrumente und Steuergelder vorhanden sind, lässt der politische Wille oft zu wünschen übrig. Wenn die reichsten Länder, die auch zu den größten Umweltverschmutzern zählen, den entscheidenden Technologien in wirtschaftlich schwierigen Zeiten die Unterstützung entziehen, wird der Weg aller Voraussicht nach ins Verderben führen.

Echten Mut findet man in den Ländern, die saubere Technologien mit staatlichen Mitteln ernsthaft vorantreiben, indem sie Ziele festsetzen und scheinbar unmögliche Aufgaben finanzieren. Mutig ist Chinas Vorhaben, bis 2050 einen Markt für Windkraft von der Größe des europäischen und amerikanischen Strommarkts zusammen aufzubauen und den Anteil der Photovoltaik in nur drei Jahren um 700 Prozent zu steigern. Mutig ist es, wenn Entwicklungsbanken einspringen, wo Geschäftsbanken zögern, wenn sie Entstehung und Wachstum von Unternehmen unterstützen und gleichzeitig dem Steuerzahler eine nachweisbare Rendite sichern. Es muss nachvollziehbar sein, wie durch Steuergelder Technologien gefördert und Renditen erzeugt wurden. Der Erfolg erhöht die Wahrscheinlichkeit, dass auch die nächsten riskanten Projekte finanziert werden, und lässt erkennen, dass Staaten eine positive Rolle bei der Förderung von Innovationen spielen können.

Einige europäische Länder haben gezeigt, wie wichtig langfristige politische Unterstützung für Forschung und Entwicklung und die Entfaltung eines Marktes ist. Demgegenüber sind die Vereinigten Staaten ein Beispiel, wie Unentschlossenheit dazu führt, dass Chancen verpasst werden (im folgenden Kapitel wird das anhand der Solar- und Windkraftbranche noch genauer erläutert). Die Vereinigten Staaten sind in diese Situation geraten, weil sie es versäumt haben, einen langfristigen nationalen Energieplan aufzustellen, der den Erneuerbaren höchste Priorität einräumt. Sie haben sich überdies geweigert, die Unterstützung für andere, etabliertere Energietechnologien zurückzufahren, und es den Bundesstaaten überlassen, den Kurs in der Energiepolitik festzulegen. Windkraftunternehmen wie Vestas und General Electric haben sehr deutlich darauf hingewiesen, dass politische Richtungswechsel wie das Auslaufen wichtiger Subventionen für erneuerbare Energien in den Vereinigten Staaten und das Fehlen einer energiepolitischen Vision in Großbritannien sich auf ihre Investitionsentscheidungen auswirken –

zum Schaden der betreffenden Länder. Pläne für neue Produktionsstätten und neue Geschäftsbereiche verschwanden in den Schubladen, oder die Projekte wurden in andere Länder mit günstigeren Rahmenbedingungen verlagert. In solchen »unentschlossenen« Ländern sind staatliche Ressourcen für saubere Technologien meist so lange nur beschränkt verfügbar, bis die nächste Energiekrise zuschlägt und der Staat auf einmal wieder aktiv wird.

Hier könnten die Vereinigten Staaten (und andere) von den Ländern lernen, die Entwicklungsbanken errichtet haben, die von den Anfängen bis in spätere Entwicklungsstadien der Unternehmen Einfluss nehmen können. Die Finanzierung von Projekten zu erneuerbaren Energien ist ein wichtiger Tätigkeitsbereich der Entwicklungsbanken; außerdem schaffen sie durch Kreditvergabe Chancen für Hersteller, die in die Entwicklung heimischer Lieferketten investieren. Von den Renditen aus solchen Krediten profitieren auch die Steuerzahler. Und nicht zuletzt ist mit einem Zuwachs an Arbeitsplätzen zu rechnen, weil die Entwicklungsbanken im Interesse der Allgemeinheit handeln.

Geduldiges Kapital ist wichtig: Öffentliche Geldgeber und staatliche Entwicklungsbanken

Fortschrittliche saubere Technologien müssen (wie alle revolutionären Technologien) viele Hürden überwinden. Manche Hürden hängen mit der technischen Entwicklung zusammen, etwa mit der Erfindung oder Verbesserung von Produktionsverfahren, andere mit den Marktbedingungen oder dem Wettbewerb. Bei den erneuerbaren Energien wie Windkraft und Sonnenenergie gibt es noch zwei weitere Hürden: Sie brauchen breite Akzeptanz, und es muss möglich sein, sie zu niedrigeren Preisen zur Verfügung zu stellen (Hopkins und Lazonick 2012). Die Märkte für Energie in Privathäusern und in Unternehmen und für die Energieversorgung, auf denen sie konkurrieren, bekommen nur unsichere oder unzureichende staatliche Unterstützung. Angesichts dieser Probleme ist das finanzielle Risiko, eine Firma so lange zu unterstützen, bis sie in großem Stil produzieren, Marktanteile erobern und Größenvorteile nutzen kann, um die Preise pro Einheit zu senken, für die meisten Wagniskapitalfonds zu groß (siehe Hopkins und Lazonick 2012, S. 7).

Das Geld, das in Innovationen fließt, muss »geduldig« sein und akzeptieren, dass sie hochgradig ungewiss sind und viel Zeit brauchen (Mazzucato 2010). Geduldiges Kapital kann unterschiedliche Formen annehmen. Die deutsche Politik der Einspeisevergütungen ist ein gutes Beispiel, wie »geduldiges Kapital« der öffentlichen Hand das langfristige Wachstum der Märkte für erneuerbare Energie unterstützt. Steuererleichterungen, wie sie in den Vereinigten Staaten und in Großbritannien häufig eingesetzt werden, sind hingegen eine Form von »ungeduldigem Kapital« – und tatsächlich haben sie der Branche nicht geholfen, aus den Startlöchern zu kommen. Die besten Beispiele für geduldiges Kapital, das Herstellern und Entwicklern von erneuerbaren Technologien zugeflossen ist, sind staatlich finanzierte Investitionen oder die Entwicklungsbanken. Der Global Wind Energy Council (GWEC) schreibt dazu:

> Der wichtigste Unterschied zwischen Entwicklungsbanken und Institutionen des privaten Sektors, die Kredite vergeben, ist, dass die Banken in Bezug auf die politischen, wirtschaftlichen und lokalen Gegebenheiten ein höheres Risiko eingehen können. Außerdem können sie, da sie keine Dividenden an private Anteilseigner zahlen müssen, bei Projekten »in öffentlichem Interesse« mehr Risiken tragen als Geschäftsbanken. Überdies sind langfristige Finanzierungen vom privaten Sektor für Laufzeiten über zehn Jahre nicht zu bekommen (Fried, Shukla und Sawyer 2012, S. 6).

Rolle und Reichweite der Entwicklungsbanken gehen weit über die reine Finanzierung von Projekten hinaus. Entwicklungsbanken können den Zugang zu ihrem Kapital an Bedingungen knüpfen, um den wirtschaftlichen und gesellschaftlichen Nutzen der Investition für ihre Länder zu maximieren. Die meisten Entwicklungsbanken versuchen, gezielt in Bereiche zu investieren, die für die Gesellschaft besonders wichtig sind, und vergeben riskante Kredite, vor denen Geschäftsbanken zurückscheuen. Schließlich sind Entwicklungsbanken flexible Finanziers und können erhebliche Summen zur Verfügung stellen; sie unterstützen die Nutzung erneuerbarer Energien, aber auch die Energieerzeugung selbst.[13]

Wie wir in den Vereinigten Staaten gesehen haben, dient Wagniskapital in der Regel dazu, den Übergang von der Entwicklung zur kommerziellen Produktion zu finanzieren. Aber oft können oder wollen Wagniskapitalgeber das nötige Kapital nicht zur Verfügung stellen, wenn ein erwarteter Börsengang, eine Fusion oder Akquisition sich verzögert oder durch Unsicherheit auf dem Markt verhindert wird. Auch Geschäftsbanken halten kleine Firmen, die sich mit sauberen Technologien oder erneuerbaren Energiequellen befassen, oft für zu riskant und füllen deshalb diese Lücke nicht. Das hängt damit zusammen, dass gewerbliche und institutionelle Investoren nicht die Technologie selbst im Blick haben – sondern die Rendite (oder deren Fehlen), die gemanagte Risikoportfolios im Lauf der Zeit einbringen. Entwicklungsbanken bieten deshalb die Chance, das Wachstum strategischer Unternehmen etwa in der grünen Industrie und auf den entsprechenden Märkten zu finanzieren.

Staatliche Förderbanken, besonders, aber nicht nur in Schwellenländern wie China und Brasilien, erweisen sich so als entscheidend wichtige Akteure nicht nur bei der »antizyklischen« Kreditvergabe – besonders wichtig in Rezessionen –, sondern auch bei der Unterstützung der höchst ungewissen und kapitalintensiven Innovation in saubere Technologien. Darüber hinaus setzen die von öffentlichen Entwicklungsbanken erwirtschafteten Renditen einen positiven Kreislauf in Gang, der den Einsatz von Steuermitteln direkt belohnt und weitere indirekte Vorteile wie öffentliche Güter schafft.

In der Vergangenheit haben verschiedene politische Strategien wichtige Rollen bei der Geburt vieler grüner Technologien gespielt. Zwei Technologien schauen wir uns im nächsten Kapitel genauer an: Windturbinen und Photovoltaik-Module (PV-Module).

7 Wind- und Sonnenenergie: Erfolgsgeschichten und Technologie in der Krise

Uns geht es wie jeder internationalen Firma: Wir haben es mit Regierungen zu tun. Mit der chinesischen Regierung, der deutschen Regierung, der amerikanischen Regierung, mit vielen Regierungen weltweit. Und natürlich bekommen wir staatliche Unterstützung in Form von Zuschüssen zu Forschung und Entwicklung und staatlichen Subventionen für unser Wachstum. Ich denke, fast jede amerikanische Solarfirma hat Zuschüsse vom amerikanischen Staat bekommen, und deutsche Firmen erhalten Subventionen vom deutschen Staat. Weil das eine sehr junge Branche ist, die Hilfe vom Staat braucht. Aber die Branche steht an der Schwelle zur Unabhängigkeit von staatlicher Hilfe. Wir glauben, dass 2015 die Hälfte aller Länder Netzparität erreicht haben wird – was bedeutet, dass sie keine Hilfen vom Staat mehr brauchen.

SHI ZHENGRONG, CEO von Suntech Power (2012)

Im vorangehenden Kapitel haben wir untersucht, wie unterschiedliche Länder in Forschung und Entwicklung, Erzeugung und Verbreitung einer »grünen Revolution« investieren und worin die Herausforderung besteht, den Boden für einen so umfassenden wirtschaftlichen und gesellschaftlichen Wandel zu bereiten. Nun will ich tiefer in die Interaktion von Politik und wirtschaftlicher Entwicklung eindringen und anhand historischer Beispiele untersuchen, wie effektiv – oder ineffektiv – Innovationspolitik sein kann und wie der Staat radikal neue Technologien fördern kann – nicht nur durch weitere Steuererleichterungen, sondern indem er sich kontinuierlich in jeden Aspekt des Geschäfts mit Wind-

und Sonnenenergie einbringt. Wie wir sehen werden, spielt der Staat in allen Stadien eine Rolle, von der Erfindung einer Technologie über ihre Entwicklung bis zur erfolgreichen Produktion und Vermarktung. Zunächst betrachte ich die aktuelle Geschichte der Windenergie seit der Energiekrise der 1970er-Jahre. Es folgt ein kurzer Überblick über Pioniere unter den Solarenergieerzeugern. Beide Fälle zeigen, dass der Staat hier genauso aktiv war wie beim Internet, in der Bio- und Nanotechnologie und anderen radikal neuen Sektoren. Staatliche Behörden haben den ersten Anstoß gegeben und die risikoreiche Finanzierung in den Anfangsstadien geleistet. Dadurch entstand ein institutionelles Umfeld, in dem sich diese wichtigen Technologien entfalten konnten. Das Vorgehen der Vereinigten Staaten schuf Chancen, die viele andere Länder wie Deutschland, Dänemark und China nutzten.

Ohne weltweite staatliche Unterstützung für Technologien wie Windturbinen und PV-Module wären die Anfänge der Energiewende in den letzten zehn Jahren nicht möglich gewesen. Sie erforderte ordnungspolitische Maßnahmen, finanzielles Engagement und langfristige Unterstützung für aufstrebende junge Firmen. Der Zusammenhang zwischen marktbeherrschenden Unternehmen und ihren Technologien auf einem Gebiet und den weltweiten staatlichen Bemühungen ist nicht immer eindeutig. Aber es ist klar, dass *kein einziges* bei sauberen Technologien führendes Unternehmen allein durch »Marktgenese«, das heißt ohne staatliche Hilfe, entstanden ist.

Doch wie es aussieht, befindet sich die Revolution der sauberen Technologien derzeit an einem Scheideweg oder sogar in der Krise. Nach einem Blick auf die Lehren der Geschichte kehre ich noch einmal zu den in Kapitel 2 diskutierten Mythen zurück und widerlege einige Mythen über saubere Technologien. Entgegen weitverbreiteten Annahmen ist a) Forschung und Entwicklung nicht ausreichend; b) Wagniskapital nicht risikofreudig und c) klein nicht fein. Um am Scheideweg entschlossen die grüne Richtung einzuschlagen, muss die Politik die naive Sicht überwinden, die solche Mythen und Ideologien verbreiten.

ABB 17. Der Weltmarkt für Sonnen- und Windenergie (in Mrd. US-Dollar), 2000–2011

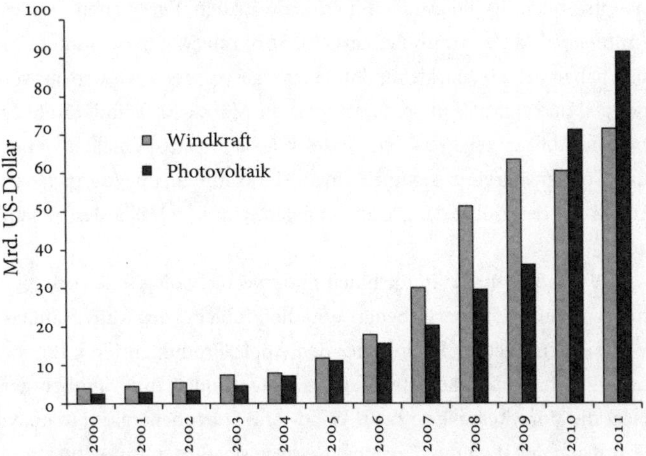

QUELLE: Pernick et al. (2012)

Strom aus Wind und Sonne: Wachstum dank Krise

Die Bereitschaft des Staates, das Risiko der Entwicklung sauberer Technologien zu tragen, hatte eine positive Wirkung. In den letzten Jahrzehnten gehörten Windturbinen und Photovoltaik (PV) bei erneuerbaren Energien weltweit zu den am schnellsten wachsenden Technologien. In vielen Regionen entstehen ganz neue Industrien. 2008 flossen angesichts der weltweiten Wirtschaftskrise 194 Milliarden Dollar als dringend benötigter wirtschaftlicher Stimulus in saubere Technologien (NSB 2012, S. 62). Aus der Wirtschaftskrise heraus erwuchs so eine inoffizielle globale »Vereinbarung«, dass die Zeit für saubere Technologien (wieder) gekommen sei. Eine grüne Energierevolution schien greifbar nahe.

Doch die Entwicklung verlief in den verschiedenen Sektoren nicht immer gleich. Während die Märkte für Windenergie 2010 schrumpften, hauptsächlich als Folge der Finanzkrise in den Vereinigten Staaten (mittlerweile der zweitgrößte Markt für Strom aus Windkraft hinter China), haben sich die Märkte für Sonnenenergie von 2009 bis 2010 fast verdoppelt und erstmals in der Geschichte die Märkte für Windkraft übertroffen. Abb. 17 zeigt das Tempo des Wachstums. 2011 stellten Wind- und Sonnenenergie zusammen einen Markt mit einem Volumen von 164 Milliarden Dollar dar gegenüber gerade einmal 7 Milliarden im Jahr 2000.

PV-Module und Windturbinen sind zwei technologische Lösungen für den künftigen Energiebedarf und die Probleme des Klimawandels. Wie bei den Technologien hinter den Apple-Produkten iPod, iPhone und iPad hat im »Ökosystem« der entsprechenden Innovationen der Staat die Vorreiterrolle gespielt. Wind- und Sonnenenergie verdanken überall auf der Welt ihre Existenz massiven staatlichen Investitionen.

Während die Vereinigten Staaten und China über die weltweit größte Kapazität an Windkraft verfügen, entstand vor mehr als drei Jahrzehnten in Dänemark der führende Hersteller von Windturbinen: Vestas. In den Vereinigten Staaten betraten in den 1980er-Jahren ebenfalls wichtige Hersteller die Bühne, aber sie verschwanden durch Konkurse oder Übernahmen bald wieder.[1] Deutschlands Ressourcen bei Sonnenenergie liegen unter denen der Vereinigten Staaten, aber es ist nach wie vor weltweit führend beim Einsatz von Photovoltaik. China ist mittlerweile der wichtigste Hersteller von PV-Modulen und hat die in der Vergangenheit führenden Konkurrenten USA, Japan und Europa überrundet.

Erklärungsbedürftig ist, wie ein Land wie die Vereinigten Staaten zu einem führenden Absatzmarkt werden, aber bei der Produktion zurückfallen konnte, und wie umgekehrt ein Land wie China ein weltweit führender Produzent sein kann, obwohl (bis vor Kurzem) ein heimischer Markt fehlte. Was die beiden Länder unterscheidet, hat nichts mit ihren »komparativen Vorteilen« als Produzenten von Windturbinen oder PV-

Modulen zu tun und auch nichts mit dem natürlichen Angebot von Wind- oder Sonnenenergie. Vielmehr spiegelt die Entwicklung der Wind- und Sonnenenergie unterschiedliche politische Strategien zur *Förderung* dieser Energiequellen wider.

In manchen Ländern lief dieser Prozess über Jahrzehnte, bei anderen war es eine »Aufholjagd«. Doch jedes Mal kam es auf die Instrumente an, die der Staat einsetzte, um bestimmte Ergebnisse zu erzielen. Die Geschichte der weltweiten Förderung von Wind- und Sonnenenergie und die der führenden Unternehmen in diesen Branchen illustrieren, wie die Branchen – direkt und indirekt – von öffentlicher Finanzierung und Unterstützung profitiert haben.

Vom ersten »Windrausch« zum Aufstieg Chinas als Windkraftproduzent

Hintergrund des ersten »Windrauschs« (1980–1985) war die Energiekrise der 1970er-Jahre. Zahlreiche Länder investierten aktiv in große Windkraftanlagen, um die Abhängigkeit von fossilen Brennstoffen in der Stromerzeugung zu verringern. Dänemark, Deutschland und die Vereinigten Staaten brachten in den 1970er-Jahren umfangreiche Forschungs- und Entwicklungsprojekte zur Windenergieerzeugung auf den Weg. Das Ziel waren üblicherweise Anlagen für 1 Megawatt und mehr. Die Entwürfe sollten durch bestehende große Firmen genutzt und vermarktet werden können, die in der Regel in der Raumfahrttechnologie oder im Landmaschinenbau tätig waren (Soppe 2009; Heymann 1998; Nielsen 2010). Die Vereinigten Staaten gaben mehr als Deutschland und Dänemark für Forschung und Entwicklung zu Windenergie aus, aber obwohl die Leitung des Programms der NASA übertragen wurde, kam man nicht zu einem funktionsfähigen kommerziellen Entwurf. Deutschland erging es ähnlich. Nur Dänemark schaffte es, aus der staatlich finanzierten Forschung und Entwicklung eine kommerzielle Erfolgsgeschichte zu machen, und damit hatte es in den wichtigen Anfangsjahren der Branche einen wertvollen Vorsprung.

Heymann (1998, S. 661) führt den Erfolg der dänischen Industrie weniger auf den Technologieschub durch staatlich unterstützte Zusammenarbeit bei Forschung und Entwicklung zurück, sondern schreibt, die dänischen Hersteller hätten schließlich funktionsfähige Konstruktionen gefunden, die mit der Zeit immer rentabler gefertigt werden konnten. Kamp (2002, S. 205) und Nielsen (2010, S. 176) sehen den entscheidenden Unterschied zu anderen Ländern darin, dass die Dänen auf ein älteres Windturbinenmodell namens Gedser setzten, eine robuste, zuverlässige Anlage mit drei Flügeln an einer horizontalen Achse. Johannes Juul hatte diese Windkraftanlage 1957 erbaut, finanziert wurde sie anfangs durch den (in Kundenbesitz befindlichen) dänischen Stromversorger SEAS und den Verband der dänischen Versorgungsunternehmen (Heymann 1998, S. 117; Kamp 2002, S. 650). Später investierten die dänische Regierung und die Vereinigten Staaten Millionen in Tests, ob sich das Gedser-Modell zur Entwicklung von Windturbinen für moderne Energienetze nutzen ließe (Kamp 2002, S. 133). Trotz des Vorbilds von Gedser verfolgten die Vereinigten Staaten und Deutschland leichtere, aerodynamisch effizientere Konstruktionen, die aber oft weniger zuverlässig waren. Diese Entwürfe gingen auf Prototypen zurück, die um die Zeit des Zweiten Weltkriegs in Deutschland und den Vereinigten Staaten entwickelt worden waren.

Dänemark forcierte den Weg zu Windturbinen unter anderem durch staatliche Förderung für den Bau von Protoypen. Dadurch bekamen große Hersteller die Gelegenheit, Erfahrungen mit der Technologie zu sammeln und eine funktionierende Lieferkette aufzubauen. Unternehmen wie Bonus und Vestas konnten Patente von dänischen Forschungsprogrammen und kleinen Windturbinen-Pionieren kaufen; so erhielten sie die Kontrolle über das kollektive Wissen und lernten den Umgang mit der Technologie. Mit ihren Erfahrungen produzierten sie dann die Anlagen für Windparks, und mit mehr Kapital bauten sie robustere Maschinen in größerer Zahl und bemühten sich schließlich um vertikale Integration (Kamp 2002; Heymann 1998). Forschung und Entwicklung in Dänemark profitierten auch von Steuererleichterungen, die über ein Jahrzehnt liefen. Sie halfen mit, einen heimischen Markt für Windenergie zu schaffen. Gleichzeitig ergaben sich durch Anreize von Kalifornien und der amerikanischen Bundesregierung Exportchancen für dänische Produzenten.

Die Unterstützung von »Big Government« für Forschung und Entwicklung in den Vereinigten Staaten und in Deutschland galt lange als Misserfolg, weil die Programme nicht kurzfristig zu verlässlichen Windturbinen führten, die erfolgreich vermarktet werden konnten. Aber wenn Staaten die Risiken übernehmen, die Privatunternehmen nicht tragen wollen, dann gehört es dazu, dass sie manchmal scheitern und manchmal Erfolg haben. Wenn sie keine Risiken eingehen, werden sie nie Erfolg haben. In der Amtszeit von Präsident Reagan diente jedoch dieser spezielle Fehlschlag als Beleg, dass der Staat einfach nicht in der Lage sei, »Gewinner herauszupicken«. Damit begründeten konservative Ökonomen und Politiker dann ihre Forderungen, staatliche Eingriffe bei sauberen Technologien zu begrenzen oder ganz abzulehnen.[2]

Anders als in den Vereinigten Staaten (die die Finanzierung der Windkraftprogramme drastisch zurückfuhren) gab Deutschland die staatliche Finanzierung von Forschung und Entwicklung in der Industrie und an Universitäten trotz der Rückschläge nicht auf und finanzierte überdies ein Demonstrationsprogramm für Windkraftanlagen, das Tests deutscher Entwürfe erlaubte (Soppe 2009, S. 11). In seinem Überblick über diese Geschichte zeigt Soppe (2009, S. 12), dass Deutschland verschiedene Entwicklungswege verfolgte und Windanlagen unterschiedlicher Größe finanzierte (statt, wie die Vereinigten Staaten es zunächst taten, die Mittel auf große Anlagen zu konzentrieren). Das dänische Programm war billiger und erfolgreicher, was zum Teil damit zusammenhing, dass Hersteller von landwirtschaftlichen Großgeräten wie Vestas mit ins Boot kamen, die sich auf robuste Konstruktionen verstanden, während die Luftfahrtunternehmen mehr Wert auf Leichtigkeit und maximale Effizienz legten.

Ob wir diese staatlichen Programme nun als Erfolg oder Misserfolg werten, sie bedeuteten jedenfalls, dass Windenergie wieder nachgefragt wurde. Während die Vereinigten Staaten darum kämpften, sich als wichtiger Hersteller zu behaupten, schafften sie es, einen dominierenden Markt zu errichten, auf dem sich Privatunternehmen zuversichtlich etablieren konnten. Wieder gab der Staat als der »Löwe« die Richtung für die »Haustiere«, die Privatunternehmen, vor.

Die günstigen Bedingungen für die Windenergie, die Kalifornien und der amerikanische Bundesstaat schufen, eröffneten ironischerweise nicht nur amerikanischen Unternehmen neue Chancen, sie lockten auch Vestas aus Dänemark an, das zum bevorzugten Turbinenlieferanten der Zond Corporation wurde, eines Windkraftentwicklers mit Sitz in Kalifornien. Weil Zond nur auf wenige bewährte Turbinenmodelle zurückgreifen konnte, bestellte das Unternehmen 1000 Turbinen bei Vestas und finanzierte damit praktisch allein die Anfänge von dessen Windkraftgeschäft. Allerdings trug Zond dann auch zum Bankrott von Vestas bei, weil es die letzten – verspätet gelieferten – Turbinen nicht mehr bezahlen wollte, als Ende 1985 die Steuervorteile in Kalifornien ausliefen. Um zu überleben, gab Vestas die Landmaschinensparte auf und erfand sich neu als Hersteller von Windturbinen; bald war das Unternehmen Weltmarktführer. Ohne die Unterstützung der Vereinigten Staaten und des Bundesstaats Kalifornien und das Entgegenkommen des dänischen Staates, der Vestas die Umstrukturierung erlaubte, wäre dieser Erfolg nicht möglich gewesen.

Von der Handvoll neuer Unternehmen, die in den Vereinigten Staaten dem Ruf folgten, die Windenergie nach Amerika zu bringen, wurde US Windpower (später umbenannt in Kenetech) ein früher Marktführer und technologischer Vorfahre der Windturbinenabteilung von General Electric – einer der größten weltweit. Kenetechs strategische Entscheidungen wurden maßgeblich von staatlichen Investitionen in die Windenergie beeinflusst. Gegründet in Massachusetts, zog das Unternehmen als Reaktion auf die breite politische Unterstützung der Windtechnologie in Kalifornien in diesen Bundesstaat um. Teile seines Businessplans, seiner Kenntnisse der Windtechnologie und seiner Prototypen-Technologie stammten von der University of Massachusetts-

Amherst, einer staatlichen Universität mit einem dynamischen Windkraftprogramm, das zum Teil vom Energieministerium finanziert wurde. Als eines der ersten Windkraftunternehmen setzte Kenetech Computer zur elektronischen Kontrolle und Regulierung der Turbinen ein. So gelang es dem Unternehmen, die Leistungsfähigkeit und Zuverlässigkeit seiner Turbinen zu optimieren, die ansonsten weniger robust waren als die seiner dänischem Mitbewerber.[3] Kenetech ist bis heute einer der wenigen in den Vereinigten Staaten beheimateten Windturbinenhersteller, der es bis zum Börsengang geschafft hat. Dennoch endete das Unternehmen 1996 im Bankrott, infolge eines Patentstreits nach der Einführung einer modernen Windturbine mit variablen Drehzahlen. Ruegg und Thomas (2009, S. 37f.) zufolge besitzt General Electric die größte Anzahl von Patentfamilien, die auf Forschungen zurückgehen, die vom amerikanischen Energieministerium finanziert wurden; Kenetech war eines der wenigen Unternehmen mit mehr als fünf. Ruegg und Thomas sprechen von »umfassenden Verbindungen« zwischen der Forschung des Energieministeriums und führenden Windkraftanlagenbauern; diese Forschungen hätten »besonders die von General Electric und Vestas entwickelte Technologie beeinflusst, den beiden weltweit führenden Herstellern von Windkraft-Großanlagen«. (2009, S. 41f.)

Anders als Vestas fand Kenetech keine Nachsicht beim amerikanischen Staat und bei seinen Investoren; durch die Insolvenz des Unternehmens verloren etwa 1000 Menschen ihre Arbeitsplätze. Die Zond Corporation kaufte Kenetechs Technologie für Windturbinen mit variablen Drehzahlen und entwickelte mit Unterstützung des Energieministeriums selbst Windturbinen. Zond wurde 1997 (teilweise) von Enron übernommen, und als Enron nach einem Skandal um massive Bilanzfälschungen zusammenbrach, kaufte General Electric Zonds Technologie und wurde damit rasch zu einem der größten Windturbinenbauer der Welt. Die machtvolle Kombination aus staatlichen Subventionen für die Windkraft auf einzel- und bundesstaatlicher Ebene und den Ressourcen, der Stabilität und Technologie eines großen Konzerns machte General Electric in kurzer Zeit zu »Amerikas Champion« unter den Turbinenbauern (Hopkins 2012). Weltweit hat der Konzern heute mit der Konkurrenz der Chinesen zu kämpfen, aber er dominiert nach wie vor den amerikanischen Markt für Windturbinen. Dass die verwendeten Technologien dank der Unterstützung des Staates und privater Unternehmen entwickelt wurden, ist ein wichtiges, aber oft vergessenes Detail. Die Geschichte der Windenergie in Amerika illustriert, wie aus staatlicher Unterstützung Innovationen und Wirtschaftswachstum für diese Branche entstehen konnten.

Im Lauf der Jahre legte das Energieministerium durch staatliche Labors und Universitäten die wissenschaftlichen Grundlagen für die Windkraft, senkte die Kosten und trug dazu bei, in vielerlei Weise die Zuverlässigkeit der Technologie zu verbessern. Erkenntnisse zur Aerodynamik waren besonders wichtig, denn Windturbinen arbeiten unter anderen Bedingungen als Flugzeuge und Helikopter. Mit neu entwickelten Computermodellen gelang es, die Turbinenkonstruktionen effizienter und zuverlässiger zu machen; branchenübergreifende Zusammenarbeit ermöglichte neue Modelle mit höherem Nutzungsgrad (ein grobes Maß für Effizienz). Eine genauere Kartierung von Windverhältnissen versorgte die Entwickler mit präzisen Informationen über geeignete Standorte, die in das jeweilige Projektdesign einflossen. Dank Investitionen von 1,2 Milliarden Dollar sanken die Kosten für Windenergie von rund 30 bis 50 Cent pro Kilowattstunde in den 1970er-Jahren auf gerade einmal 3 Cent nach 2000, während sich die Effizienz der Anlagen mehr als verdreifachte, ihre Betriebsverfügbarkeit bei fast 100 Prozent lag und ihre Lebensdauer fast 30 Jahre erreichte.

Wie wichtig staatliche Unterstützung ist, zeigt sich am deutlichsten an dem, was passiert, wenn sie entzogen wird: Als die Regierung der Vereinigten Staaten Mitte der 1980er-Jahre die Subventionierung der Windenergieentwicklung einstellte und das Budget des Energieministeriums für Forschung und Entwicklung kürzte – ein Backlash für die Bemühungen, einen neuen Kurs in der Energiepolitik einzuschlagen –, stagnierte der heimische Markt, und die Dynamik der Branche verlagerte sich nach Europa, genauer gesagt nach Deutschland. 1989 legte das deutsche Bundesministerium für Forschung und Technologie ein Programm für die Erzeugung von 100 Megawatt Energie aus Windkraft auf. Durch zusätzliche Einspeisevergütungen, die Preise über dem Marktniveau und Steuervorteile für Kleinproduzenten garantierten, wurde Deutschland zum »heißesten« Markt für Windenergie weltweit (Lauber und Mez 2006, S. 106). Deutschland formulierte Reduktionsziele für Treibhausgase und bekundete die Absicht, die Ziele bei den erneuerbaren Energien mit heimischer Produktion zu erreichen. Im Rahmen dieser Strategie setzten der Bund und die Länder Mittel in Höhe von umgerechnet fast 2,2 Milliarden Dollar ein, um die Forschung und Entwicklung zu Windenergie in Deutschland voranzubringen. In den 1990er-Jahren bekam Deutschlands langfristig ausgerichtete Politik zur Entwicklung der Windkraft neuen Schwung. Die Kapazitäten für Windkraft wuchsen stetig, und führende Hersteller konnten sich auf dem Markt etablieren. Die staatliche Förderung eröffnete einen Zeithorizont für Investitionen von 20 Jahren, doppelt so lang wie in den Vereinigten Staaten. Das verringerte die Unsicherheit auf dem Markt und stärkte das Vertrauen der Investoren.

China wandte sich erst relativ spät der Windkraft zu, obwohl erneuerbare Energien seit den 1980er-Jahren als technische Lösung für den Ausbau der Infrastruktur für die Stromversorgung auf dem Land gefördert wurden (Mia et al. 2010, S. 440). Goldwind, ein großer Windturbinenhersteller, der sich teilweise im Besitz des chinesischen Staates befindet, wurde 1998 gegründet und arbeitete ursprünglich mit lizenzierter deutscher Technologie der Jacobs Energie GmbH (einem Unternehmen, das später von REpower aufgekauft wurde) und der Vensys Energiesysteme GmbH (Lewis 2007, S. 15). Goldwind profitierte von den 2003 erlassenen strikten chinesischen Vorschriften, wonach 70 Prozent der Bauteile aller in China verkauften Windturbinen aus heimischer Produktion stammen müssen (Martinot 2010). Damit war ausländischen Firmen der Zutritt zum chinesischen Binnenmarkt praktisch versperrt, während Chinas dominierende Windanlagenhersteller ihre Präsenz auf dem heimischen Markt und ihre Lieferketten stärken konnten.

Die chinesischen Windenergieentwickler erhielten Verträge mit Preisgarantien für 25 Jahre, die über ein »Konzessionierungs«-Programm (mit Auktionen) vergeben wurden. Windprojekte bekamen Zugang zu günstiger Finanzierung, und ab 2005 unterstützte China Forschung und Entwicklung sowie Projekte mit öffentlichen Geldern über Zuschüsse oder zinsgünstige Kredite. Außerdem erhob China die Reduzierung der Energieintensität (das Verhältnis von Energieverbrauch und BIP) zu einer Priorität und setzte Ziele für den Ausbau der erneuerbaren Energien fest. Aktuell gilt das Ziel, bis 2050 1000 Gigawatt Strom aus Windkraft zu erzeugen. Die Wirkungen sind klar zu erkennen: Bereits 2010 hatte China die Vereinigten Staaten überholt und stieg seither zum größten Windmarkt der Welt auf. All dies hat China mithilfe seiner heimischen Windturbinenbauer erreicht, und gleichzeitig hat es weltweit anderen Unternehmen Marktanteile abgenommen.

Solarfirmen und die Ursprünge ihrer Technologien

Viele der politischen Veränderungen, die den kalifornischen Windkraftmarkt in den 1980er-Jahren bewegten, trugen auch wesentlich zur Entstehung eines Weltmarkts für Photovoltaik-Module bei. In den Bell Labs wurden 1954 die ersten Module mit monokristallinen Siliziumzellen (C-Si) entwickelt; damals gehörten die Bell Labs noch zu dem regulierten Monopol von AT&T. Die ersten kommerziellen Chancen für die Solartechnik schufen das Verteidigungsministerium und die NASA, die Solarzellen der amerikanischen Firma Hoffman Electronics als Antrieb für Satelliten kauften.[4] Durch das Wettrennen im Weltraum wurde der Staat für die frühen Solarfirmen zu einem Kunden, der keine Kosten scheute. Unterdessen wurde die Entwicklung der Solartechnik auf der Erde teilweise durch die Kosten- und Leistungsvorteile erleichtert, die sie auf Märkten für die Energieversorgung von entfernten Systemen (Fernspeisung) besaß. So kam Sonnenenergie bei der Signalbeleuchtung von Ölplattformen zum Einsatz, beim Korrosionsschutz bei Ölbohrungen oder beim Betrieb von Sendemasten und Signalanlagen (Perlin

1999). In den meisten Fällen waren die entsprechenden Beleuchtungen vorgeschrieben, und die Entscheidung für Solarmodule bei Ölplattformen hing unter anderem damit zusammen, dass die amerikanische Umweltbehörde EPA 1978 den Ölfirmen verbot, verbrauchte Batterien im Meer zu entsorgen (Perlin 1999, S. 62).

Mehrere staatliche Initiativen haben dazu beigetragen, dass weltweit Märkte für Solartechnik entstanden und führende Solarfirmen Fuß fassen konnten. Viele Beispiele innovativer junger Unternehmen kommen aus den Vereinigten Staaten. Dort entwickelten First Solar, Solyndra, Sun Power und Evergreen hochmoderne C-Si-Solarzellen und Dünnschichttechnologien.

First Solar entstand aus der Suche nach kommerziellen Verwendungsmöglichkeiten für Dünnschichtzellen aus Cadmiumtellurid (CdTe) und ist mittlerweile ein großer amerikanischer Hersteller in diesem Bereich. Das Unternehmen ist Marktführer bei Dünnschicht-Solarmodulen; es produziert mit modernster Technologie und sehr kostengünstig, was ihm seit 2009 jährliche Gewinne von über 2 Milliarden Dollar eintrug. Die Patente von First Solar haben »vielfältige Verbindungen« zu früheren Forschungen aus dem Umkreis des Energieministeriums (Ruegg und Thomas 2011, S. 4–11). Die Anfänge der CdTe-Technik, der First Solar seinen Erfolg verdankt, gehen auf die Kooperation des Unternehmensgründers Harold MacMaster mit den Solarforschungseinrichtungen der staatlich finanzierten University of Toledo sowie mit Wissenschaftlern des National Renewable Energy Laboratory (NREL) zurück. Die Partnerschaft zwischen First Solar und dem NREL besteht seit 1991 , als das Unternehmen noch Solar Cells hieß. Ergebnis der Partnerschaft war ein überlegenes Herstellungsverfahren mit spezieller Gasführung, das First Solar ab 2003 einsetzte (NREL 2012). Dank dieser Innovation wurden die CdTe-Module mit der weiteren Verbesserung des Verfahrens immer billiger. Bis heute ist First Solar einer der größten Solarmodulhersteller der Welt.

Solyndra, das Unternehmen, das wir bereits im vorigen Kapitel ausführlich behandelt haben, wurde von Chris Gronet gegründet, einem

Wissenschaftler aus dem Silicon Valley, der Erfahrungen in der Halbleiterindustrie gesammelt hatte. Gronet baute auf Forschungen zu CIGS-Solarmodulen (Kupfer-Indium-Gallium-Diselenid) auf, die er und seine Mitarbeiter mit einzel- und bundesstaatlicher Unterstützung zu einer innovativen Technologie weiterentwickelten. Solyndra gelang es, CIGS-Folien in einen Glaszylinder einzubringen, wodurch die Solarmodule ihre charakteristische Röhrenform erhielten. Die äußere Glashülle der Röhren sammelt direktes und indirektes Licht mit unterschiedlichen Einfallswinkeln automatisch, ohne dass die Röhren nachgeführt werden müssen, und leitet sie auf die Trägerschicht. Außerdem waren Gronets Module durch ein kluges Stecksystem leicht zu montieren – was sie gegenüber anderen Technologien noch einmal verbilligte.

SunPower ist ein führender Hersteller hoch leistungsfähiger C-Si-Solarmodule mit einer weltweit einzigartigen Technologie. Auch die verdankt das Unternehmen teilweise früheren staatlichen Investitionen. Der wirtschaftliche Erfolg von SunPower baut auf Patenten des Energieministeriums auf, in diesem Fall zu PV-Schindeln, Modulrahmen und Schindelsystemen (Ruegg und Thomas 2011). Das Unternehmen wurde 1985 von Dr. Richard Swanson gegründet und erhielt in der Anfangsphase Unterstützung vom Energieministerium und vom Electric Power Research Institute (EPRI). Die Technologie wurde an der Stanford University entwickelt.

Evergreen Solar war eine Ausgliederung der inzwischen nicht mehr existierenden Firma Mobil Solar. Eine Gruppe von Wissenschaftlern verließ Mobil Solar, um an der konkurrierenden String-Ribbon-Technologie für Solar-Wafer arbeiten zu können.[5] Evergreen wuchs mit staatlicher Unterstützung; allein vom Bundesstaat Massachusetts bekam das Unternehmen 60 Millionen Dollar, die höchste Summe, die je an ein einzelnes Unternehmen floss. Evergreen versprach, Arbeitsplätze in Massachusetts zu schaffen, ließ sich aber von China ködern, das zinsgünstige Kredite seiner Staatsbanken für eine neue Produktionsstätte anbot. Im Rahmen dieser Finanzierung erklärte sich Evergreen bereit, seine innovative Technologie mit seinem Partner Jiawei Solar zu teilen (Sato 2011). Im Lauf der Firmengeschichte sammelte Evergreeen Verluste in Höhe von fast einer halben Milliarde Dollar an, erlöste aber trotzdem bei seinem Börsengang im Jahr 2000 42 Millionen Dollar. Die leitenden Manager wurden mit 36 Millionen Dollar als Vergütung und aus Aktienverkäufen entlohnt (nur nach den wenigen zugänglichen Zahlen gerechnet). Mit anderen Worten: Öffentliche Gelder dienten dazu, Wagniskapitalgeber und leitende Manager reich zu machen, ohne dass für das Land der versprochene wirtschaftliche Nutzen herauskam. Zugleich ist mutmaßlich innovative Technologie in chinesische Hände gelangt. Der Bundesstaat Massachusetts versuchte mit einer Klage gegen Evergreen einen Teil seines Geldes zurückzuholen (Haley, Usha und Schulder 2011, S. 36), ein Zeichen, dass die politisch Verantwortlichen nicht immer so lax mit Steuergeld umgehen, wie man annimmt, und durchaus darauf bedacht sind, die Früchte aus den Branchen zu ernten, die sie gefördert haben.

Die chinesische Suntech war 2011 ein Weltmarktführer bei der Herstellung von C-Si-Solarmodulen.[6] Suntech importiert Anlagen bankrotter US-Unternehmen, hat den japanischen Solarmodulhersteller MSK gekauft und profitiert von der üppigen, großzügigen staatlichen Finanzierung durch nationale und lokale chinesische Banken sowie von den boomenden europäischen Märkten für Solarmodule. Der Unternehmensgründer Shi Zhengrong hat an der University of New South Wales in Australien promoviert und dort wichtige Beziehungen geknüpft. In New South Wales arbeiten weltweit führende Solarforscher wie Professor Martin Green; mit ihm zusammen entwickelte Shi einige Technologien, die dann in Produkte seiner Firma eingingen. Shi studierte Solartechnik und lebte 13 Jahre in Australien, wo er für Pacific Solar tätig war, ein Joint Venture der University of New South Wales und einem australischen Stromversorger, bevor er nach China zurückkehrte (Flannery 2006). Dort umwarb ihn die Stadt Wuxi, die ihm 2000 umgerechnet 6 Millionen Dollar für den Aufbau einer Solarmodulfabrik bot (Crouch 2008). Die Pluto C-Si-Technologie von Suntech ist aus der bahnbrechenden PERL C-Si-Technologie hervorgegangen, die an der University of New South Wales entwickelt wurde. Suntech hat sich aktiv bemüht, Elemente dieser ausländischen Technologie in seine kommerziellen Produkte zu integrieren. Auf diese Weise haben seine Produkte rasch die Leistungsfähigkeit amerikanischer Konkurrenten wie SunPower erreicht.

Wie die meisten chinesischen Solarfirmen brauchte auch Suntech große Exportmärkte, um wachsen zu können. Einen erheblichen Teil seiner Erlöse erzielt das Unternehmen auf europäischen Märkten, wo Photovoltaik durch hohe Einspeisevergütungen und andere politische Maßnahmen gefördert wird, um Einsatz von Solartechnik in Privathaushalten zu unterstützen. Suntech hat aber auch von politischer Unterstützung in China profitiert. Das Unternehmen muss nur günstige 15 Prozent Steuern zahlen, hat Zuschüsse in Millionenhöhe bekommen und dazu eine Kreditlinie über umgerechnet 7 Milliarden Dollar von der chinesischen Entwicklungsbank (nach Millionen von lokalen Behörden), die 2010 den chinesischen Solarfirmen insgesamt 47 Milliarden Dollar an zinsgünstigen Darlehen zur Verfügung gestellt hat (Pentland 2011).

Diese gewaltige direkte staatliche Unterstützung sowie andere öffentliche Investitionen waren für die chinesischen Solarfirmen entscheidend. Sie verfügen über die nötigen Mittel, um zu wachsen, und können darauf bauen, dass die Regierung ihnen helfen wird, wenn sich der Wind auf den Weltmärkten dreht. Schon heute arbeitet der Staat an der Stärkung des heimischen Markts für Solarmodule. China ist bereits führend beim Einsatz von Sonnenenergie zur Warmwasserbereitung. Es gibt Frühindikatoren, dass der heimische Markt durchstarten wird, weil die Politik rasch auf die Spannungen reagiert, die derzeit durch Chinas rasanten Aufstieg auf dem weltweiten Markt für Solarmodule entstanden sind (Choudhury 2012).

Insolvenzen in der Solarbranche: Wo ein Wille ist, ist auch ein Weg

Während diese Zeilen geschrieben wurden, hat Wuxi Suntech (eine hundertprozentige Tochter der Suntech Power Holdings) Konkurs angemeldet. Im März 2013 konnte das Unternehmen eine Anleihe in Höhe von 541 Millionen Dollar nicht zurückzahlen, und nur Tage später reichten die Investoren Klage ein. Der Vorgang wirft schwerwiegende Fragen über die Zukunft der chinesischen Solarbranche auf. 2006 feierte das Magazin *Forbes* Shi Zhengrong, den Inhaber von 15 Patenten in der Solartechnologie, noch als »Sonnenkönig«, als erfolgreiches Beispiel für den Weg vom Tellerwäscher zum Millionär. Shi ist der erste Mensch, der mit Solartechnik zum Milliardär wurde, und zählt zu den Reichsten der Welt. Doch mittlerweile sinkt sein Stern rapide. Es gibt Vorwürfe wegen Missmanagement und Bestrebungen, ihn aus exekutiven Funktionen und aus dem Aufsichtsrat der Firma, die er einst gegründet hat, herauszudrängen (Flannery 2006; Mia et al. 2010). Das Unternehmen rechnet damit, von der staatseigenen Wuxi-Guolian übernommen zu werden, und hat seine Vermögenswerte in das Tochterunternehmen Wuxi Suntech ausgelagert. Ausländische Investoren werden über Suntech Power eingebunden, sodass sie den öffentlichen Banken »strukturell untergeordnet sind«, die das Unternehmen mit geduldigem Kapital vollgepumpt haben (Bradshaw 2013). Wenn Suntech in die Insolvenz gezwungen wird, werden Shi, der einen 70-Prozent-Anteil an Suntech Power besitzt (und 30 Prozent der Aktien insgesamt), und die übrigen Anteilseigner geschätzte 1,28 Milliarden Dollar verlieren, die sie in dessen Aktien und Anleihen investiert haben. Auf der anderen Seite sollen durch die Verstaatlichung die Interessen Tausender Arbeiter, der öffentlichen Banken und des Staates geschützt werden. Die öffentlichen Banken halten den Großteil der auf 2,2 Milliarden Dollar geschätzten Schulden des Unternehmens.

Der Bankrott der chinesischen Suntech unterscheidet sich sehr vom Fall der amerikanischen Solyndra. Als Solyndra die Zahlungsunfähigkeit drohte, wurde das Unternehmen rasch reorganisiert und erhielt in letzter Minute eine Kapitalspritze von seinen privaten Investoren, worauf die Regierung bestanden hatte. Der im Energieministerium für das Kreditprogramm zuständige Direktor Jonathan Silver (ein ehemaliger Wagniskapitalgeber) kümmerte sich um »Sicherheit für die Steuerzahler«, während Unternehmenschef Brian Harrison (der zuvor bei Intel gewesen war und Chris Gronet 2010 abgelöst hatte) dafür zuständig war, die »aufgeblähte« Abteilung für Forschung und Entwicklung zu verkleinern und mit Mitteln des Energieministeriums eine moderne, vollautomatisierte Fabrik fertigzustellen, ebenfalls mit dem Ziel, Kosten zu senken. Tatsächlich entwickelten sich danach zunächst die Umsätze wie auch die Kosten in die richtige Richtung (Grunwald 2012, S. 414f.). Wie bereits gesagt, war die Kapitalspritze mit der wichtigen Bedingung verbunden, dass die privaten Investoren bei einem Zusammenbruch des Unternehmens als Erste entschädigt werden sollten. Aber alle Beteiligten wussten auch, dass das Unternehmen »mit der fertigen Fabrik bei einem Bankrott mehr wert sein würde« (Grunwald 2012, S. 415). Auch ohne zusätzliche staatliche Gelder war der Versuch, Solyndra zu retten, politischer und wirtschaftlicher Pfusch, selbst wenn man den Vorgang auch ganz anders darstellen kann, als heroisches Aufbäumen in letzter Minute.

Es ist interessant, den Vergleich zwischen Suntech und Solyndra noch weiter zu führen. Solyndra wurde zum allergrößten Teil von Privaten finanziert, Suntech mit öffentlichen Mitteln. Beide Unternehmen sind zusammengebrochen, aber von beiden wurde das Gleiche erwartet: Sie sollten Arbeitsplätze schaffen, hohe Profite erwirtschaften und mit anderen Ländern um Reichtum konkurrieren – das sind für uns die wichtigsten Erfolgsmaßstäbe. Der Wettbewerb fand in einem globalen Kontext statt, das heißt in einer globalen Branche, mit Firmen weltweit, die an unterschiedlichen Orten der Welt politische Unterstützung suchen, immer mit dem Ziel, die Performance zu maximieren. Doch Solyndra und Suntech konkurrierten, um es zugespitzt auszudrücken, um ein und denselben deutschen Kunden. Beide Unternehmen, das amerikanische wie das chinesische, machten die gleichen Fehler: Sie wuchsen zu schnell und hatten nicht die nötigen heimischen Energienetze. Dabei besaßen beide Länder einen gigantischen heimischen Strommarkt von 1 Terawatt und boten damit schier unbegrenzte Chancen für Firmen, die ironischerweise untergingen, weil es an Kunden fehlte, die ihre Produktion hätten abnehmen können. Es war in etwa so, als wären General Motors, Ford und Chrysler bankrottgegangen, weil es nicht genug Straßen gab.

Solyndra ist verschwunden, über das Schicksal von Suntech haben die Investoren noch nicht endgültig entschieden. Natürlich ist ihnen vor allem anderen daran gelegen, ihr Geld zurückzubekommen. Solyndras Schicksal illustriert das »parasitäre« Innovationssystem der Vereinigten Staaten: Finanzielle Interessen sind bei allen Problemen mit innovativen Investments immer und überall Richter, Geschworene und Vollstrecker zugleich. Vielleicht wäre der Fall anders ausgegangen, hätte man ihn anders angepackt. Hätte man die wirtschaftliche Entwicklung jenseits der kurzfristigen wirtschaftlichen Leistung mit bedacht, wäre Solyndra womöglich auf Hunderte und Tausende Arbeitsplätze gewachsen, mit einem Milliardenumsatz wie General Electric. Über das Schicksal von Suntech wird jedenfalls der Staat entscheiden, der am meisten in das Unternehmen investiert hat und der den Bankrott mit dem viel breiteren Blick auf Suntechs Position in der chinesischen Wirtschaft und der Zukunft des Landes abwickelt. In der Krise hielt der Staat jedenfalls seine Hand über Suntech. Die 20.000 Arbeitsplätze des Unternehmens sind für die Provinz Jiangsu sehr wichtig. Sollte Suntech liquidiert, geschlossen und vergessen werden, würde das für die Provinz einen schmerzlichen strukturellen Anpassungsprozess bedeuten (das wäre in etwa so, als würde Google mit seinen 54.000 Beschäftigten oder Facebook mit 4600 über Nacht zumachen). Solyndra war »zu klein zum Überleben« (statt zu groß zum Scheitern) und lohnte deshalb keine Rettungsaktion. Aber der Staat hat immer die Möglichkeit, die Regeln zu ändern, und hätte die Kosten eines Bankrotts gegen die Kosten einer Rettung aufrechnen können. Er hätte sogar wie bei Suntech in Erwägung ziehen können, die für den Niedergang Verantwortlichen zu feuern. Eine Kostenrechnung hätte so aussehen können, dass man überlegt hätte, was 1000 Arbeitsplätze für die künftigen Staatseinnahmen bedeuten, oder sogar: Was würde es für die Staatseinnahmen bedeuten, wenn sich das Unternehmen zu einem großen Arbeitgeber wie Facebook, Google oder General Electric entwickeln sollte?

Wir malen uns so lange Erfolg aus, bis wir erkennen, dass Innovationen Teil eines globalen Prozesses sind, nicht eines individuellen oder sogar organisatorischen Prozesses (und es ist entscheidend wichtig, das zu erkennen). Das Beispiel der sauberen Technologien lehrt uns, dass Koordinierung und Engagement vieler Staaten nötig sind, um die Welt zu verändern. Ansonsten führen Forschung und Entwicklung, Hilfen für die Produktion und Unterstützung der Märkte in die Sackgasse, während die Erde buchstäblich an den Emissionen der Industrien erstickt, die wir vor 100 Jahren aufgebaut haben.

Eine der größten zukünftigen Herausforderungen bei sauberen Technologien wie bei jeder künftigen technologischen Innovation wird es sein, dafür zu sorgen, dass wir durch den Aufbau kooperativer Ökosysteme nicht nur die Risiken auf alle verteilen, sondern auch die Gewinne. Nur so wird der Innovationszyklus politisch wie wirtschaftlich nachhaltig sein. Unter politischen Gesichtspunkten ist es wichtig, dass die Steuerzahler verstehen, was sie von den hohen staatlichen Investitionen haben, die den Grundstein für künftige private Profite legen. Arbeitsplätze sind immer stärker globalisiert. Dem sollte man nicht mit nationalistischen Dogmen begegnen, sondern konkrete Wege suchen, die Gewinne aus staatlichen Investitionen abzuschöpfen, damit die Bürger, die technologische Entwicklungen finanziert haben, auch von den Erfolgen profitieren.

Wettbewerb, Innovation und Marktvolumen: Wer beklagt sich?

Wie beschrieben hatte der Staat Kalifornien wesentlichen Anteil am Wachstum und (frühen) Erfolg von Vestas, dem aktuellen Weltmarktführer bei Windturbinen. In ähnlicher Weise hing das Wachstum amerikanischer und chinesischer Firmen bis zu einem gewissen Grad von deutschen Entscheidungen in der Ressourcenpolitik ab. Deutschland wurde mit dem Ansatz, Solarstrom aus vielen kleinen Quellen zu erzeugen, weltweit führend in der Entwicklung der Photovoltaik. Mit der Neufassung der Einspeisevergütungen im Erneuerbare-Energien-Gesetz aus dem Jahr 2000 wurden differenzierte Vergütungen für unterschiedlich große Photovoltaik-Anlagen festgelegt (und ebenso für andere erneuerbare Energien entsprechend ihrer erwarteten Leistung). Dadurch machte Deutschland die Photovoltaik gegenüber anderen Energiequellen konkurrenzfähig, sogar auch gegenüber der Windkraft. Gleichzeitig legte Deutschland das »100.000-Dächer-Programm« auf, mit dem Photovoltaikanlagen von Privathaushalten und kleinen und mittleren Unternehmen gefördert wurden. Der Schritt gab der Solarbranche starken Auftrieb; die deutschen Kapazitäten für Solarstrom wuchsen von 62 Megawatt in 2000 auf über 24.000 Megawatt in 2011. Das ist so, als hätte man in zehn Jahren 24 neue Atomkraftwerke in Betrieb genommen – eine beachtliche Leistung, die bei den üblichen Bauzeiten von Atomkraftwerken (und angesichts des Widerstands gegen die Atomkraft) nie möglich gewesen wäre.

Wie im beschriebenen Fall von Kalifornien war Deutschlands vorausschauende Politik Segen und Fluch zugleich. Auf der einen Seite ermöglichte die Vergrößerung des deutschen Markts, dass heimische Hersteller rasch wachsen und sich als Marktführer etablieren konnten (wie etwa Q-Cells). Aber daneben eröffneten sich auch Wachstumschancen für Wettbewerber aus den Vereinigten Staaten, aus China und anderen Ländern, die darauf bauten, ihre expandierende Produktion in Deutschland absetzen zu können. Gleichzeitig schufen diese und andere Länder ungeachtet des deutschen Beispiels keine vergleichbaren heimischen Märkte für Photovoltaik. Die überschüssigen Kapazitäten führten in einigen Ländern wie etwa Spanien zu einer »Stop-and-Go«-Politik, die mittlerweile die Solarbranche weltweit belastet. Q-Cells, der ehemalige deutsche Champion, gehört inzwischen zur koreanischen Hanwha-Gruppe (Reuters 2011).

Unterdessen ist China zu einem regionalen Zentrum der PV-Hersteller geworden, mit schwerwiegenden Auswirkungen auf die gesamte Branche. Mit den Vereinigten Staaten und Europa brachen Handelskriege in Form von Zollschranken gegen chinesische Solarmodul-Hersteller aus.[7] Und obwohl amerikanische und europäische Unternehmen im Wettbewerb nicht mithalten können, hat die amerikanische Regierung gefordert, die Unterstützung für saubere Technologien zu beenden, während alles darauf hindeutet, dass eher mehr Unterstützung nötig wäre. Der Handelskrieg dient nur dazu, den Mythos zu untermauern, dass die Entwicklung von Branchen von unsichtbaren Marktkräften gesteuert wird, die Staaten weder erzeugen noch so lenken können, dass sie dem gesellschaftlichen Wohl dienen. Der Staat agiert in dem Handelskonflikt als Schiedsrichter, und die chinesische Unterstützung für die Solarbranche wird nicht als effektive Hilfe, sondern vielmehr als »Schummelei« hingestellt. Gleichzeitig versuchen viele Länder, den globalen Markt für saubere Technologien mit ähnlichen Strategien zu erobern, unter anderem durch die direkte und indirekte Unterstützung von Unternehmen. Mit anderen Worten: Wenn China schummelt, wollen sie auch schummeln. Der starke Preisrückgang bei Photovoltaik könnte eigentlich eine gute Sache sein – dadurch wird Solarstrom gegenüber Strom aus fossilen Energiequellen konkurrenzfähig. Aber in diesem Fall enttäuschen sinkende Preise (und schrumpfende Gewinnspannen) viele, ohne dass sie sich die industriepolitischen Defizite etwa in den Vereinigten Staaten bewusst machen: die mangelnde Versorgung mit geduldigem Kapital, das die Etablierung und das Wachstum innovativer Firmen ermöglicht, und das Fehlen einer langfristigen Vision für die Energiewende (Hopkins und Lazonick 2012). China unterscheidet sich von anderen gleichrangigen Ländern durch den Mut, mit dem es kurzfristig *und* langfristig auf erneuerbare Energie und Innovation setzt.

Manche sehen die Gefahr, dass das starke Wachstum der chinesischen Wind- und Solarfirmen Innovationen behindern könnte (W. Liu 2011). Die Kritik lautet, dass die chinesischen Firmen mit älteren Technologien Kosten senken und Marktanteile erobern und damit eine Richtung vorgeben, die verhindert, dass neue Technologien auf die Weltmärkte vordringen können. Sollte das tatsächlich so sein, dann sollten die Regierungen es als Signal verstehen, dass mehr getan werden muss, damit entscheidend wichtige Innovationen im Energiebereich auf Märkten Fuß fassen können, die bereits mit konkurrierenden Technologien übersättigt sind. Bei solchen Klagen werden allerdings oft die Vorteile der monokristallinen Solarzellen übersehen – zum Beispiel, dass in Hülle und Fülle Rohstoffe für ihre Herstellung zur Verfügung stehen. Andere Verfahren verwenden seltene Erden, und die sind sehr knapp. Außerdem berücksichtigen die Klagen nicht die Realität, dass amerikanische Innovationen von Firmen wie Innovalight (inzwischen im Besitz von DuPont) oder 1366 Technologies in chinesische Solarmodule integriert werden können (und integriert werden). Auf jeden Fall muss die Entwicklung auf eine dominierende Technologie zulaufen, bevor sich die Sonnenenergie auf breiter Front durchsetzen kann.

Zusammenfassung: Saubere Technologien in der Krise

Die Entwicklung sauberer Technologien und die Entstehung von Märkten für erneuerbare Energien hängen nicht vom Zufall ab. Es gibt keine »genialen« Firmen oder Unternehmer, die losgelöst von der Gesellschaft agieren, auf die Angst vor dem Klimawandel reagieren oder über ein privilegiertes Wissen verfügen, was in Zukunft Gewinne abwerfen wird. Firmen im Bereich sauberer Technologien nutzen vielmehr bestehende Technologien und profitieren von früheren Investitionen eines aktiven öffentlichen Sektors. Sie antworten auf klare Marktsignale, die eine fortschrittliche Regierung aussendet, in welche Richtung der Wandel gehen soll, und sie richten sich danach, welche Unterstützung für das Wachstum der Branche gewährt wird. Alle hoffen dabei, dass Innovationen wirtschaftlichen Wohlstand bringen, neue Arbeitsplätze und eine Lösung für das Problem des Klimawandels.

Die Bilanz der einzelnen Länder über die Jahrzehnte variiert stark. Deutschland hat gezeigt, wie wichtig langfristige Unterstützung ist. China hat nachgewiesen, dass Produktionskapazitäten und Absatz schnell wachsen können. Und die Vereinigten Staaten haben demonstriert, wie wichtig Forschung und Entwicklung sind, wie gefährlich es andererseits ist, Unsicherheit zuzulassen, die politischen Prioritäten immer wieder zu ändern und zu dulden, dass Spekulanten bei sauberen Technologien über die Agenda bestimmen. Staaten, die bei sauberen Technologien vorangehen, dürfen sich nicht hereinlegen lassen, wenn bei den Investitionen etwas schiefgeht. Sie dürfen aber auch nicht erwarten, dass die Steuerzahler freudig alle Risiken der Investitionen in neue Technologien und Märkte tragen, wenn sie nicht auf Gewinne in der Zukunft hoffen können.

Die Herausforderung besteht darin, einen langfristigen politischen Rahmen zu schaffen, zu erhalten und zu finanzieren, der die Dynamik stützt, die sich in den letzten zehn Jahren bei den sauberen Technologien aufgebaut hat. Ohne ein solches langfristiges Engagement werden viele Länder bei den sauberen Technologien Chancen versäumen. Zu einem solchen Rahmen gehören politische Maßnahmen auf der Nachfrageseite, die die Nutzung von Wind- und Sonnenenergie fördern, ebenso wie auf der Angebotsseite, um die Entwicklung der entsprechenden Technologien mit »geduldigem« Kapital zu unterstützen.

Die Herausforderungen für den Staat bei der Entwicklung sauberer Technologien gehen weit darüber hinaus, Drehkreuze für Innovationen auf dem Energiesektor zu schaffen, wie ARPA-E plant. Der Staat muss auch das Risiko bei der Vermarktung von Energieinnovationen reduzieren und zugleich die Risiken des Wettbewerbs auf diversifizierten, globalen Energiemärkten steuern. Wenn in der Vergangenheit Schwierigkeiten auftauchten, etwa als die Wind- und Solarmärkte ins Wanken gerieten, weil die Vereinigten Staaten Ende der 1980er-Jahre die Unterstützung für die Erneuerbaren zurückfuhren, drehten sich die Diskussionen in der Regel darum, dass der Staat bei seinen Investitionen Fehler gemacht habe. Dagegen hat man die Schuld der Unternehmen an der Krise entweder ignoriert oder als Teil des »natürlichen« Verhaltens auf kompetitiven Märkten abgetan. Schlimmer noch: Manche interpretieren die Schwierigkeiten als Beleg, dass eine Technologie »nicht mithalten«

kann oder niemals gegenüber bestehenden Technologien konkurrenzfähig sein wird und deshalb am besten in der Schublade verschwinden sollte. Das widerspricht der historischen Erfahrung, dass alle Energietechnologien lange Entwicklungsperioden und langfristige staatliche Unterstützung benötigten und davon profitiert haben. Wichtig ist, dass die Unterstützung auf Dauer angelegt ist – denn die Zukunft des Planeten hängt davon ab. Und dafür müssen wir eine auf Mythen basierende Weltsicht, wie wir sie in Kapitel 2 charakterisiert haben, überwinden.

Mythos 1: Es geht im Wesentlichen um Forschung und Entwicklung

Forschung und Entwicklung zu sauberen Technologien wie Wind- und Sonnenenergie wird weltweit seit Jahrzehnten betrieben. Es ist viel öffentliches Geld in diesen Bereich geflossen, und Bildungs- und Unternehmensnetzwerke haben ihr Wissen eingebracht. Mittlerweile funktioniert die Technologie und ist trotz schwankender Unterstützung von Staat und Unternehmen im Lauf der Zeit immer effizienter und kostengünstiger geworden. Die Kosten der Energie aus erneuerbaren Quellen sind gesunken, während die Kosten für Energie aus fossilen Brennstoffen volatil sind und langfristig gesehen steigen.

Manche Firmen, die über Jahrzehnte wichtige Forschung und Entwicklung betreiben, verlieren dabei Geld, da ihnen eine klare Perspektive für ein marktfähiges Produkt fehlt. Wie das Beispiel First Solar illustriert, darf die Beteiligung des Staates nicht bei Forschung und Entwicklung enden. Wenn es darum geht, Innovationen aus dem Labor heraus auf die Märkte zu bringen, sind auch Vermarktungshemmnisse wie etwa mangelnde Produktionskapazitäten zu überwinden. Auch die Wagniskapitalgeber von First Solar hatten mit Problemen zu kämpfen und mussten sich mit einem längeren Zeithorizont abfinden.

Wie man inzwischen weiß, sind die Herausforderungen bei den sauberen Technologien selten technischer, sondern eher *politischer* (und gesellschaftlicher) Natur. Sie verlangen von Staaten und Unternehmen weltweit einen verstärkten Einsatz von geduldigem Kapital. Forschung und Entwicklung wirkt, reicht aber allein nicht aus. Riskante neue Industrien aufzubauen erfordert Hilfe, Investitionen und die langfristige Unterstützung von Produktion und Märkten. Saubere Technologien treffen außerdem nicht auf eine *Tabula rasa*, sondern in den meisten Industrieländern auf eine hoch entwickelte Infrastruktur. Da ein sauberer Schnitt nicht möglich ist, müssen Investitionen darauf zielen, den Übergang von einer Technologie zu einer anderen zu unterstützen. Die neue Technologie bedroht dabei fossile und andere Energieträger, die den Vorteil einer langen Entwicklung und niedriger versunkener Kosten haben.

Da derzeit viele in der Branche durchaus lautstark eine aktive Rolle des Staates bei sauberen Technologien einfordern, ist die Zeit mehr als reif für eine Diskussion über die wahre Rolle auch der Unternehmen bei der technologischen Entwicklung und der Finanzierung von Forschung und Entwicklung. Wenn Unternehmen im Bereich saubere Technologien scheitern, ist das auch ein wirtschaftliches Versagen. Die Nutzung wichtiger neuer Energietechnologien kann sich dadurch verzögern. Schlimmer noch: Womöglich geraten diese Technologien in die Hände anderer Länder, die ähnliche Ziele verfolgen.

Mythos 2: Klein ist fein

In der Vergangenheit haben viele große Konzerne wie General Electric, Exxon, General Motors oder British Petroleum wichtige Beiträge zur Entwicklung sauberer Technologien geleistet. Heute richtet sich der Blick eher auf die kleineren Start-ups; von ihnen erwartet man die nächste »Revolution« im Energiebereich. Aber die kleinen Firmen sind oft auch jung und brauchen viel Zeit, bis sie am Markt durchstarten.

Wie Hopkins (2012) ausführt, profitierte General Electric bei seinem Aufstieg zu einem großen Windturbinenhersteller von früheren Investitionen des Staates und innovativer Unternehmen. 2011 kündigte das Unternehmen an, in Colorado 600 Millionen Dollar in die Produktion von Dünnschicht-Solarzellen zu investieren, verschob das Vorhaben aber; dabei sollte eine CdTe-Technologie ähnlich der von First Solar zum Einsatz kommen. Wie beim Einstieg in das Geschäft mit der Windkraft wird General Electric auch beim Einstieg in das Geschäft mit der Solarenergie auf früheren Investitionen des Staates aufbauen. Die Ressourcen von General Electric sind dabei sehr viel größer als die kleiner Start-ups; das Unternehmen kann Milliardengewinne in Forschung und Entwicklung und zentrale Technologien reinvestieren und Vorteile wie ein globales Netzwerk nutzen. Die Investitionen von General Electric könnten dafür sorgen, dass die Solarindustrie in den Vereinigten Staaten in Zukunft stärker präsent ist, ähnlich wie es bereits 2002 mit der Windenergie der Fall war. Auch bei den erneuerbaren Energien spielt die Größe eine Rolle, etwa beim Ausbau großer länderübergreifender Stromnetze. Aber vielleicht noch wichtiger ist, dass große Firmen wie General Electric leichter das Vertrauen von Investoren und Versorgern gewinnen, weil sie schon lange im Geschäft sind und über finanzielle Ressourcen sowie über Erfahrung mit Strominfrastruktur verfügen. Es ist wohl kein Zufall, dass Windkraftprojekte nach dem Einstieg von General Electric in das Geschäft mit Windenergie stark an Dynamik gewannen.

Dennoch sollten wir die Rolle kleiner Unternehmen nicht unterschätzen und auch nicht annehmen, nur große Firmen verfügten über die nötigen Ressourcen. Aus kleinen Firmen werden unter Umständen große Firmen wie Amazon, Google oder Apple. Sie propagieren aktiv ihre Geschäftsmodelle, oft zur Frustration der »alteingesessenen« Unternehmen, die dieselbe Technologie möglicherweise nie so schnell so weit entwickelt hätten. Um eine echte grüne Revolution voranzutreiben, ist außerdem die Bereitschaft nötig, vorhandene Marktmodelle zu zerstören, und dafür sind Start-ups ohne die Belastung durch versunkene Kosten unter Umständen am besten geeignet.[8]

Mythos 3: Wagniskapital liebt das Risiko

Die Vereinigten Staaten sind das Eldorado von Wagniskapital für saubere Technologien. Jedes Jahr fließen Milliarden in den Sektor – viel mehr als in der gesamten übrigen Welt. Wagniskapitalgeber sind allerdings »ungeduldige Kapitalisten«: Für sie zählt die Rendite mehr als alles andere. Viele sind nicht daran interessiert, die Risiken der technologischen Entwicklung über einen längeren Zeitraum zu tragen. Vielmehr wollen sie ihre Verluste begrenzen und sich auf die Suche nach neuen rentablen Investitionsmöglichkeiten begeben. Wagniskapitalgeber finanzieren am liebsten wenig kapitalintensive Technologien, die kurz vor der Marktdurchdringung stehen. Ihnen fehlen die Mittel, das Wachstum von Unternehmen aus dem Bereich saubere Energien komplett zu finanzieren, denn diese Unternehmen haben einen hohen Kapitalbedarf und agieren auf höchst komplexen, wettbewerbsintensiven Märkten. Die Milliarden, die Wagniskapitalgeber in Unternehmen in diesem Bereich lenken, sind wenig im Vergleich zu den Hunderten von Milliarden, die der Staat für Projekte rund um erneuerbare Energien ausgibt.

Der Erfolg von Unternehmen wie First Solar ist die Frucht von Jahrzehnten. Wagniskapitalgeber stiegen bei dem Unternehmen relativ spät ein und bald nach dem Börsengang wieder aus. Den Großteil des Risikos bei der Finanzierung von First Solar trug der amerikanische Staat, der dessen Solartechnologie bis zur Vermarktung förderte. Angesichts der Subventionen für den heimischen und den europäischen Markt und dazu First Solars Position als dominierender Produzent von Dünnschichtzellen ist es schwer nachvollziehbar, wie ein solches Unternehmen scheitern konnte. Doch die von der Wagniskapitalbranche propagierte und praktizierte Strategie der kurzfristigen Gewinnmaximierung ist darauf ausgelegt, dass die Investoren, die CEOs und leitenden Manager von Unternehmen über die Aktiennotierung gigantische Gewinne realisieren können, unabhängig davon, ob das Unternehmen nun lange existiert oder nicht. Solche perversen Anreize lenken die Innovationsinvestitionen nicht nur von denen weg, die sonst noch berechtigte Interessen daran hätten, etwa Regierungen, Schulen, Arbeitnehmer, sondern unterminieren die Leistungsfähigkeit der Firma selbst. Statt in künftige Innovationen zu investieren, werden Ressourcen auf der Suche nach hohen Renditen verschleudert.

Viele amerikanische Firmen sind bankrottgegangen, weniger weil es ihnen an innovativer Technologie fehlte, sondern weil sie kein zusätzliches Kapital beschaffen konnten, um auf unsicheren Märkten oder trotz plötzlich veränderter Umstände weitermachen zu können. Das veranlasste Evergreen, dem »Lockruf des Geldes« nach China zu folgen und den Vereinigten Staaten den Rücken zu kehren. Auch Spectrawatt und Solyndra scheiterten, weil es an Kapital fehlte. Bei gleichen Bedingungen auf dem Weltmarkt profitieren die chinesischen Unternehmen von einem System staatlicher Finanzierung, das sie nicht im Stich lässt. Wenn Wagniskapitalgeber keine Risiken eingehen wollen, muss der Staat in die Bresche springen.

Wie ein symbiotisches Innovations-Ökosystem aussehen müsste

Innovationen voranzutreiben erfordert die Anstrengungen vieler und eine langfristige Vision, die die Richtung weist und eindeutige Ziele vorgibt. Wenn die Politik dabei versagt, werden öffentliche Gelder verschwendet, und vielversprechende Technologien bleiben hinter den Erwartungen zurück. Wenn Unternehmen scheitern, gehen womöglich Tausende Arbeitsplätze verloren, Investoren verlieren das Vertrauen, und der Ruf der betroffenen Technologien leidet. Dann regieren Unsicherheit und Stagnation, und das Potenzial für hoffnungsvolle neue Lösungen schwindet. Weil das Handeln von Staat und Unternehmen so eng verzahnt ist, sind eindeutige Schuldzuweisungen oft unmöglich. Letztlich ist es ein kollektives Versagen.

Klar sein sollte, dass die grüne Energierevolution, soweit sie bisher stattgefunden hat, das Ergebnis einer komplexen technologischen Entwicklung ist, die sich über Jahrzehnte und im weltweiten Maßstab vollzogen hat. Unterstützt wurde sie durch erhebliche staatliche Investitionen, die die Gründung neuer Firmen erleichterten und ihr Wachstum förderten, indem sie neue Marktchancen schufen. Die verschiedenen politischen Maßnahmen dienten dem Ziel, die technologische Entwicklung und die Marktdurchdringung voranzutreiben und dabei kostengünstige Produktion und effiziente Regulierung zu ermöglichen. Hinter all dem steht der Wunsch, durch Innovationen in saubere und klimafreundliche Technologien mehr Wirtschaftswachstum zu erzielen. Die langfristige Vision ist, unsere gegenwärtige Produktionsweise in ein nachhaltiges, grünes Industriesystem umzuwandeln. Damit sollen dauerhafte Vorteile für die Allgemeinheit erzielt und zugleich Versprechen überlegener wirtschaftlicher Leistungsfähigkeit eingelöst werden.

Damit die grüne Revolution richtig beginnen kann, brauchen wir Innovations-Ökosysteme, die zu *symbiotischen* statt zu parasitären Partnerschaften zwischen dem öffentlichen und dem privaten Bereich führen. Die Frage lautet: Werden mehr staatliche Investitionen in das Ökosystem bewirken, dass die privaten Unternehmen weniger investieren und mit den einbehaltenen Gewinnen die Kurse ihrer Aktien in die Höhe treiben, statt Geld für die Bildung von Humankapital und Forschung und Entwicklung auszugeben?

Im nächsten Kapitel kommen wir noch einmal auf das Beispiel Apple zurück und fragen, ob die staatlichen Investitionen in Innovationen sowohl auf Unternehmensebene wie bei den eingesetzten Schlüsseltechnologien, von denen Unternehmen wie Apple profitiert haben, für den Staat einen Nutzen erbracht haben, der den Einsatz von Steuergeldern rechtfertigte. Gab es mehr Steuereinnahmen? Wurden mehr Arbeitsplätze geschaffen? Hat Apple stärker in Innovationen investiert? Nur wenn wir diese Fragen stellen, können wir sicher sein, dass der Unternehmerstaat nicht blauäugig agiert.

8 Risiken und Profite: Von faulen Äpfeln zu symbiotischen Ökosystemen

Vor Jahren, als ich in Kalifornien lebte, sagten wir immer, Kalifornien sei dem Rest des Landes 20 Jahre voraus. Ich fürchte, wir könnten recht gehabt haben.

NORMAN R. AUGUSTINE, ehemaliger Chef der Lockheed Martin Corporation (NAS 2010, S. 79)

Wir haben gesehen, dass der Staat bei Innovationsprozessen, die zu Wachstum führen, eine aktive Rolle spielt. Sie beinhaltet unter Umständen sehr riskante Investitionen – die Spekulation auf Schumpetersche »schöpferische Zerstörung«. Doch während man in der Finanztheorie im Allgemeinen einen Zusammenhang zwischen Risiko und Rendite annimmt, ist das bei Innovationen nicht so. Risiken werden zwar kollektiv getragen, aber Gewinne werden keineswegs kollektiv verteilt. Oft bekommt der Staat als einzigen indirekten Gewinn aus risikoreichen Investitionen höhere Steuereinnahmen infolge des Wachstums, das durch sie generiert wurde. Aber angesichts der vielen Steuerschlupflöcher und weil die Steuereinnahmen oft nicht genau die Quelle der Erlöse widerspiegeln (zum Beispiel Einkommen versus Kapitalerträge), haben sich die Steuern für den Staat als schwieriger Weg erwiesen, um eine Rendite für seine Investitionen zu erzielen. Und selbst wenn die Steuern aus staatlich finanzierten Innovationen korrekt abgeführt werden, ist unklar, ob die Summen ausreichen würden, um Innovationen wie im Silicon Valley zu finanzieren. Dort gibt es neben großen Erfolgen wie dem Internet auch immer grandiose Fehlschläge – das gehört einfach zur Unsicherheit des Innovationsprozesses.

Es ist viel von Partnerschaften zwischen dem Staat und dem privaten Sektor die Rede, aber oft ist nur der Einsatz kollektiv, und die Gewinne bleiben privat. Ist es richtig, dass die National Science Foundation keinerlei finanziellen Vorteil davon hatte, dass sie über Stipendien und Zuschüsse die Entwicklung des Algorithmus förderte, den Google bei seiner Suchmaschine verwendet (Block 2011, S. 23)? Kann ein Innovationssystem, das auf staatlicher Förderung beruht, nachhaltig sein, wenn es nicht auch nachhaltig Gewinne produziert? Weltweit agieren Staaten als Motor von Wirtschaftswachstum, über die keynesianische Nachfragesteuerung und die »Schaffung von Bedingungen« für Wachstum hinaus. Aber die Unkenntnis der Öffentlichkeit über das unternehmerische Handeln von Staaten gefährdet dieses erfolgreiche Modell.

Theoretisch könnte sich der Staat nach der sozialisierten Entwicklung und privatisierten Vermarktung biopharmazeutischer (und anderer) Innovationen zurückziehen, wenn die Privatunternehmen ihre Gewinne in Forschung und die weitere Produktentwicklung reinvestieren würden. Der Staat würde sich dann darauf beschränken, radikal neue Entdeckungen zu finanzieren, bis sie Gewinne abwerfen, die dann für weitere Entdeckungen eingesetzt werden können. Aber das Verhalten des privaten Sektors spricht nicht dafür, dass die öffentlichen Institutionen den Stab bei Forschung und Entwicklung auf diese Weise weitergeben können. Es spricht ebenso wenig dafür, dass sich die Rolle des Staates darauf beschränken lässt, die Saat zu legen und zu warten, dass sie von selbst gedeiht. Wenn der Staat an Wirtschaftswachstum und technologischem Wandel interessiert ist, muss er bereit sein, Technologien so lange zu unterstützen, bis Massenproduktion und breite Anwendung möglich sind. Und natürlich hat der Staat auch Aufgaben in Bereichen wie öffentliche Sicherheit und Rechtssicherheit sowie bei der Verringerung von Ungleichheit, was bedeutet, dass er sich, unabhängig von Innovationen, nicht einfach zurücklehnen kann.

Viele Probleme, vor denen die Regierung Obama heute steht, rühren daher, dass die amerikanischen Steuerzahler praktisch keine Vorstellung davon haben, wie ihre Steuern zu Innovationen und Wirtschaftswachstum in den Vereinigten Staaten beitragen. Sie wissen nicht, dass Privatunternehmen mit Innovationen Geld verdienen, die mit ihren Steuern unterstützt wurden. Unterdessen geben die Unternehmen, die auf diese Weise von Steuergeldern profitieren, weder einen erklecklichen Teil ihrer Gewinne an den Staat zurück, noch investieren sie in neue Innovationen (Mazzucato 2010). Den Steuerzahlern erzählt man, Innovationen und Wirtschaftswachstum seien dem Genie Einzelner zu verdanken, den Unternehmern im Silicon Valley, den Wagniskapitalgebern oder kleinen Unternehmen, vorausgesetzt, die Vorschriften sind lasch genug (oder inexistent) und die Steuern niedrig – vor allem im Vergleich zum »Big State« in den meisten europäischen Ländern. Solche Geschichten erzählt man sich auch in Großbritannien. Dort heißt es, der einzige Weg zu Wirtschaftswachstum sei, dass man den Unternehmen die Führung überlasse und der Staat sich auf die Minimalaufgabe zurückziehe, die Herrschaft des Gesetzes zu sichern.

Damit das Wachstum »gerechter« und »integrativer« wird – und die Gewinne gleichmäßiger verteilt werden –, müssen Ökonomen, Politiker und die Öffentlichkeit besser verstehen, welche Akteure an der grundlegenden Verteilung der Risiken beteiligt sind, ohne die es innovationsgetriebenes Wachstum nicht gibt. Wie bereits gesagt, sind Risikobereitschaft und Spekulation unbedingt nötig, damit Innovationen zustande kommen. Die echte Knightsche Unsicherheit bei Innovationen, außerdem die unvermeidlichen versunkenen Kosten und die deshalb erforderliche Kapitalintensität sind der Grund, warum der private Sektor, Wagniskapitalgeber eingeschlossen, oft vor Risiken zurückscheut. Sie sind auch der Grund, warum so häufig der Staat vorangeht und nicht nur Marktversagen »repariert«, sondern Märkte überhaupt erst schafft.

Um diese Frage umfassender zu untersuchen, kehre ich noch einmal zu Apple zurück und betrachte das Problem von Risiko und Gewinn genauer. Es könnte der Eindruck entstehen, dass ich es auf Apple »abgesehen« habe – aber es gibt nun einmal kein anderes Unternehmen, das in der öffentlichen Wahrnehmung so wie Apple mit der Vorstellung verbunden ist, dass der Markt (und nicht der angeblich schwerfällige Staat) die Triebkraft des Kapitalismus sei. In Kapitel 5 haben wir versucht, diese Vorstellung ein wenig zu korrigieren, indem wir gezeigt haben, welchen Anteil der Staat an Apples Erfolg hatte. In diesem Kapitel argumentiere ich, dass gerade das Verschweigen dieser Geschichte dabei half, dem Staat, der mit seinem Geld ganz wesentlich zum Erfolg des Unternehmens beitrug, einen Teil seiner Gewinne vorzuenthalten. In Kapitel 9 geht es noch einmal um diese Frage, und ganz konkret fordere ich dort einen neuen Ansatz – einen »Rahmen« – für das Verständnis des Zusammenhangs zwischen Risiko und Gewinn und damit für den Zusammenhang zwischen Innovationen und (Un-)Gleichheit. Der zentrale Punkt ist die Forderung, dass Industrie- und Innovationspolitik Instrumente zur Umverteilung beinhalten müssen, wenn die »unternehmerischen« Investitionen des Staates gerechtfertigt sein sollen – Instrumente, die die unvermeidlichen Verluste decken (denn Misserfolge gehören nun einmal zu dem Prozess aus Versuch und Irrtum), aber auch die Kasse wieder auffüllen, damit neue Investitionen in Innovationen möglich sind.

Zurück zu Apple: Was hat der amerikanische Staat als Gegenleistung für seine Investitionen bekommen?

Im digitalen Zeitalter ist Innovation der Schlüssel zu »intelligentem« Wachstum. Aber »integratives« Wachstum (EC 2010) verlangt, auch über die Verteilung der Erträge nachzudenken. Risiko gehört zum Innovationsprozess, und oft wird der Träger des Risikos mit hohen Renditen belohnt, wenn eine Technologie sich erfolgreich in ein kommerzielles Produkt wie das iPhone oder eine Dienstleistung umsetzen lässt. Das liegt daran, dass Innovationen hochgradig »kumulativ« sind: Die Innovationen von heute bauen auf den Innovationen von gestern auf. Je nachdem, wann ein bestimmter Akteur in dem »Ökosystem« Innovation die Bühne betritt, bekommt er (oder sie) womöglich nicht nur seinen Teil, sondern wegen der kumulativen Wirkung den Gewinn aus dem gesamten Bereich unterhalb der Innovationskurve (Lazonick und Mazzucato 2013). Dies erklärt, warum Wagniskapitalgeber in unterschiedlichen Sektoren wie IT und Biotechnologie Erfolg hatten, auch wenn sie erst Jahrzehnte, nachdem der Staat in die riskantesten und kapitalintensivsten Technologien investiert hat, aufgetaucht sind. Unter Umständen machen sie einen Reibach, der in keinem Verhältnis zu ihrem Beitrag steht. Der Reibach wird dann gerechtfertigt mit einer falschen Geschichte, woher der Erfolg dieser Technologie rührt. Deshalb muss die Geschichte von Apple noch einmal neu und vollständig erzählt werden.

Das Beispiel Apple illustriert besonders gut, dass die Manager und Aktionäre des Unternehmens nicht als Einzige – und nicht das höchste – Risiko bei der Entwicklung innovativer Produkte wie iPod, iPhone und iPad getragen haben. Der Erfolg dieser Technologien verdankt sich vielmehr vor allem der Weitsicht des amerikanischen Staates, der bereits in den 1960er- und 1970er-Jahren radikale Innovationen auf dem Gebiet von Elektronik und Kommunikation in den Blick nahm. Weder die Manager noch die Aktionäre von Apple stellten sich den Herausforderungen, die mit risikoreichen Investitionen in Grundlagenforschung und Technologie verbunden waren. Als niemand sonst dazu bereit war, wagte es die amerikanische Regierung, vor allem das Militär, und landete letztlich die Treffer. In jede neue Generation von iPod, iPhone und iPad baute Apple nach und nach neue Technologien ein, die der Staat auf den Weg gebracht, gefördert und zur Reife geführt hatte. Der Staat investierte zunächst im Interesse der nationalen Sicherheit, erst später ging es darum, wie sich die Technologien für kommerzielle Anwendungen nutzen ließen und im Weiteren der Schaffung von Arbeitsplätzen und der Stärkung der Wettbewerbsfähigkeit dienten. Der entscheidende Punkt ist, dass Apple das Spiel durchschaute: wie man erfolgreich Träume in der Unterhaltungselektronik verwirklicht, indem man auf den fahrenden Zug aufspringt und die Chancen nützt, die der Staat mit seinen Treffern geschaffen hatte. Heute reiten Firmen wie Apple weiter auf der Welle des Erfolgs, haben dabei aber nur die eine Seite der Anzeigetafel im Blick und manipulieren das Ergebnis zu ihren Gunsten.

Apples Märchen von neuen Arbeitsplätzen

Apple ist nicht nur dadurch ein Unternehmen der »New Economy«, dass es eine bestimmte Form von Technologie und Wissen intensiv nutzt, sondern auch durch seine Strategie auf dem Arbeitsmarkt. In dem Zusammenhang ist es hilfreich, erst einmal den Unterschied zwischen dem Geschäftsmodell der New Economy und dem der Old Economy zu betrachten, wie ihn Lazonick (2009) herausgearbeitet hat. Das alte Geschäftsmodell dominierte bei den amerikanischen Unternehmen von der unmittelbaren Nachkriegszeit bis in die 1980er-Jahre. Typisch dafür waren sichere Arbeitsplätze in hierarchischen Unternehmen, großzügige und gerechte Entlohnung, Beteiligung an den Kosten für medizinische Versorgung und eine substanzielle betriebliche Altersvorsorge (Lazonick 2009, S. 2). Im alten Modell zählten sichere Arbeitsplätze viel, die berufliche Mobilität war dementsprechend gering. Im neuen Geschäftsmodell hingegen, das bei den IT-Firmen weit verbreitet ist, fühlen sich die Unternehmen wenig oder gar nicht verpflichtet, sichere Arbeitsplätze bereitzustellen, ihre Mitarbeiter fortzubilden und berechenbare, lohnende Karrierewege anzubieten. Andererseits erwarten die Beschäftigten auch gar keine lebenslange Anstellung in einem einzigen Unternehmen, sondern schätzen die Vorteile der beruflichen Mobilität. »Das Geschäftsmodell der New Economy zeigt eine drastisch verminderte organisatorische Verbindlichkeit auf beiden Seiten des Arbeitsverhältnisses im Vergleich zum Vorgängermodell der Old Economy« (Lazonick 2009, S. 4). Die Globalisierung der Belegschaft ist also eine Folge nicht nur der Entwicklung der Informations- und Kommunikationstechnologie, sondern auch des neuen Geschäftsmodells. Dabei sind die Unternehmen vollkommen frei, überall auf der Welt nach der besten Kombination von niedrigem Lohnniveau und hoher Qualifikation der Arbeitskräfte zu suchen.

Apple steht oft im Rampenlicht, weil seine Produkte so erfolgreich sind und es dem Unternehmen finanziell so gut geht. Im August 2012 kletterte der Börsenwert von Apple auf über 623 Milliarden Dollar und schlug damit den Rekord, den Microsoft in der Glanzzeit der Technologieaktien 1999 aufgestellt hatte. Doch die Popularität und der Erfolg hatten ihren Preis, und heute sieht man Apple kritischer. In jüngster Zeit wird über das Steuergebaren des Unternehmens ebenso diskutiert wie über den Abbau von Arbeitsplätzen in Amerika zugunsten vermehrter Produktion im Ausland. Apple behauptet, im Lauf der Unternehmensgeschichte direkt oder indirekt 304.000 Arbeitsplätze geschaffen zu haben. Wenn man zu dieser Zahl die geschätzten 210.000 Jobs in der Entwicklung mobiler Anwendungen für den Apple Store addiert, kommt man auf eine Gesamtsumme von etwa 514.000 Jobs, die direkt von Apple geschaffen oder durch Apple ermöglicht/unterstützt wurden (Apple 2012). Apple gründet seine Behauptungen auf einen Bericht der Analysis Group, einer privaten Beratungsfirma, die von Apple damit beauftragt wurde, seine Bedeutung für den Arbeitsmarkt zu untersuchen.[1] Dass die Zahlen so viel Aufmerksamkeit erregt haben, hängt hauptsächlich mit der grundsätzlichen Diskussion zusammen, ob Technologiefirmen dazu beigetragen haben (oder nicht), im heimischen Produktionssektor neue Arbeitsplätze entstehen zu lassen. Direkt bei Apple beschäftigt sind 47.000 Personen von den insgesamt 304.000, die das Unternehmen nennt; mehr als 27.000 Personen arbeiten in den 246 Apple Stores in 44 amerikanischen Bundesstaaten. Das Unternehmen sagt nicht genau, wie viele von den 304.000 Arbeitsplätzen in der Produktion angesiedelt sind (oder bei ausländischen Herstellern wie Foxconn). Es sieht vielmehr so aus, dass in die Zahl sehr unterschiedliche Tätigkeiten im Apple-»Universum« eingeflossen sind – Paketzusteller bei FedEx werden ebenso als Mitarbeiter von Apple gezählt wie Beschäftigte im Gesundheitswesen (Vascellaro 2012).

Apples öffentliche Behauptung, in den Vereinigten Staaten viele Arbeitsplätze zu schaffen, wird von den Medien dennoch nur selten hinterfragt. Sie tragen vielmehr ihren Teil zur Hysterie um neue Apple-Produkte bei. Voraussagen, ja oft nur Gerüchte über die Zukunft von Apple und seiner Produkte beherrschen die Mediendiskussionen über das Unternehmen. Mitten in einer Phase der medialen Hysterie hat der Journalist David Segal von der *New York Times* in einem Artikel am 23. Juni 2012 die starke Expansion von Apple im Einzelhandelssegment und die Perspektiven neuer Arbeitsplätze dort untersucht. Die Nachfrage von Apple auf dem Arbeitsmarkt ist im Einzelhandelsbereich stärker gewachsen als in allen anderen Dienstleistungssegmenten, weil Apple im ganzen Land neue Geschäfte, Rechenzentren und Call Center eröffnet hat. Während Onlinehändler wie Amazon den stationären Einzelhandel bedrohen und Unternehmen zwingen, Läden zu schließen und sich auf das Onlinegeschäft zu konzentrieren, will Apple weitere Läden eröffnen und seine Verkaufszahlen dadurch steigern, dass Kundenwünsche im direkten Kontakt mit Verkäufern erfüllt werden. Segals Artikel (2012) dokumentiert die Kluft zwischen den Einkünften der Masse der Beschäftigten im Einzelhandel und dem Verdienst der Führungsleute von Apple, aber auch den Mangel an Karrieremöglichkeiten und Aufstiegschancen der einfachen Angestellten. Obwohl das Unternehmen über sein Image eine spezifische Schicht von Arbeitnehmern anspricht, ist Apple, was die Löhne angeht, nicht viel besser als Walmart, denn die Mehrheit der Mitarbeiter in den Apple Stores bekommt weder Provisionen noch Aktienoptionen (Segal 2012). Obwohl die Vertriebswege bei jeder Innovation der Schlüssel zum Erfolg sind, werden die Beschäftigten in den Apple Stores für ihre Leistung nicht adäquat entlohnt.

Auch die Auseinandersetzungen in den chinesischen Fabriken des taiwanischen Auftragsherstellers Foxconn, der die schicken Apple-Produkte zusammenbaut, werden selten näher untersucht. Isaac Shapiro (2012) vom Economic Policy Institute hat die Gehälter der Führungskräfte von Apple mit den Durchschnittslöhnen der Arbeiter verglichen, die in den chinesischen Fabriken Apple-Produkte herstellen. Seine Daten zeigen krasse Unterschiede: 2011 erhielten die neun Personen an der Spitze von Apple zusammen 440,8 Millionen Dollar, 2012 belief sich das Vergütungspaket auf 411,5 Millionen. Zum Vergleich: Der durchschnittliche Beschäftigte von Foxconn bekommt 4622 Dollar jährlich, das heißt, die neun Spitzenleute verdienten so viel wie 95.000 Arbeiter 2011 und 89.000 Arbeiter 2012. Mit der von Shapiro verwendeten Methode kann man ausrechnen, dass die neun Führungsleute von Apple ungefähr so viel erhielten wie 17.600 Angestellte in den amerikanischen Apple Stores 2011 (64 Prozent aller Beschäftigten) und 15.000 (55 Prozent) in 2012.[2]

Als Apple-Chef Tim Cook im Februar 2012 mitteilte, das Unternehmen besitze mehr Bargeld (98 Milliarden Dollar), als es aktuell für sein operatives Geschäft benötige, erwarteten viele Analysten und Aktionäre, dass Apple einen Teil davon an die Anteilseigner ausschütten würde (Liedtke 2012). Die Top-Führungsleute grübelten über die Frage nach, was sie mit dem überschüssigen Geld tun sollten, weil Apple seit den Zeiten von Steve Jobs noch nie eine Dividende gezahlt oder eigene Aktien zurückgekauft hatte. Wie von vielen vorausgesagt, hat Apple kürzlich einen über drei Jahre laufenden Plan für Dividendenzahlungen und einen Aktienrückkauf angekündigt, nach dem knapp die Hälfte der aktuellen Barreserven (45 Milliarden Dollar) an die Aktionäre verteilt werden soll (Dowling 2012). Bisher war noch nicht die Rede davon, die Beschäftigten des Unternehmens an dem Geldsegen zu beteiligen. Offenbar sollen nur die Apple-Aktionäre finanziell von den Erfolgen des Unternehmens in der Gegenwart und jüngsten Vergangenheit profitieren, obwohl viele einfache Arbeitnehmer direkt dazu beitragen.[3]

Apples Hassliebe zur amerikanischen Steuerpolitik

Der amerikanische Staat hat ein lebhaftes Interesse am weltweiten Erfolg amerikanischer Unternehmen. Wenn es ihnen gelingt, innovative Produkte zu entwickeln und auf dem Weltmarkt zu verkaufen, kann die heimische Volkswirtschaft erwarten, durch höhere Steuereinnahmen davon zu profitieren. Ohne Zweifel haben Produkte wie iPhone und iPad Apple hübsche Gewinne eingebracht; schwieriger zu sagen ist, ob es dem amerikanischen Staat gelungen ist, seine Investitionen wieder einzuspielen.

Experten haben darauf hingewiesen, dass das gegenwärtige amerikanische Steuersystem für ein Industriezeitalter geschaffen worden sei, in dem Unternehmen aufgrund des Produktionsmodells und des Herstellungsprozesses bis zu einem gewissen Grad an einen physischen Ort gebunden waren. Heute bewegt sich das Kapital immer schneller und über immer weitere Entfernungen, ja es ist zunehmend virtuell. Jefferson Cowie zeichnet in seinem 1999 erschienenen Buch *Capital Moves* den Weg von RCA nach, einem der zu Beginn des 20. Jahrhunderts erfolgreichsten amerikanischen Unternehmen, auf der weltweiten Suche nach Orten, wo sich möglichst billig produzieren ließ. Die heute besonders erfolgreichen Unternehmen wollen nach wie vor die Herstellungskosten senken – bei allen Firmen, die nach dem erwähnten Geschäftsmodell der New Economy produzieren, ist dieser Wunsch weit verbreitet. Seit es transnationale beziehungsweise multinationale Konzerne gibt und die Wirtschaft immer stärker globalisiert ist, werden Arbeitsplätze nicht einfach innerhalb der Landesgrenzen von, sagen wir, Camden in New Jersey über Bloomington in Indiana nach Memphis in Tennessee verlagert. In der Welt von heute arbeiten Unternehmen wie Apple mit einer viel größeren Landkarte, wenn sie Kosten senken wollen.

Weil es keine Institutionen gibt, die die Globalisierung regulieren, haben es Unternehmen wie Apple leicht, aus dem Handel ein komplexes Netz von Geschäften zu machen. Die Reise der beliebten Apple-Produkte wie iPod, iPhone und iPad beginnt mit Forschung und Entwicklung, die hauptsächlich in Kalifornien angesiedelt ist (dort wird das Produktdesign und die Produktarchitektur entworfen, entwickelt und getestet); weitere Standorte sind über verschiedene Technologie-Cluster in den Vereinigten Staaten verteilt. Wie in Kapitel 5 dargelegt, fließen in Apple-Produkte innovative Technologien ein, die ihre Existenz zum großen Teil staatlichem Geld und staatlicher Forschung verdanken. Wenn ein Produkt entworfen und gefertigt ist, ist es bereit für die Markteinführung. Aber zunächst einmal muss es in großer Stückzahl hergestellt werden – und das passiert nicht in Kalifornien, sondern dort, wo die Löhne niedrig sind. So kann es zum Beispiel sein, dass Ihr neues iPhone aus Komponenten besteht, die in Südkorea, Japan und Taiwan hergestellt und in China zusammengebaut wurden. Kraemer und Kollegen (2011) schätzen, dass

Apple von dem gesamten Wert, der durch das Gerät geschaffen wird, 58,5 Prozent als Gewinn erhält. Wenn man noch die weiteren amerikanischen Gewinne abzieht, die nicht an Apple fließen (ungefähr 2,4 Prozent), bleiben 30 Prozent für nicht-amerikanische Märkte. Bei iPad und iPod liegen die Zahlen höher: Fast 53 Prozent der Wertschöpfung beim iPad und 49 Prozent beim iPod verbleiben demnach auf den nicht-amerikanischen Märkten (Linden et al. 2009; Kraemer et al. 2011).

Wie viel von dem in den Vereinigten Staaten erzeugten Wert wird tatsächlich zu Steuern? In jüngster Zeit beschäftigen sich die Medien nicht mehr nur mit den spektakulären Produkten von Apple, sondern ebenso mit den relativ hohen Gewinnspannen bei immer neuen Umsatzrekorden sowie mit den hohen Barreserven des Unternehmens. Im April 2012 haben mehrere Journalisten der *New York Times* eine Artikelserie über Apple verfasst, in der sie kontroversen Informationen über Apples Steuerstrategie und Beschäftigungspraxis nachgingen. Im dritten Teil der Serie, »Wie Apple Milliarden an Steuern vermeidet«, wird genau nachgezeichnet, mit welchem Firmenmodell es Apple gelingt, seine Steuerzahlungen auf ein Minimum zu reduzieren. Wie Charles Duhigg und David Kocieniewski (2012) schreiben, hat Apple mit den üblichen Praktiken erreicht, dass der amerikanische Staat sehr viel weniger Steuern bekam. Nach den Recherchen der *New York Times* hat Apple eine Filiale in Reno im Bundesstaat Nevada gegründet, wo weder Körperschaftssteuer noch Kapitalertragsteuer erhoben werden. Über diese Filiale mit dem fantasievollen Namen Braeburn Capital hat Apple einen Teil seiner amerikanischen Gewinne abgerechnet, statt sie zu dem Gewinn zu addieren, den es am Firmensitz in Kalifornien versteuert. Seit 2006 soll Apple 2,5 Milliarden Dollar an Zinsen und Dividenden eingenommen haben; diese Einnahmen wurden in Nevada geltend gemacht, um der Besteuerung der Kapitalerträge in Kalifornien zu entgehen. Die berüchtigt hohen Schulden des Bundesstaats Kalifornien wären deutlich geringer, wenn Apple seine Erlöse in vollem Umfang korrekt in dem Bundesstaat deklariert hätte, in dem ein Großteil seiner Wertschöpfung stattfindet (Architektur, Design, Umsatz, Marketing und so weiter).

Diese Fakten bestätigen einmal mehr, dass man nicht darauf vertrauen darf, Investitionen in riskante Innovationen über das Steuersystem wieder hereinzuholen. Leidtragender war in diesem Fall der Bundesstaat Kalifornien.[4]

Apple hat sich auf diese Weise nicht nur der heimischen Besteuerung entzogen. Duhigg und Kocieniewski (2012) zeigen, dass Apple eine ähnliche Strategie auch weltweit praktiziert und Filialen in Steueroasen wie Luxemburg, Irland, den Niederlanden und auf den britischen Virgin Islands gegründet hat, wo die Unternehmenssteuern niedrig sind. Die Gewinne werden dann weltweit so zu den Filialen verschoben, dass Apple maximal von den niedrigen Steuersätzen profitiert. Das amerikanische Steuerrecht erlaubt außerdem, dass amerikanische Unternehmen das geistige Urheberrecht an Produkten oder Dienstleistungen auf ausländische Filialen übertragen, wodurch sie ihre Steuerbelastung ebenfalls erheblich vermindern können. Für Apple bedeutet das, wie Duhigg und Kocieniewski ausführen, dass die irische Niederlassung angeblich die Urheberrechte an vielen Produkten hält und Tantiemen von Apple-Verkäufen bekommt. Das Eigentumsrecht an der irischen Niederlassung teilt sich Apple mit einer anderen Tochterfirma (Baldwin Holdings Unlimited), die ihren Sitz auf den britischen Virgin Islands, einer weiteren Steueroase, hat.

Es ist schwierig, genau zu beziffern, wie viel Apple durch die weltweite Verschiebung von Gewinnen erspart hat. Sullivan (2012, S. 777) schreibt, wenn Apple die Hälfte seines Gewinns in den Vereinigten Staaten versteuern würde statt nur 30 Prozent, hätte das Unternehmen 2011 2,4 Milliarden Dollar mehr an Steuern bezahlen müssen, als es tatsächlich bezahlt hat. Hätte Apple 70 Prozent versteuert, betrüge die Differenz 4,8 Milliarden Dollar. Sullivan erläutert seine Rechnung und Argumentation folgendermaßen:

> Es wird nie eine präzise Antwort auf die Frage geben, wo die Gewinne entstanden sind. Aber soweit die Körperschaftssteuer eine Steuer auf Einnahmen ist, ist es vernünftig, den Ursprung dort anzu-

setzen, wo die Wertschöpfung stattfindet. Kann im Falle von Apple ein Zweifel bestehen, dass der Großteil der Wertschöpfung in den Vereinigten Staaten stattfindet? (2012, S. 777).

Sullivan (2012) sowie Duhigg und Kocieniewski (2012) heben übereinstimmend hervor, dass Apple mit dieser Steuervermeidungsstrategie kein Einzelfall ist. Andere Technologiefirmen wie Google, Oracle und Amazon machen es ähnlich.[5] In einem Bloomberg-Artikel heißt es, Google profitiere mit einer ähnlichen Strategie an denselben Orten wie Apple von günstigen Steuern (Drucker 2010). Interessanterweise vermeiden Unternehmen wie Apple, Google, Amazon und Microsoft auf diese Weise nicht nur erfolgreich Steuerzahlungen, sondern drängen darüber hinaus noch beim Gesetzgeber auf eine Steueramnestie für die Rückführung der Berge von Geld, die sie in Steueroasen geparkt haben. Es wurde geschätzt, dass dabei im Lauf eines Jahrzehnts 79 Milliarden Dollar zurückkehren könnten ohne die Gewähr, dass die heimgeholten Gewinne für den Ausbau vorhandener Kapazitäten eingesetzt würden (Duhigg und Kocieniewski 2012). Vor dem Hintergrund der Aktienrückkaufprogramme von Apple und anderen Großunternehmen ist die Forderung nach Steuerbefreiung für die zurückgeholten Gelder empörend (Lazonick 2011). Weil die Maximierung des »Shareholder Value« wichtiger ist als alles andere, ist nicht auszuschließen, dass das heimgeholte Geld in den Taschen der Manager und Aktionäre landet.

Innovationspolitik sollte sich nicht auf Fragen wie Steuervorteile für Forschung und Entwicklung konzentrieren, sondern eher darauf, Märkte und technologische Chancen zu schaffen, die private Investitionen fließen lassen (weder Bill Gates noch Steve Jobs haben primär darüber nachgedacht, wie viel sie durch Steuervorteile sparen könnten). Allerdings können die Unternehmen, wenn die Investitionen erst einmal getätigt sind, durch unterschiedliche steuerliche Abschreibungsmöglichkeiten und Steuererleichterungen viel sparen beziehungsweise höhere Gewinne machen. Die Beobachtung, dass manche Unternehmen, die am meisten von hohen öffentlichen Investitionen profitiert haben, am lautesten nach Steuersenkungen rufen, die die öffentlichen Haushalte belasten, sollte eigentlich allen die Augen öffnen und politische Veränderungen zur Folge haben – dazu mehr im nächsten Kapitel.

Steve Jobs' Erfolg an der Spitze von Apple, das sollte man betonen, verdankte sich der Tatsache, dass er sich langfristig darauf konzentrierte, das Unternehmen durch die schwierige Welt und das Auf und Ab von Innovation und Konstruktion zu führen – es ist kein Zufall, dass Apple sich unter seiner Führung nicht um kurzfristige Maßnahmen wie Aktienrückkäufe und Dividendenprogramme kümmerte, die die Mittel aufzehren, die besser in Forschung und Konstruktion investiert wären. Sein beharrlicher Fokus auf gestalterische und Produktinnovationen, die die Märkte *revolutionierten,* auf denen die Apple-Produkte konkurrierten, ermöglichte ihm, einen erheblichen Teil der Gewinne – und der verdienten Anerkennung – einzustreichen. Doch Apple ist auch eine kollektive Organisation, und der Erfolg des Unternehmens hängt vom vollen Einsatz seiner talentierten Mitarbeiter ab. Wenn man ausblendet, wie viele radikal neue Komponenten ihre Existenz staatlicher Förderung verdanken, und dem Staat seinen Anteil am Gewinn unter anderem in Form von Steuern verweigert, verschlechtert das die Aussichten, dass sich die Erfolgsgeschichte von Apple in Zukunft wiederholt.

Das Paradox der Wunder in der digitalen Wirtschaft: Warum kann unternehmerischer Erfolg zu regionalem wirtschaftlichem Elend führen?

In der Rezession 2008 wurde deutlich, dass die amerikanische Wirtschaft stark an Wettbewerbsfähigkeit eingebüßt hat; aus verschiedenen Gründen lag sie bereits vor Beginn der Finanzkrise danieder. Die hohe Verschuldung von Kalifornien ist symptomatisch für die Probleme des gesamten Landes. Schon vor der Krise ersuchte eine Gruppe amerikanischer Senatoren und Abgeordneter aus beiden Parteien die National Academy of Sciences (NAS), ein Expertenteam zusammenzustellen, das die Gründe für den Rückgang der Wettbewerbsfähigkeit untersuchen sollte. Das Team sollte auch politische Vorschläge unterbreiten, wie die Vereinigten Staaten in Wissenschaft und Technologie wieder weltweit an die Spitze zurückkehren könnten. 2005 legte das NAS-Team seine Empfehlungen in einem 500-Seiten-Dokument mit dem Titel »Dem nahenden Sturm trotzen« vor. Darin hieß es unter anderem, staatliche Interventionen seien nötig, ja der Schlüssel, um das Land bei Innovationen wieder ganz nach vorne zu bringen. 2010 wurden die Empfehlungen der NAS überarbeitet; der Nachfolgebericht kam zu dem Schluss, es müsse sofort gehandelt werden, um die aktuellen Trends zu stoppen und die Auswirkungen des stetigen Niedergangs bei der Wettbewerbsfähigkeit möglichst gering zu halten.

Der Satz von Lockheed-Chef Augustine am Anfang dieses Kapitels erinnert daran, was für ein einmalig innovatives Klima in Kalifornien herrschte – Unternehmen wie Apple haben über viele Jahre davon profitiert. Die Innovationskraft und Kreativität, die in diesem Umfeld gediehen, hingen in erster Linie von Direktinvestitionen und Aufträgen der amerikanischen Regierung und des Militärs im Bereich der Kommunikations- und Informationstechnologie ab. Wenn Steuergelder für die Entwicklung neuer Technologien ausgegeben werden, soll letztlich den Unternehmen das Risiko abgenommen werden, das sie tragen, wenn sie im Interesse kollektiver Ziele komplexe innovative Produkte und Systeme entwickeln. In der Theorie sollte sich die Wirkung erfolgreicher Innovationen, die zu Verbesserungen führen, im größeren gesamtwirtschaftlichen Zusammenhang niederschlagen und sichtbar werden. Da bessere Produkte und/oder Dienstleistungen unsere Lebensqualität erhöhen, neue Arbeitsplätze für qualifizierte Arbeitnehmer entstehen lassen, die Exportchancen und die Wettbewerbsfähigkeit des Landes steigern und dadurch einen Zuwachs der Steuereinnahmen bewirken, geht man gern davon aus, dass Investitionen in Innovationen letztlich in die greifbaren und nicht greifbaren Vermögenswerte eines Landes einfließen.

Durch einen solchen Aufwärtszyklus immer neuer staatlicher Investitionen in die wissenschaftlichen und technologischen Grundlagen bereitet die Volkswirtschaft den Weg für nachhaltigen Wohlstand. Doch die Ironie dabei ist, dass Unternehmen wie Apple, Google, General Electric, Cisco und so weiter derzeit florieren, ihre heimische Volkswirtschaft jedoch gleichzeitig darum ringt, einen Weg aus kräftezehrenden Problemen wie einem wachsenden Handelsbilanzdefizit gegenüber den asiatischen Volkswirtschaften, Entindustrialisierung, steigender Arbeitslosigkeit, immer tieferen Haushaltslöchern, Ungleichheit, dem Verfall der Infrastruktur und so weiter zu finden. Die gegenwärtige wirtschaftliche Krise lässt sich nicht allein durch die Bankenkrise, die Kreditklemme und den Zusammenbruch des Hypothekenmarkts erklären. Die heutigen Probleme sind strukturell komplex und reichen viel tiefer. Deshalb müssen wir die Wirkungen von Innovationen betrachten und uns fragen, ob sie zu einer Zunahme neuer Arbeitsplätze mit auskömmlichen Löhnen und höheren Steuereinnahmen geführt haben und/oder zu Zuwächsen beim Export hochwertiger Güter und Dienstleistungen. Nun haben jahrzehntelange staatliche Investitionen in die wissenschaftlichen und technologischen Grundlagen die Vereinigten Staaten zwar zu einer erfolgreichen Innovationsnation gemacht, paradoxerweise aber nicht zu einem hohen Beschäftigungsniveau, steigenden Steuereinnahmen und mehr Exporten von Waren und Dienstleistungen geführt. Apple ist das beste Beispiel, wie und warum es zu diesem Paradox kam.

Derzeit werden die Erfolge von Apple und anderen Technologiefirmen mit wachsender Aufmerksamkeit untersucht, auch unter politischen Gesichtspunkten. Wie Lazonick (2009) schreibt, war das Geschäftsmodell der Old Economy der Schlüssel für das goldene Zeitalter der Massenproduktion und die fordistische technologische Revolution, von der Kapital, Arbeit und der Staat gemeinsam profitierten. Seinerzeit galten Arbeitsplatzsicherheit und reale Einkommenszuwächse mehr als Mobilität und »Start-up«-Millionäre. Machen wir uns bewusst, dass Innovationen zwar der Schlüssel zu langfristigem Wachstum sind, die Förderung von Innovationen aber nicht automatisch die Förderung von »gerechtem« Wachstum bedeutet. Gerechtes Wachstum hängt vielmehr von guten Arbeitsbedingungen und auskömmlichen Löhnen ab.

Die große Frage lautet darum: Wird das Geschäftsmodell der New Economy sich so wandeln, dass die Vorteile der Revolution in der Informations- und Kommunikationstechnologie auch der Volkswirtschaft zugutekommen? Apple verdankt den neuen Technologien große Erfolge, aber wie wird es den Reichtum, der in der Firma geschaffen wurde, verteilen? Wird das Unternehmen in Zukunft mehr sichere Arbeitsplätze mit adäquater Qualifizierung, Löhnen, die zum Leben reichen, Aufstiegschancen und den Sozialleistungen schaffen, die für eine echte Work-Life-Balance erforderlich sind? Oder wird Apple das Geld aus seinen prall gefüllten Kassen dafür verwenden, eine privilegierte Minderheit von Top-Managern, Aktionären und Investoren zu beschenken? Apples Entscheidungen haben reale Auswirkungen nicht nur auf die volkswirtschaftliche Bilanz, sondern auf die Lebensqualität seiner vielen Tausend Beschäftigten.

Wo sind die heutigen Bell Labs?

Die Unternehmen der New Economy verdanken dem Innovations-Ökosystem, das sich als Ergebnis jahrzehntelanger Subventionen und Interventionen des amerikanischen Staates entwickelt hat, satte Gewinne. In vieler Hinsicht war dieses Ökosystem ein Paradies für Unternehmen wie Apple. Doch während politische Kommentatoren erwartungsgemäß die Rolle des Staates anerkennen, versäumen sie, eine direkte Verbindung zwischen dem politischen Handeln des Staates und dessen Folgen für die Entwicklung von Unternehmen, ihre strategischen Entscheidungen und Innovationen herzustellen. Selbst diejenigen, die an die Wirksamkeit von Politik glauben, beschreiben den Staat eher als Ermöglicher, nicht als dynamischen Motor. Die Folge ist, dass amerikanischen Unternehmen oft aus dem Blick gerät, wem sie ihren heutigen Erfolg zu verdanken haben.

Eine interdisziplinäre Untersuchung des MIT[6] hat kürzlich Stärken und Schwächen des amerikanischen Innovationssystems und die Gründe für den Rückgang der Industrieproduktion untersucht. In der Studie ging es darum zu verstehen, warum vielversprechende Innovationen oft ins Stocken geraten oder die Entwicklung ins Ausland abwandert, bevor die Marktfähigkeit erreicht wird. Einer der Gründe, so die Untersuchung, ist, dass große Zentren für Forschung und Entwicklung in den Unternehmen – wie die Bell Labs, Xerox, PARC und das Alcoa Research Lab – der Vergangenheit angehören; die meisten gibt es nicht mehr. Große Unternehmen betreiben heute keine langfristige Grundlagen- und angewandte Forschung mehr, Forschung und Entwicklung sind auf kurzfristige Ziele ausgerichtet. In der Untersuchung heißt es, »im industriellen Ökosystem [der Vereinigten Staaten] haben sich große Lücken aufgetan«:

> In den Dreißigerjahren investierten Unternehmen wie DuPont nicht nur über ein Jahrzehnt in Grundlagenforschung, aus der schließlich Nylon hervorging, sondern wenn das Labor ein aussichtsreiches Produkt hatte, stellte DuPont das Kapital und die Fabriken zur Verfügung, um es herzustellen. Heute entstehen Innovationen viel eher in kleinen Spin-offs oder in universitären oder staatlichen Labors, doch woher sollen die Ressourcen für eine Produktion im großen Stil kommen? Wie zuverlässig fließt das Geld während der kritischen Phasen im Ausbau der Produktion: erste Prototypen, Probeproduktion, Demonstration und Tests, erste Fertigung, Vermarktung in großem Stil? Wenn Produktionssteigerungen hauptsächlich durch Fusionen und Akquisitionen von Start-ups finanziert werden und die Käufer der Firmen Ausländer sind, wie hilft das dann der amerikanischen Volkswirtschaft? (PIE Commission 2013, S. 26.)

Die Autoren der Studie schreiben, die Unternehmen hätten kein Interesse daran, der Allgemeinheit den Nutzen zu liefern, der früher aus den Labors in die Gesellschaft floss, weil sie dann nicht die volle Rendite aus der Forschung und Entwicklung erzielen. Wie bereits in Kapitel 3 diskutiert, ist das die übliche Begründung, warum der Staat Dinge wie

Grundlagenforschung finanzieren soll, von der nicht nur ein Unternehmen profitiert. Nicht klar ist jedoch, wie und warum sich das im Lauf der Zeit geändert hat. Der Konflikt zwischen privater und gesellschaftlicher Rendite (als Nebeneffekt von Forschung und Entwicklung) bestand in der Ära der Bell Labs genauso wie heute. Was heute vor allem fehlt, ist der private Anteil der Kooperation in Forschung und Entwicklung. Deshalb sollte nicht so viel über Partnerschaften und Ökosysteme gesprochen werden und mehr darüber, welche Form von Ökosystemen wir haben wollen, symbiotische oder parasitäre, und durch welche politischen Maßnahmen der private Sektor dazu gebracht werden kann, mitzuziehen, statt sich herauszuhalten und sich nur auf kurzfristig profitable Bereiche zu konzentrieren in der Erwartung, dass der Staat schon die risikoreichen Investitionen tätigen wird. Kann es angehen, dass in einer Zeit, in der das Forschungsbudget der NIH jedes Jahr steigt, bis auf fast 30,9 Milliarden Dollar in 2012, große Pharmafirmen von »offenen Innovationen« reden und ihre Forschungsabteilungen schließen? Wird das zu einem besseren Innovations-Ökosystem führen?

Die künftige Wettbewerbsfähigkeit – und damit der gesamtgesellschaftliche Wohlstand – von Ländern und Regionen wird entscheidend davon abhängen, ob es ihnen gelingt, ihren wertvollsten Besitz zu erhalten: das Innovations-Ökosystem, zu dem sie gehören. Da bei Innovationen Manipulation und Betrug jederzeit möglich sind, müssen wir verstehen, wie man ein effizientes Innovations-Ökosystem aufbaut und wie man es darüber hinaus zu einem symbiotischen und nicht parasitären macht. Nur dann werden Public-Private-Partnerships nicht nur Einsatz und Engagement, sondern auch den Gewinn für alle Beteiligten steigern.

9 Sozialisierung des Risikos, Privatisierung der Gewinne: Bekommt der Unternehmerstaat seinen gerechten Anteil?

Genzyme [ein amerikanisches biopharmazeutisches Unternehmen] vermarktet ein neues Arzneimittel, das jährlich über 1 Milliarde Dollar einbringt. Es ist ein Medikament für eine seltene Krankheit, das ursprünglich von den National Institutes of Health entwickelt wurde. Genzyme hat den Preis für die Jahresdosis auf über 350.000 Dollar festgesetzt. Nach den Gesetzen hat der Staat das Recht, solche mit staatlichen Mitteln entwickelten Wirkstoffe zu »vernünftigen« Preisen zu verkaufen, aber die Politiker haben von dem Recht offenbar keinen Gebrauch gemacht. Das Ergebnis ist ein Extrembeispiel, bei dem die Kosten für die Entwicklung des Medikaments sozialisiert wurden und die Gewinne privatisiert werden. Mehr noch: Einige der Steuerzahler, die die Entwicklung finanziert haben, bekommen das Medikament nicht für ihre Angehörigen, weil sie es nicht bezahlen können.

VALLAS, KLEINMAN und BISCOTTI (2009, S. 24)

Die verzerrte Realität von Risiko und Gewinn

In der Finanztheorie geht man allgemein davon aus, dass eine Beziehung zwischen Risiko und Rendite besteht. Nach der Finanzkrise haben viele zu Recht angemerkt, dass die Finanzbranche zunehmend die Gewinne aus ihren Geschäften privatisiert und die Risiken sozialisiert hat (Alessandri und Haldane 2009). Diese Ungleichverteilung ist auch bei Innovationen zu beobachten. Risiken einzugehen ist immer öfter ein kollektives Unterfangen – wobei der Staat im »offenen Innovationssystem« eine Vorreiterrolle spielt –, aber die Renditen werden keineswegs kollektiv verteilt.

Die Rettungsaktionen haben deutlich gemacht, dass der Finanzsektor der Wirtschaft auf parasitäre Weise Geld entziehen kann und wir das hinnehmen müssen. Im Finanzsektor haben die Banken das Risiko in kleine Scheiben geschnitten, damit gehandelt und so reichlich Kasse gemacht, dass ihr Anteil an den Gewinnen den der »Realwirtschaft« bei Weitem übersteigt. Einzelne Finanzfirmen sind unvorstellbar groß geworden und haben sich so fest in der Weltwirtschaft eingenistet, dass für sie der Slogan »too big to fail«, zu groß zum Scheitern, geprägt wurde. Viele fürchten nun, dass dieser Status ungeachtet ihres Leichtsinns sicherstellt, dass der Staat sie auch das nächste Mal, wenn ihre Hybris sie wieder in Schwierigkeiten bringt, retten wird (während der Staat selbst durch die Rettung an den Rand des Bankrotts geraten könnte). Ob verdient oder nicht, sie werden immer gewinnen. Die Tatsache, dass die Zinsen, die die Banken verlangen, im BIP als »Abgeltung« dafür zählen, dass der Bankensektor die Risikovermittlung übernommen hat, sollte überprüft werden, nachdem wir nun wissen, wer wirklich das Risiko trägt. Zinsen sind in dem Fall einfach Wucher.

In diesem Buch haben wir gesehen, dass in der Welt der Produktion eine ähnliche Ungleichverteilung besteht – selbst in den erfolgreichsten Bereichen. Nach der Finanzkrise plädierten viele Politiker dafür, der »Realwirtschaft« durch eine entsprechende Industriepolitik zu helfen; andererseits muss die Politik sich hüten, nicht Öl ins Feuer zu gießen. Statt die Lebenswissenschaften oder die Informationstechnologie mit Geld zu überschwemmen, müssen erst bestimmte Ungleichgewichte in diesen Sektoren beseitigt werden. In der Pharmabranche finanziert der Staat die riskantesten Forschungen, aber die großen Pharmafirmen schöpfen die Gewinne ab. Während saubere Technologien wie Wind- und Wasserkraft darum kämpfen, auf dem weltweiten Energiemarkt Fuß zu fassen, streichen Manager und Aktionäre (selbst der Verlierer unter den Firmen!) Renditen in Millionenhöhe ein, die zum Teil durch den

Einsatz des Staates zustandegekommen sind (Hopkins und Lazonick 2012). Und in der »New Economy« füllen sich Firmen wie Apple mit Gewinnen aus vom Staat finanzierten Technologien und vom Staat finanzierten Risiken die Taschen, während sie gleichzeitig kaum Steuern bezahlen, mit denen künftige »intelligente« Technologien finanziert werden könnten. Wie sieht wohl die Zukunft eines solchen Systems aus?

Bei der notwendigen Neuausrichtung der Wirtschaft wird es folglich nicht nur um den Umfang und das Gleichgewicht der Aktivitäten im Finanzsektor gehen müssen. Es reicht nicht, dass die Staaten Innovationen vorantreiben oder eine Wiederbelebung der industriellen Produktion fordern. Nötig ist vielmehr ein Umdenken bei der Verteilung von Risiko und Gewinn. Die richtige Balance wird künftige Innovationen befördern, statt sie zu hemmen, und durch eine breite Verteilung der Erträge widerspiegeln, dass Innovation ein kollektives Unterfangen ist.

Wie bereits gesagt, schenkt man der Frage, wer im Innovationsprozess wirklich das Risiko trägt, viel zu wenig Beachtung. Die in Kapitel 1 diskutierte »holprige« Risikoverteilung hat manchen Akteuren des Innovations-Ökosystems (etwa Wagniskapitalgebern) erlaubt, sich als die Speerspitze der Risikoträger darzustellen und deshalb hohe Anteile an den Gewinnen einzufordern (Lazonick und Mazzucato 2013). Einige bekannte Wagniskapitalgeber erkennen durchaus die wichtige Rolle des Staates an (Janeway 2012), zeigen aber trotzdem wenig Bereitschaft, einen Teil ihrer Renditen aus solchen Investments abzugeben. Und noch weniger sind sie bereit, eine höhere Besteuerung von Unternehmensgewinnen und Kapitalerträgen hinzunehmen; die Wagniskapitalbranche hat sich vielmehr besonders nachdrücklich für Steuersenkungen eingesetzt (Lazonick 2009, S 73). Nachdem die Wagniskapitalgeber die Politiker – und einen großen Teil der Mainstream-Medien – davon überzeugt haben, dass sie die »unternehmerische« Kraft in der »Wissensökonomie« sind, profitieren sie jetzt von steuerlicher Förderung und niedrigen Steuersätzen auf Kapitalerträge (die für die meisten den Großteil ihrer Renditen ausmachen).

Da es dem unternehmerisch handelnden Staat darum geht, nicht nur

»intelligentes«, sondern »integratives« Wachstum zu erzeugen, muss man sich genauer ansehen, wer die Risiken trägt, die für diese Art von Wachstum erforderlich sind. Die Bonuszahlungen der Banken beispielsweise sollte man nicht nur mit dem Argument kritisieren, dass sie Gier und Ungleichheit Vorschub leisten. Wirksamer wäre das logische Argument, dass die Zahlungen den eingegangenen Risiken entsprechen müssen.

Nach verbreiteter Auffassung gehen Banker sehr hohe Risiken ein, und wenn die Risiken hohe Renditen bringen, sollen sie dafür belohnt werden – »sie haben es verdient«. Mit einer ähnlichen Logik wurden in den letzten Jahrzehnten die exorbitanten Gewinne von Aktionären gerechtfertigt, die ebenfalls stark zu der wachsenden Ungleichheit beigetragen haben. Die Logik lautet hier, dass die Aktionäre die höchsten Risiken tragen, weil sie nur den Teil der Rendite bekommen, der übrig bleibt, nachdem alle anderen wirtschaftlichen Akteure ausbezahlt wurden (den »Rest«, sofern es einen gibt, nachdem Arbeitnehmer und Manager ihre Gehälter bekommen haben, Kredite und andere Kosten beglichen wurden und so weiter). Wenn viel übrig bleibt, würden die Aktionäre also zu Recht Ansprüche geltend machen – sie hätten ebenso gut nichts bekommen können, weil es keine Garantie gibt, dass etwas übrig bleibt (Jensen 1986, kritisch dazu Lazonick 2012). So weit zumindest die Theorie.

Die Ideologie des Shareholder-Value gründet auf der Vorstellung, dass die Aktionäre solche »Restanspruchsberechtigten« sind und deshalb die wichtigsten Risikoträger ohne Aussicht auf eine garantierte Rendite (Jensen 1986). Doch diese Sicht setzt voraus, dass die anderen Akteure in dem System (Steuerzahler, Arbeitnehmer) garantierte Renditen *haben*, und dabei wird unter anderem übersehen, dass es für die riskantesten Investitionen des Staates keinerlei Garantien gibt: Auf jede erfolgreiche Investition, die zu einer neuen Technologie wie dem Internet führt, kommt eine Fülle von fehlgeschlagenen Investitionen – eben weil Innovationen letztlich unsicher sind. Hindert man nun den Staat, Steuern einzunehmen, oder enthält ihm den gerechten Anteil an den Renditen vor, so beeinträchtigt das seine Möglichkeiten, auch in Zukunft Risiken zu tragen.

Die Aktionäre sind also keineswegs die Einzigen, die zur Wirtschaft beitragen, ohne eine garantierte Rendite zu bekommen. Umso mehr, als Aktionäre auch deshalb Aktien kaufen und verkaufen, weil sie diese Investitionen leicht zu Geld machen können. Zum Innovationsprozess tragen sie nichts oder wenig bei, und dessen Risiken betreffen sie kaum. Staaten hingegen investieren unter Umständen Kapital, und Arbeitnehmer investieren Arbeit (Zeit und Arbeitskraft) in den Innovationsprozess, ohne Garantie, dass die Rendite ihrem Investment entsprechen wird – und ohne Garantie, dass sie im Fall des Scheiterns »gerettet« und nicht entlassen werden.

Innovationen sind das Ergebnis eines langfristigen kumulativen, kollektiven und unsicheren Prozesses (und nicht einfach das Ergebnis des Einsatzes von spekulativem Kapital zum richtigen Zeitpunkt). Insofern ist es logisch, dass die Gewinne breiter verteilt werden müssen. Um zu diesem Verständnis zu gelangen, muss man sich genau anschauen, in welchem Verhältnis die Aufteilung der »Innovationsarbeit« zur Verteilung der Gewinne steht. Die Literatur zu Innovationsprozessen hat viele interessante Erkenntnisse geliefert, zum Beispiel zur Dynamik des Zusammenspiels von großen und kleinen Firmen, staatlicher Forschung und Individuen. Aber über die Verteilung der Gewinne wird kaum geforscht.

Der entscheidende Punkt ist das Verhältnis zwischen denen, die Risiko übernehmen, indem sie ihre Arbeitskraft oder ihr Kapital für Innovationsprozesse zur Verfügung stellen, und denen, die die Renditen aus den Innovationen abschöpfen. Wenn mehr abgeschöpft wird, als an Risiko übernommen wurde, ist das Ergebnis Ungerechtigkeit. Wenn das Ausmaß der Ungerechtigkeit weitere Investitionen in Innovationen bremst, ist das Ergebnis Instabilität. Und wenn das Ausmaß der Instabilität die Unsicherheit im Innovationsprozess erhöht, ist das Ergebnis eine Verlangsamung oder sogar ein Einbruch des Wirtschaftswachstums. Eine große Herausforderung besteht darin, Institutionen zu schaffen, die das Verhältnis von Risiko und Gewinn so regulieren, dass gerechtes, stabiles Wirtschaftswachstum möglich ist.

Ein neues Modell

Wie können wir also erreichen, dass Wachstum nicht nur »intelligent« ist, sondern auch »integrativ« (im Sinne der EU-Strategie Europa 2020)? Warum gehen Innovationen und Ungleichheit oft Hand in Hand? Klassische Ökonomen wie David Ricardo und Karl Marx haben Innovation und Einkommensverteilung noch gemeinsam untersucht, zum Beispiel wenn sie die Auswirkungen der Mechanisierung auf das Verhältnis von Löhnen und Gewinnen analysierten. Dagegen werden Innovation und Einkommensverteilung seit Jahren separat untersucht. Beide Aspekte kommen höchstens bei Untersuchungen zur »Dequalifizierung« (dem Verlust qualifizierter Arbeitsplätze) in den Blick, das heißt im Zusammenhang mit der Beobachtung, dass Innovationen in der Tendenz dazu führen, dass die gut Qualifizierten Erfolg haben und aufsteigen, während die gering Qualifizierten zurückfallen (Acemoglu 2002). Aber Qualifikationen und Technologie bleiben in dieser Perspektive exogene Faktoren, sie werden als gegeben hingenommen; und das Modell kann auch nicht erklären, woher Innovationen und bessere berufliche Qualifikationen kommen. Es ist im Übrigen schwer einzusehen, dass der Hauptgrund der Ungleichheit – zwischen dem einen Prozent der Einkommensbezieher ganz an der Spitze und den restlichen 99 Prozent – auf »Superqualifikationen« dieses einen Prozents gegenüber allen anderen zurückzuführen sein soll (Atkinson et al. 2011). Um so gewaltige Einkommensunterschiede zu erklären, brauchen wir ein anderes Modell.

In Lazonick und Mazzucato (2013) entwickeln wir ein Modell, das ausgehend von der *Verknüpfung von Risiko und Gewinn* den Zusammenhang von Innovationen und Ungleichheit untersucht. Wir fragen: Welche verschiedenen wirtschaftlichen Akteure (Arbeitnehmer, Steuerzahler, Aktionäre) tragen Leistung und Geld zum Innovationsprozess bei, um künftige – naturgemäß ungewisse – Renditen zu erzielen? Können dieselben wirtschaftlichen Akteure sich die Renditen aus dem Innovationsprozess aneignen, sofern und sobald Renditen anfallen? Anders gefragt: Wer trägt das Risiko, und wer streicht die Gewinne ein?

Wenn die Verteilung der Gewinne an die verschiedenen kollektiven Akteure (innerhalb des »Ökosystems«) ihre unterschiedlichen Beiträge zum Innovationsprozess tatsächlich widerspiegelt, werden Innovationen tendenziell die Ungleichheit reduzieren. Wenn jedoch einige Akteure große Anteile der Gewinne einstreichen können, die in keinem Verhältnis zu ihren Beiträgen stehen, werden Innovationen die Ungleichheit steigern. Letzteres geschieht, wenn bestimmte Akteure sich an der Stelle im Innovationsprozess positionieren können, an der eine Innovation finanzielle Erträge abwirft, das heißt nah am Markt für das fertige Produkt oder nahe bei einem Finanzmarkt wie dem Aktienmarkt. Diese begünstigten Akteure bringen zur Rechtfertigung, warum sie einen unverhältnismäßig großen Teil der Innovationsgewinne beanspruchen, gern ideologische Argumente vor, typischerweise solche, die ihre geistigen Wurzeln in den Effizienzannahmen der neoklassischen Ökonomen haben (und der Theorie vom »Shareholder-Value«). Diese ideologischen Argumente bewerten die Beiträge von Investoren zum Innovationsprozess unweigerlich höher als die Beiträge von Arbeitnehmern und Steuerzahlern.

Eben weil Innovationsprozesse kollektiv und kumulativ sind, führt ein Ungleichgewicht beim Verhältnis von Risiko und Gewinn nicht nur zu mehr Ungleichheit, sondern gefährdet auch den Innovationsprozess. Deshalb ist es nicht nur für die Reduzierung der Ungleichheit entscheidend wichtig, Risiko und Gewinn neu auszubalancieren, sondern auch, um Innovationen zu fördern.

Direkte oder indirekte Renditen

In der Finanztheorie ist unbestritten, dass ein Zusammenhang zwischen Risiko und Rendite besteht. Daraus sollte eigentlich folgen, dass der Staat, der bei der Finanzierung risikoreicher Innovationen eine so wichtige Rolle spielt, aus seinen Investitionen auch eine direkte Rendite bezieht. Diese Renditen können dann in die Finanzierung neuer Innovationen einfließen oder auch dazu dienen, die unvermeidlichen Verluste zu decken, die es bei riskanten Investitionen nun einmal gibt. Statt sich ständig Gedanken darüber zu machen, ob der Staat in der Lage ist (oder nicht), die späteren »Gewinner herauszupicken«, sollte man lieber darüber nachdenken, wie Erfolge so entlohnt werden können, dass auch Verluste gedeckt und künftige Erfolge finanziert werden können. Zugespitzt formuliert: Hätte der Staat nur 1 Prozent Rendite auf seine Investitionen ins Internet bekommen, könnte er heute mehr in grüne Technologie investieren.

Viele sagen, man sollte nicht über *direkte* Renditen für den Staat nachdenken, weil der Staat über die Besteuerung bereits eine *indirekte* Rendite auf seine Investitionen erziele. Dies setzt allerdings voraus, dass die Steuereinnahmen offen und gerecht aus vielen Quellen fließen und Steuererleichterungen nachweislich dem Wirtschaftswachstum dienen. Tatsächlich wurde jedoch das Steuersystem nicht ersonnen, um Innovationssysteme zu fördern, in denen die Akteure unter Umständen Jahrzehnte auf die Rendite aus ihrer Investition warten müssen. Darüber hinaus sind Steuervermeidung und Steuerflucht gang und gäbe und dürften in absehbarer Zeit wohl kaum verschwinden. Nach aktuellen Untersuchungen entspricht in Großbritannien die »Steuerlücke«, das heißt die Summe, die dem Staat aufgrund von Steuerflucht, Steuervermeidung und verspäteter Steuerzahlung entgeht, mit 120 Milliarden Pfund fast genau dem gesamten Haushaltsdefizit von 126 Milliarden Pfund.[1]

Da moderne Unternehmen oft globale Organisationen sind, die in vielen Ländern und mit verschiedenen Regierungen Geschäfte machen, wird der Staat von den in seinem Einflussbereich tätigen Unternehmen nur selten die adäquate Rendite für seine Unterstützung bekommen. Kapital ist beweglich, und das bedeutet, dass eine Region, die besonders viel für die Finanzierung von Innovationen leistet, womöglich gerade *nicht* den wirtschaftlichen Gewinn in Form von Steuern und neuen Arbeitsplätzen erhält. Anzunehmen, dass der Staat durch das Steuersystem auf jeden Fall seinen adäquaten Anteil bekommt, ist deshalb ebenso problematisch wie naiv.

Apple ist dafür das beste Beispiel. Wie wir gesehen haben, wurde Apple in der Frühzeit mit Geld aus dem staatlichen SBIR-Programm unterstützt, und alle Technologien, die das iPhone »smart« machen, wurden ebenfalls vom Staat finanziert: das Internet, Drahtlosnetzwerke, GPS, die Mikroelektronik, Touchscreen-Displays und neuerdings die sprachgesteuerte persönliche Assistentin SIRI. Wie ebenfalls dargelegt, hat Apple alle Schlupfwinkel genutzt, um seine Steuerzahlungen an den amerikanischen Staat so gering wie möglich zu halten. Es hat sowohl Forschung und Entwicklung wie die Produktion über den gesamten Globus verteilt, sodass in den Vereinigten Staaten praktisch nur schlecht bezahlte Einzelhandelsarbeitsplätze in den Apple Stores übrig blieben. Angesichts der Größe und weltweiten Bedeutung von Apple muss man feststellen, dass es dem amerikanischen Staat nicht gelungen ist, die Investitionen in eine Reihe riskanter Innovationen, die Apple erst zu einem Gewinner gemacht haben, auch nur annähernd wieder hereinzuholen.

In der Pharmabranche ist das Problem noch offensichtlicher. Drei Viertel der neuen molekularen biopharmazeutischen Wirkstoffe stammen aus Labors, die mit öffentlichen Geldern finanziert werden. Aber in den letzten zehn Jahren haben die zehn größten Unternehmen der Branche höhere Gewinne verbucht als die übrigen 490 auf der Fortune-Liste der 500 größten Unternehmen zusammen. Die Branche kommt außerdem in den Genuss erheblicher Steuervergünstigungen: Die Kosten für Forschung und Entwicklung können abgesetzt werden, ebenso ein Großteil der Aufwendungen für Marketing, die teilweise ebenfalls zu den Kosten für Forschung und Entwicklung gerechnet werden (Angell 2005). Der Staat finanziert also einen wesentlichen Teil der Forschung und Entwicklung und erzielt daraus nur lächerliche Gewinne. So wurde das Krebsmedikament Taxol in den Labors der National Institutes of Health entdeckt. Verkauft wird es von Bristol-Myers Squibb zum Preis von 20.000 Dollar für eine Jahresdosis, das Zwanzigfache der Herstellungskosten. Doch das Unternehmen zahlt den NIH gerade einmal 0,5

Prozent an Tantiemen. In den meisten Fällen werden überhaupt keine Tantiemen bezahlt. Man geht ganz selbstverständlich davon aus, dass staatliche Investitionen dazu da sind, den betreffenden Unternehmen Gewinne zu ermöglichen, und denkt über die verzerrte Verteilung von Risiko und Gewinn wenig oder gar nicht nach.

Was ist zu tun? Dazu einige konkrete Vorschläge.

Ein nationaler Innovationsfonds und »goldene Aktien« bei Urheberrechten

Wenn ein technologischer Durchbruch direkt vom Staat finanziert wird, sollte er aus der Umsetzung Tantiemen bekommen. Diese Einnahmen aus Tantiemen quer durch die Branchen und Technologien sollten in einen »nationalen Innovationsfonds« fließen, aus dem der Staat dann weitere Innovationen finanzieren kann. Dass der Staat eine Rendite bekommt, wird die Verbreitung einer neuen Technologie in der Wirtschaft nicht beeinträchtigen und auch Investoren nicht daran hindern, ihren Teil des Risikos zu übernehmen. Vielmehr wird die Politik, das Geld der Steuerzahler als Katalysator für radikale Innovationen einzusetzen, nachhaltiger, wenn ein Teil der Gewinne im Lauf der Zeit in das Programm zurückfließt. Ein erster Schritt in diese Richtung wäre es, staatliche Investitionen transparenter zu machen: Staatliche Ausgaben zur Unterstützung der Industrie sollten leichter nachvollziehbar sein, Unternehmen dazu verpflichtet werden, Inhalt und finanzielles Volumen ihrer Kooperationen offenzulegen, ohne sensible Informationen preiszugeben. Je genauer wir über den Innovationsprozess informiert sind, desto effizienter können politische Entscheidungen sein.

Burlamaqui (2012) plädiert in diesem Zusammenhang für ein umfassendes »Wissensmanagement«. Um öffentlich finanziertes Wissen zu verwalten, könnte der Staat eine Art »goldener Aktien« (die dem Inhaber besonders weitreichende Rechte gewähren) an Patenten erhalten, die aus staatlich finanzierter Forschung hervorgehen – um sicherzustellen, dass der Patentinhaber sich kooperativ verhält, das heißt nach einer anfänglichen Schutzphase *umfassend* und *gerecht* Lizenzen weitervergibt.

Der Pionier soll seine Kosten hereinholen können, jedoch ohne andere daran zu hindern, in der Folge ebenfalls von dem Patent zu profitieren.

Einkommensabhängige Kredite und Beteiligung

Es sind noch verschiedene andere Möglichkeiten denkbar, wie der Staat zu einer direkten Rendite aus seinen Innovationsinvestitionen kommen kann. Eine bestünde darin, die vom Staat ausgereichten Kredite und Bürgschaften mit Auflagen zu verknüpfen, ähnlich wie einkommensabhängige Kredite oder Studentenkredite. Sofern und sobald die Gewinne eines Unternehmens, das der Staat mit einem Kredit oder Zuschuss unterstützt hat, eine bestimmte Höhe überschreiten, sollte es einen Teil des Geldes zurückzahlen müssen. Hätte nicht ein kleiner Prozentsatz der Milliardengewinne von Google an die staatliche Behörde zurückfließen müssen, die den Algorithmus seiner Suchmaschine finanziert hat?

Neben einkommensabhängigen Krediten besteht auch noch die Möglichkeit, dass sich der Staat an den Unternehmen beteiligt, die er unterstützt. Das ist in vielen Ländern Praxis, etwa in Finnland, wo der staatliche Innovationsfonds SITRA Anteile an Nokia hielt, dessen Anfänge er finanzierte. Solche Investitionen sind genau die Art früher Finanzierung, vor der das Wagniskapital immer öfter zurückscheut. Aber Länder wie die Vereinigten Staaten und Großbritannien (und die Länder, die das angelsächsische Modell kopieren) fürchten staatliche Beteiligung an privaten Unternehmen als Vorstufen des Kommunismus. Tatsächlich ist es durch und durch kapitalistisches Gebaren: Die erfolgreichsten kapitalistischen Volkswirtschaften hatten aktive Staaten, die solche riskanten Investitionen tätigten. Wir haben sie vorschnell kritisiert, wenn etwas schiefging (zum Beispiel bei der Concorde), und haben sie zu zögerlich entlohnt, wenn etwas funktioniert hat (zum Beispiel das Internet).

Entwicklungsbanken

Ein direkteres Instrument ist eine staatliche Investitionsbank. Viele Autoren haben betont, wie wichtig staatliche Investitionsbanken für die antizyklische Kreditvergabe sind (Skidelsky, Martin und Wigstrom 2012), aber sie sind darüber hinaus auch wichtig, um Renditen zu erwirtschaften, mit denen zukünftige Investitionen finanziert werden können. Für das Jahr 2012 meldete die staatliche Förderbank KfW in Deutschland einen Gewinn von umgerechnet 3 Milliarden Dollar, während die meisten privaten Banken rote Zahlen schrieben und viele Gewinnrückgänge verzeichneten. Und tatsächlich: Wenn staatliche Institutionen von Menschen geleitet werden, die nicht nur an die Macht des Staates glauben, sondern auch verstehen, wie Innovationsprozesse funktionieren, dann kommen hohe Gewinne dabei heraus. Ein gutes Beispiel ist die staatliche brasilianische Entwicklungsbank BNDES, die aktiv in Innovationen bei sauberen Technologien und in die Biotechnologie investiert. 2010 erzielte sie damit eine Eigenkapitalrendite von 21 Prozent. Das Geld reinvestierte sie in wichtige neue Sektoren, insbesondere in Biotechnologie im Entwicklungsstadium »Tal des Todes«, in dem privates Wagniskapital in der Regel fehlt. Staatliche Investitionsbanken können aber auch noch mehr leisten, wie die chinesische Entwicklungsbank (China Development Bank, CDB) zeigt. Sie ist nicht nur ein Ersatz für »privates Kapital«, das zu risikoscheu ist, um in Solarhersteller zu investieren, sondern schafft auch aktiv Chancen für die Hersteller. So hat die CDB mit umgerechnet 3 Milliarden Dollar das größte Windparkprojekt in Argentinien unterstützt, das mit chinesischen Windturbinen aufgebaut wurde. Die argentinischen Windparkentwickler bekamen Geld, das sie auf dem freien Kapitalmarkt nicht bekommen hätten, und China eröffnete seinen Windturbinenherstellern eine Absatzmöglichkeit. Neben den Zinsen aus dem Kredit kann das weiteren wirtschaftlichen Zielen dienen (Nielsen 2012).

Zusammenfassend können wir sagen: Intelligentes, integratives und nachhaltiges Wachstum kommt nicht von allein; es setzt bestimmte Instrumente voraus. Diese Diskussion sollte einen ersten Anstoß geben.

10 Zusammenfassung

Um Wachstum durch Innovationen zu fördern, muss man nicht nur erkennen, wie wichtig das Innovations-»Ökosystem« ist, sondern auch, *was jeder einzelne Akteur in das System einbringt.* Die Vorstellung, der öffentliche Sektor könne bestenfalls Anreize für Innovationen des privaten Sektors setzen (durch Subventionen, Steuererleichterungen, Abgaben auf Kohlendioxidemissionen, durch technische Standards und so weiter), geht an der Realität vorbei, vor allem, aber nicht nur, angesichts der gegenwärtigen Krise. Wir haben viele Beispiele genannt, bei denen die entscheidende unternehmerische Initiative vom Staat kam und nicht vom privaten Sektor. Dass dies so oft übersehen wurde, hat dazu beigetragen, dass sich die Partnerschaften zwischen der öffentlichen Hand und den Privatunternehmen eher parasitär als symbiotisch gestalten. Außerdem wurde viel Geld für unwirksame Anreize (einschließlich ineffizienter Steuererleichterungen) verschwendet, das man sinnvoller hätte ausgeben können.

Um die zentrale Rolle des Staates als Risikoträger im modernen Kapitalismus zu verstehen, ist es wichtig, den »kollektiven« Charakter von Innovationen anzuerkennen. Unterschiedliche Firmentypen (große und kleine), unterschiedliche Finanzierungsarten und politische Strategien, Institutionen und Behörden interagieren manchmal in unvorhersehbarer Weise – aber wir können die Interaktion so gestalten, dass sie uns den erwünschten Zielen näher bringt. Die Literatur über *Innovationssysteme* ist hier besonders relevant; die Pionierarbeiten haben Freeman (1995), Lundvall (1992) und Nelson (1993) geschrieben. Je mehr wir uns in Richtung offener Innovationssysteme bewegen, wo die

Schwellen zwischen öffentlicher und privater Kooperation niedrig sind, desto wichtiger sind solche horizontalen Systeme.

Seit Jahren wissen wir, dass Innovationen nicht nur ein Ergebnis von Investitionen in Forschung und Entwicklung sind, sondern dass es auf die Institutionen ankommt, zu ermöglichen, dass neues Wissen die Volkswirtschaft durchdringt. Dynamische Verbindungen zwischen Wissenschaft und Industrie sind eine Möglichkeit, Innovationen zu unterstützen, aber die Beispiele in diesem Buch haben gezeigt, dass die Verbindungen viel tiefer sein können und Jahrzehnte zurück reichen. Ein Innovationsprozess, in dem Staat und Unternehmen separat und isoliert agieren, ist danach schwerlich vorstellbar.

Aber es genügt nicht, schicke neue Begriffe wie Innovations-*Ökosystem* zu prägen. Viel wichtiger ist es, zu verstehen, wie bei Innovationen die Arbeitsteilung zwischen den verschiedenen Akteuren aussieht, insbesondere, die Rolle und das Engagement jedes Akteurs in der *sehr holprigen Risikolandschaft* zu erfassen. Der Staat muss Risiken übernehmen, aber er sollte dem privaten Sektor nicht einfach Risiken abnehmen (oder sie reduzieren); er sollte vielmehr die Risiken tragen, die der private Sektor nicht tragen will, aber dann auch die Früchte seiner Risikobereitschaft ernten. Das ist entscheidend, denn nur so kann der Innovationskreislauf über die Zeit aufrechterhalten werden (die Erträge aus der laufenden Runde dienen zur Finanzierung der nächsten – und zur Deckung der unvermeidlichen Verluste) und ist auch weniger vom politischen und wirtschaftlichen Auf und Ab abhängig. Die Politik sollte sich auf die Rolle konzentrieren, die der Staat innerhalb und zwischen den Sektoren und Institutionen spielt, um Dinge zu ermöglichen, *die sonst nicht möglich wären* – genau wie Keynes in *Das Ende des Laissez-Faire* (2011 [1926]) geschrieben hat. Damit ist nicht nur die antizyklische Funktion staatlicher Ausgaben gemeint (die sie heute wegen der Sparideologie leider immer weniger haben), sondern es muss auch jedes einzelne politische Instrument hinterfragt werden wie zum Beispiel: Führen steuerliche Abschreibungsmöglichkeiten zu Forschung und Entwicklung, die es ohne sie nicht gegeben hätte?

Gerade weil der Staat als wirtschaftlicher Akteur etwas anderes ist als ein Privatunternehmen, lässt sich seine Rolle im Innovationsprozess nicht genau begrenzen und bestimmen. Wenn wir diesen Unterschied akzeptieren, müssen wir einen Weg finden, den speziellen Einflussbereich des Staates zu identifizieren, und wir brauchen Indikatoren, um den Erfolg seines Handelns zu messen. Nehmen wir das Beispiel Concorde: Man könnte das staatliche Engagement in diesem Fall als Fehlschlag werten, aber man sollte über die schlichte Kosten-Nutzen-Analyse hinausgehen und das ganze Spektrum der – greifbaren und nicht greifbaren – Ausstrahlungseffekte berücksichtigen, die die Investitionen in das Concorde-Projekt hatten. Aber das hat noch niemand getan, und so bleibt es bei der Einschätzung, die staatliche Beteiligung an der Concorde sei ein großer Misserfolg gewesen.

Der Staat unterscheidet sich von anderen Akteuren natürlich nicht nur durch seine Aufgabe, sondern auch durch die Instrumente und Mittel, die ihm dafür zu Verfügung stehen. Karl Polanyi argumentiert in seiner großen Abhandlung *The Great Transformation* (1978 [1944]), der Staat schaffe – aktiv und direkt, nicht nur durch Anreize – den »kapitalistischsten« aller Märkte, den »nationalen Markt« (während lokale und internationale Märkte älter sind als der Kapitalismus). Die kapitalistische Wirtschaft wird immer dem Staat untergeordnet und seinem Wandel unterworfen sein. Statt also dem Irrglauben anzuhängen, dass »die Märkte« schon alles optimal regeln werden, »wenn wir sie nur in Ruhe lassen«, sollten Politiker lieber lernen, wie sie ihre Instrumente und Mittel am besten einsetzen, um neue Märkte zu schaffen und zu gestalten – das heißt, Dinge möglich machen, die sonst nicht möglich wären. Und sie müssen dafür sorgen, dass wir diese Dinge auch wirklich brauchen. Es wird immer wichtiger, dass wir die richtige Art von Wirtschaftswachstum bekommen: intelligent, integrativ und nachhaltig.

Natürlich dürfen wir die besondere Rolle des Staates und seine Möglichkeiten nicht romantisch verklären. Wenn der Staat russische Atomwaffen fürchtet, den Untergang von Florida im Meer oder das Ende des Öls, kann er Dinge tun, die niemand sonst tun kann – zum Beispiel *Geld drucken* und riskieren, es für ein so verrücktes Unterfangen wie einen Krieg zu verpulvern. Andererseits kann der Staat auf ein breites nationales Netz von Wissen und Geschäftssinn zurückgreifen – alles in dem Bewusstsein, dass, egal, was geschieht, die Steuergelder weiter fließen werden, weil der Staat letztlich eine Zwangsanstalt ist. Wir müssen dafür sorgen, dass die Zwangsanstalt durch Gewaltenteilung und Wahlen kontrolliert wird.

Wenn man ausschließlich auf Keynes baut, riskiert man, dass der Staat bei dem Bemühen um einen ausgeglichenen Haushalt auch die sinnlose Suche nach Geld in einem aufgelassenen Bergwerk finanziert. Wir haben bereits die Aufforderung von Steve Jobs zitiert, »tollkühn« zu bleiben; das sollte auch für den Staat gelten, wenn er die technologische Entwicklung voranbringt und nach Lösungen für soziale Probleme strebt. Ob der Staat im Namen der nationalen Sicherheit in das Internet investiert oder im Namen des Klimaschutzes (oder um der häufig zitierten »energetischen Unabhängigkeit« willen) in saubere Energien, er kann das im einen wie im anderen Fall in einer Größenordnung und mit Instrumenten tun, die Privatunternehmen nicht zur Verfügung stehen. Eine zentrale Hürde für private Investitionen in neue Technologien ist, dass Privatunternehmen keine Investitionen tätigen, die einen Gewinn für das »Allgemeinwohl« abwerfen (weil sie den nicht für sich abschöpfen können). Deshalb muss der Staat das tun – und sich dabei Gedanken machen, wie er solche Investitionen später in neues Wirtschaftswachstum verwandeln kann. »Tollkühne« Unternehmen werden nicht überleben, sie alle müssen die mit der Produktentwicklung und dem Eintritt in neue Märkte verbundenen Risiken kalkulieren. Apple hatte nicht deshalb Erfolg, weil das Unternehmen neue Technologien entwickelte, sondern weil es dank seiner organisatorischen Fähigkeiten in der Lage war, bereits bestehende Technologien zu integrieren und zu vermarkten. Im Vergleich dazu sind die Flexibilität des Staates und seine Fähigkeit, gezielt und mit konkreten Absichten »tollkühn« in Technologien zu investieren, wichtige Vorteile. Wer hätte je gedacht, dass eine Technologie, die entwickelt wurde, um in einem Atomkrieg die Kommunikation aufrechterhalten zu können, einmal die weltgrößte Plattform für den Austausch von Wissen, für Kommunikation und Handel werden würde? Wie viele Menschen dachten damals wohl, mit dem Internet werde ein »tollkühnes« Projekt mit Millionen Dollar an Steuergeldern unterstützt?

Wir brauchen heute eine »systemische« Perspektive, die die tatsächliche Rolle der einzelnen Akteure sowie die Verbindungen zwischen ihnen in der Risikolandschaft realistisch betrachtet. Es ist zum Beispiel unrealistisch zu glauben, in den kapitalintensiven und hoch risikoreichen Bereichen der sauberen Technologien werde Wagniskapital »vorangehen«, oder es genüge ein bisschen »Anschub« von einer kleinen, strukturlosen grünen Investitionsbank. Bei der sauberen Energie kommt es nicht nur auf die Bereitschaft des Staates an, die Führung zu übernehmen, sondern auf seine Bereitschaft, neue und Übergangstechnologien *nachhaltig* zu unterstützen, damit die Branche »reifen« kann – das heißt, bis Kosten und Leistungsfähigkeit mit denen der bestehenden Technologien (fossile Brennstoffe) mithalten können oder besser sind.

Diese Analyse hat drei wichtige Implikationen.

Erstens reicht es natürlich nicht aus, über den »Unternehmerstaat« zu sprechen, man muss ihn auch errichten – und sich dabei fragen, welche konkreten Institutionen und Organisationen in der Lage sind, langfristige Wachstumsstrategien zu verfolgen und die unvermeidlichen Fehlschläge zu verkraften. Das Schlagwort »Governance« wird oft verwendet, um Marktreformen durchzusetzen; dabei sollte es eher darum gehen, wie man Sachverstand zusammenbringt und die Bereitschaft weckt, in wachstumsstarke Bereiche zu investieren. Wie jeder weiß, der einmal in der Privatwirtschaft gearbeitet hat, gibt es auch dort viele bürokratische und träge Firmen, und der öffentliche Sektor ist nicht von Natur aus weniger innovativ als der private. Aber auch im öffentlichen Sektor muss man über die organisatorische Dynamik nachdenken, wenn man Innovationen und Kreativität fördern will. Stattdessen traut man dem öffentlichen Sektor oft einfach nicht zu, aus eigenem Antrieb innovativ zu wirken. Die meisten, die sich mit *strategischem Management* und organisatorischem Wandel befassen, konzentrieren sich auf den privaten Sektor; der öffentliche Sektor hat in ihren Augen lediglich die Aufgabe, die »Rahmenbedingungen zu schaffen«, damit im »revolutionären« privaten Sektor Innovationen möglich werden. Kein Wunder, dass die klügsten jungen Hochschulabsolventen glauben, es wäre viel spannender und würde viel mehr Spaß machen, bei Goldman Sachs oder Google zu arbeiten als bei einer staatlichen Investitionsbank. Der einzige Weg, die Dinge wieder zurechtzurücken, besteht darin, den Staat aufstatt abzuwerten – anders über ihn zu sprechen und andere Bilder zu gebrauchen.

Für die Krise in der Eurozone ergeben sich daraus wichtige Konsequenzen. Die Bedingungen, die den schwächsten Ländern durch den Fiskalpakt auferlegt werden, sollten den öffentlichen Sektor nicht einfach beschneiden, sondern dafür sorgen, dass es für den Staat attraktiv wird, in Schlüsselbereiche wie Bildung und Forschung und Entwicklung zu investieren. Und sie sollten dazu beitragen, den öffentlichen Sektor von innen heraus so umzugestalten, dass er dynamischer wird, strategischer agiert und mehr auf Leistung achtet. Das klingt vielleicht schwierig, aber es ist nicht schwieriger, als das Spardiktat durchzusetzen, das die sozioökonomischen Strukturen und die künftige Wettbewerbsfähigkeit der schwächeren Länder aushöhlt.

Zweitens gilt: Wenn der Staat aufgefordert wird, sich in Bereichen mit hoher Unsicherheit zu engagieren, wo Gewinne und Verluste (wie sie auch bei privatem Wagniskapital anfallen) gleichermaßen an der Tagesordnung sind, dann ist es nur recht und billig, dass er an den Gewinnen beteiligt wird. Aus seinen Investitionen in Bildung und Gesundheitsversorgung kann der Staat vernünftigerweise keine andere direkte Rendite als Steuern beziehungsweise qualifizierte, gesunde Arbeitskräfte erwarten. Anders verhält es sich bei hoch riskanten Investitionen; hier sollte der Staat eine direkte Rendite bekommen, eben weil das Risiko des Scheiterns so groß ist. Erfolgreiche »Gewinner«-Investitionen sollten so viel Geld einbringen, dass Verluste gedeckt sind und weitere Investitionen in der Zukunft möglich werden – Investitionen, die heute noch gar nicht absehbar sind. Mittlerweile hat man erkannt, dass die Privatisierung von Gewinnen und Sozialisierung von Verlusten im Finanzsektor ökonomisch ineffizient und sozial ungerecht sind (Alessandri und Haldane 2009). Aber dass die gleiche Asymmetrie auch in der Realwirtschaft besteht, bei jungen Technologiefirmen ebenso wie bei reiferen Unternehmen, die für einen Turnaround Geld von außen brauchen, wird bislang noch kaum beachtet. Eine klarere Koppelung von Risiko und Gewinn wird nicht nur die Einnahmen des Staates erhöhen – wichtig in einer Zeit klammer öffentlicher Haushalte –, auch die Steuerzahler werden den Nutzen ihrer Investitionen besser erkennen und politische Entscheidungen für Investitionen, die langfristig das Wachstum fördern, unterstützen.

Drittens haben wir uns zwar auf die Rolle des Staates in der holprigen Risikolandschaft konzentriert; die hier vorgelegte Analyse hat jedoch auch Konsequenzen für die Einschätzung und den Umgang mit den anderen Akteuren des Innovations-»Ökosystems«. Das ist wichtig, weil – wie im Zusammenhang mit den »Mythen« in Kapitel 2 dargelegt – der Beitrag des Staates oft unterschätzt wird, während man die Leistung anderer Akteure übertreibt – von kleinen und mittleren Unternehmen über Wagniskapitalgeber bis zu Aktionären. Wenn wir erkennen, welche unterschiedlichen Aufgaben die Beteiligten in dem Ökosystem haben – unterschiedlich je nach Zeitpunkt und Position –, wird es überschätzten Akteuren, die derzeit die kollektive Vorstellungswelt beherrschen, schwerer fallen, Unterstützung und Subventionen einzufordern.

Wir leben in einer Zeit, in der der Staat immer »schlanker« werden soll. Öffentliche Dienstleistungen werden privatisiert, die Haushalte werden zusammengestrichen, und vielfach bestimmt Angst anstatt Mut den Kurs der Politik. Veränderungen werden häufig damit gerechtfertigt, dass sie die Volkswirtschaften dynamischer und wettbewerbsfähiger machen. Dieses Buch ist ein Appell, die Art und Weise zu ändern, wie wir über den Staat sprechen, über seine Rolle in der Wirtschaft; ein Appell, seine Rolle mit anderen Worten und Bildern zu beschreiben. Nur so können wir beginnen, die Gesellschaft aufzubauen, in der wir leben wollen und die wir uns für unsere Kinder wünschen – wir müssen die falschen Mythen über den Staat entlarven und anerkennen, dass er so komplizierte Probleme wie die bemannte Mondlandung und den Klimawandel lösen kann, wenn er sich auf eine Aufgabe konzentriert und sie dynamisch organisiert. Und wir brauchen Mut, um darauf zu drängen – durch Visionen, aber auch durch entsprechende politische Instrumente –, dass das durch Investitionen erzeugte Wachstum nicht nur »intelligent« ist, sondern auch »integrativ«, das heißt uns allen zugutekommt.

Danksagung

Dieses Buch hätte ohne die Anregung und den Einsatz vieler Kollegen und Freunde nicht geschrieben werden können.

An erster Stelle möchte ich den inspirierenden Austausch mit zwei der besten Wirtschaftshistoriker der Welt nennen: Carlota Perez und Bill Lazonick. Carlotas Arbeiten und unsere vielen Diskussionen über die Rolle des Staates in unterschiedlichen Phasen technologischer Revolutionen waren für mich eine Herausforderung, intensiv über die sich wandelnde Rolle unterschiedlicher Formen von »Kapital« – Finanzierung und Produktion – im Lauf der Zeit nachzudenken. Und über den Anteil, den der Staat daran hat, beides in *produktive* und nicht nur rein spekulative Bahnen zu lenken. Aber natürlich erfordern Innovationen ein gewisses Maß an Spekulation – die Bill sehr sorgfältig von »Manipulation« unterscheidet. Bills messerscharfe Analyse klammert keinen Begriff aus; zum Beispiel trennt er Geschäft und Markt, was die meisten von uns verwechseln, wenn wir vom »privaten Sektor« reden. Bills Arbeit über den Wandel der kapitalistischen Produktionsweise und ihr Verhältnis zu Arbeitsmärkten und Finanzierungsprozessen sollte Pflichtlektüre für alle Studenten sein, die sich für Unternehmenstheorie interessieren, und für alle Politiker, die sich für eine Reform der Finanzwelt einsetzen, um die kapitalistische Produktion integrativer und nachhaltiger zu machen.

Ich danke Bill auch dafür, dass er mir zwei seiner klügsten Masterstudenten vorgestellt hat: Oner Tulum und Matt Hopkins, die für mich die besten Forschungsassistenten waren, die man sich vorstellen kann. Oner sezierte Unternehmensberichte, um bis ins Detail zu erkunden, wie viel Apple vom Staat bekommen hat, sowohl an Technologien wie an Finanzhilfen in frühen Entwicklungsstadien; Kapitel 5 hätte ich ohne ihn nicht schreiben können. Und Matt stellte sein scharfes und leidenschaftliches Verständnis für saubere Technologie zur Verfügung – ein Bereich, für den er wissenschaftlich Experte ist und der ihm auch politisch am Herzen liegt. Kapitel 6 und 7 fußen auf seinen Beiträgen.

Außerdem bin ich Caetano Penna und Caroline Barrow für aufwendige redaktionelle Recherchen dankbar. Caetano, der sich sowohl mit unorthodoxer Ökonomie (und der Other Canon Foundation) wie mit Innovationsstudien auskennt – und eine bahnbrechende Dissertation über die erforderliche »Wende« in der Automobilindustrie geschrieben hat –, war unentbehrlich als anregender Gesprächspartner und Korrekturleser. Caroline, über die gleich nach ihrem Eintritt in die Science and Technology Policy Research Unit (SPRU) an der Universität Sussex die Aufgabe hereinbrach, das Manuskript in Form zu bringen, wurde nie ungeduldig und steuerte aus ihren Erfahrungen als professionelle Tänzerin sogar interessante Informationen über die Rolle des Staates in den Künsten bei.

Schließlich bin ich dankbar für die finanzielle Unterstützung, die mir die Zeit verschaffte, um ungestört am Manuskript zu arbeiten. Ein Stipendium des von Leonardo Burlamaqui geleiteten Programms *Reforming Global Finance* der Ford Foundation war nicht nur hilfreich, sondern vermittelte mir neue Einsichten, weil Leonardo sich mit der Frage befasst, wie »Wissensmanagement« Märkte »gestalten« kann. Tatsächlich hat Leonardos Arbeit bei der Ford Foundation die ersten Besprechungen und ein weiteres Forschungsprojekt angeregt, das vom Institute for New Economic Thinking (INET) finanziert wird und über das Randy Wray und ich gemeinsam brüten: Wie können wir die Gedanken von Joseph Schumpeter über Innovationen und die von Hyman Minsky über Finanzierungsprozesse verbinden, um besser zu verstehen, wie Investitionen der kreativen Zerstörung im Schumpeterschen Sinn dienen können, statt wie gegenwärtig zerstörerischen Schneeballsystemen Vorschub zu leisten?

Von den sonstigen Freunden und Kollegen, die mir durch Austausch und Feedback geholfen haben, möchte ich Fred Block, Michael Jacobs, Paul Nightingale und Andy Sterling erwähnen, die beiden Letzteren von der SPRU, meinem neuen akademischen Zuhause. Gegründet von Chris Freeman, zählt die SPRU zu den dynamischsten Arbeitsumfeldern, die ich je erlebt habe – ein Ort, an dem man Innovationen als zentral für den kapitalistischen Wettbewerb begreift und der Prozess nicht mythologisiert, sondern kritisch analysiert wird – in Tempo wie Ausrichtung.

In den letzten beiden Jahren hatte ich außerdem das Glück, eng mit Politikern aus der ganzen Welt zusammenzuarbeiten, die vollkommen zu Recht »andere« ökonomische Stimmen hören wollen. In Großbritannien fand ich die Zusammenarbeit mit Staatsminister David Willetts, dem Schattenminister für Wirtschaft Chuka Umunna, der Schattenministerin für Wissenschaft Chi Onwurah (inzwischen im Cabinet Office) und mit Andrew Adonis besonders anregend. In der Europäischen Kommission hat mich die Zusammenarbeit mit Peter Droell (Leiter der Abteilung Innovation der Generaldirektion Forschung und Innovation) in der Frage, wie man über Innovationen sowohl *im* öffentlichen Sektor wie *durch* ihn denken sollte, motiviert, über die potenzielle »unternehmerische« Rolle des Staates nicht nur zu sprechen, sondern konkret zu überlegen, wie man »unternehmerische« Organisationen im öffentlichen Sektor aufbauen könnte.

Natürlich ist keine der hier genannten Personen für meine Fehler, Übertreibungen, Provokationen und die manchmal leidenschaftlichen Meinungsäußerungen in diesem Buch verantwortlich.

Bibliografie

ABBATE, J. 1999, *Inventing the Internet,* Cambridge.

ABRAMOVITZ, M. 1956, *Resource and Output Trends in the United States since 1870,* New York: National Bureau of Economic Research.

ACEMOGLU, D. 2002, »Technical Change, Inequality and the Labor Market«, *Journal of Economic Literature* 40, Nr. 1, S. 7–72.

ACUÑA, R. 1976, *America Ocupada,* Mexico City.

ADNER, R. 2012, *The Wide Lens: A New Strategy for Innovation,* New York.

AGHION, P., R. VEUGELERS und C. SERRE 2009, »Cold Start for the Green Innovation Machine«, *Bruegel Policy Contribution* 12 (November).

ALESSANDRI, P. und A. HALDANE 2009, »Banking on the State«, Bank of England, November.

ALMUS, M. und E.A. NERLINGER 1999, »Growth of New Technology-Based Firms: Which Factors Matter?«, *Small Business Economics* 13, Nr. 2, S. 141–54.

AMBLER, T. und K. BOYFIELD 2010, »Reforming the Regulators«, Themenpapier des Adam Smith Institute, September. Online verfügbar unter http://www.adamsmith.org/files/reforming-the-regulators.pdf (abgerufen am 24. Januar 2013).

AMSDEN, A. 1989. *Asia's Next Giant: South Korea and Late Industrialization,* Oxford.

ANDERSEN, R. 2012, »The ›Silent Green Revolution‹ Underway at the Department of Energy«, *Atlantic,* 9. September. Online verfügbar unter http://www.theatlantic.com/technology/archive/2012/09/the-silent-green-revolution-underway-at-the-department-of-energy/261905/ (abgerufen am 22. Januar 2013).

ANDERSON, E. 2011, »Spectra Watt Hopes to Soon Rise Again«, *Times Union,* 27. Mai. Online verfügbar unter http://www.timesunion.com/business/article/SpectraWatt-hopes-to-soon-rise-again-1398102.php (abgerufen am 7. Juli 2012).

ANGELL, M. 2005, *Der Pharma-Bluff. Wie innovativ die Pillenindustrie wirklich ist,* Bonn und Bad Homburg.

APPLE 2012, »Creating Jobs through Innovation«, Apple.com. Online verfügbar unter http://www.apple.com/about/job-creation/ (abgerufen am 22. Januar 2013).

ARORA, A. und A. GAMBARDELLA 1994, »The Changing Technology of Technological Change: General and Abstract Knowledge and the Division of Innovative Labour«, *Research Policy* 23, Nr. 5, S. 523–532.

ARPA-E (Advanced Research Projects Agency-Energy) undatiert, ARPA-E website. Online verfügbar unter http://arpa-e.energy.gov/?q=about (abgerufen am 6. Juni 2011).

ARTHUR, W. B. 2009, *The Nature of Technology: What It Is and How It Evolves*, New York.

ATKINSON, A., T. PIKETTY und E. SAEZ 2011, »Top Incomes in the Long Run of History«, *Journal of Economic Literature* 49, Nr. 1, S. 3–71.

AUDRETSCH, D. B., 1995, *Innovation and Industry Evolution*, Cambridge.

– 2000, »The Economic Role of Small- and Medium-Sized Enterprises: The United States«, Diskussionspapier vorgelegt beim Weltbank-Workshop über »Kleine und mittlere Unternehmen«, Chang Mai, Thailand (August).

– 2003, »Standing on the Shoulders of Midgets: The U.S. Small Business Innovation Research Program (SBIR)«, *Small Business Economics* 20, S. 129–135.

AUERSWALD, P. E. und L. M. BRANSCOMB 2003, »Valleys of Death and Darwinian Seas: Financing the Invention of Innovation Transition in the United States«, *Journal of Technology Transfer* 28, Nr. 3–4, S. 227–239.

BAKER, D. R. 2010, »Funding for Clean-Tech Firms Plunges 33% in '09«, SfGate.com. Online verfügbar unter http://articles.sfgate.com/2010-01-07/business/17470394_1_venture-funding-cleantech-group-venture-capitalists (abgerufen am 6. Juni 2011).

BAKEWELL, S. 2011, »Chinese Renewable Companies Slow to Tap $ 47 Billion Credit«, *Bloomberg Business Week*, 16. November. Online verfügbar unter http://www.businessweek.com/news/2011-11-16/chinese-renewable-companies-slow-totap-47-billion-credit.html (abgerufen am 26. Januar 2012).

– 2012, »U.K. ›Leading‹ Vestas Offshore Wind Market, Manager Says«, Bloomberg, 10. Juli. Online verfügbar unter http://www.bloomberg.com/news/2012-07-10/u-k-leading-vestas-offshore-wind-market-manager-says.html (abgerufen am 6. März 2013).

BARCA, S. 2011, »Energy, Property, and the Industrial Revolution Narrative«, *Ecological Economics* 70, S. 1309–1315.

Bathon, M. 2012, »Solyndra Wins Court Approval of Bankruptcy Exit Plan«, Bloomberg, 23. Oktober. Online verfügbar unter http://www.bloomberg.com/news/2012-10-22/solyndra-wins-court-approval-of-bankruptcy-exit-plan.html (abgerufen am 28. Januar 2013).

Battelle, J. 2006, *Die Suche. Geschäftsleben und Kultur im Banne von Google & Co.*, Kulmbach.

Berger, S. 2013, *Making in America: From Innovation to Market*, Cambridge.

Berners-Lee, T. 1989, »Information Management: A Proposal«, CERN. Online verfügbar unter http://info.cern.ch/Proposal.html (abgerufen am 22. Januar 2013).

Block, F. L. 2008, »Swimming against the Current: The Rise of a Hidden Developmental State in the United States«, *Politics and Society* 36, Nr. 2 (Juni), S. 169–206.

– 2011, »Innovation and the Invisible Hand of Government«, In *State of Innovation: The U. S. Government's Role in Technology Development*, hrsg. von F. L. Block und M. R. Keller, Boulder.

– und M. R. Keller (Hg.) 2011a. *State of Innovation: The U. S. Government's Role in Technology Development*, Boulder.

– 2011b, »Where do innovations come from?« In *State of Innovation: The U. S. Government's Role in Technology Development*, hrsg. von F. L. Block und M. R. Keller, S. 154–173, Boulder.

– 2012, »Explaining the Transformation in the US Innovation System: The Impact of a Small Government Program«, *Socio-Economic Review*, 30. September, S. 1–28. Online verfügbar unter http://ser.oxfordjournals.org/content/early/2012/09/30/ser.mws021.full.pdf+html (abgerufen am 13. Februar 2013).

Blodget, H. 2011, »Apple's Huge New Data Center in North Carolina Created only 50 Jobs«, »Daily Ticker«, Yahoo Finance, 28. November. Online verfügbar unter http://finance.yahoo.com/blogs/daily-ticker/apple-huge-data-center-northcarolina-created-only-143852640.html (abgerufen am 22. Januar 2013).

Bloom, N. und J. van Reenen 2006, *Measuring and Explaining Management Practices across Firms and Countries*, London.

Bottazzi, G., G. Dosi, M. Lippi, F. Pammolli und M. Riccaboni 2001, »Innovation and Corporate Growth in the Evolution of the Drug Industry«, *International Journal of Industrial Organization* 19, Nr. 7, S. 1161–1187.

Bottazzi, L. und M. Da Rin 2002, »Venture Capital in Europe and the Financing of Innovative Firms«, Centre for Economic Policy Research, *Economic Policy* 34.

Bradshaw, K. 2013, »Chinese Solar Panel Giant Is Tainted by Bankruptcy«, *New York Times,* 20. März 2013. Online verfügbar unter: http://www.nytimes.com/2013/03/21/business/energy-environment/chinese-solar-companys-operating-unit-declares-bankruptcy.html?pagewanted=all&_r=0 (abgerufen am 20. April 2013).

Breakthrough Institute 2010, *Where Good Technologies Come From: Case Studies in American Innovation,* Oakland. Online verfügbar unter: http://thebreakthrough.org/blog/Case%20Studies%20in%20American%20Innovation%20report.pdf (abgerufen am 24. Januar 2013).

Brodd, R. J. 2005, »Factors Affecting U.S. Production Decisions: Why are there No Volume Lithium-Ion Battery Manufacturers in the United States?« ATP Working Paper Series, Diskussionspapier 05-01, erarbeitet für Economic Assessment Office Advanced Technology Program, National Institute of Standards and Technology (NIST), Juni.

Brouwer, E., A. Kleinknecht und J. O. N. Reijnen 1993, »Employment Growth and Innovation at the Firm Level: An Empirical Study«, *Evolutionary Economics* 3, S. 153–159.

Brown, D. et al. (Hg.) o. J., »History of Elo«, Elo Touch Solutions. Online verfügbar unter http://www.elotouch.com/AboutElo/History/default.asp (abgerufen am 22. Januar 2013).

Bullis, K. 2011, »Venture Capitalists Back Away from Clean Energy«, Technologyreview.com, 11. August. Online verfügbar unter http://www.technologyreview.com/news/424982/venture-capitalists-back-away-from-clean-energy/ (abgerufen am 26. Januar 2013).

Burlamaqui, L. 2012, »Knowledge Governance: An Analytical Perspective and its Policy Implications«, in: *Knowledge Governance: Reasserting the Public Interest,* hrsg. von L. Burlamaqui, A. C. Castro und R. Kattel, S. 3–26, London.

Bush, V. 1945. *Science, the Endless Frontier: A Report to the President,* Washington, US Government Printing Office.

Buxton, B. 2012, »Multi-touch Systems That I Have Known and Loved«, Microsoft Research. Online verfügbar unter http://www.billbuxton.com/multitouchOverview.html (abgerufen am 3. Oktober 2012).

CBI (Confederation of British Industry) 2006, »Innovation and Public Procurement: A New Approach to Stimulating Innovation«, CBI Innovation Brief.

CBO (Congressional Budget Office) 2006, *Research and Development in the Pharmaceutical Industry*, Washington, Congressional Budget Office, Congress of the United States. Online verfügbar unter http://www.cbo.gov/ftp docs/76xx/doc7615/10-02-DrugR-D.pdf (abgerufen am 24. Januar 2013).

CEP (Centre for Economic Performance) 2006, »Inherited Family Firms and Management Practices: The Case for Modernising the UK's Inheritance Tax«. Online verfügbar unter www.pa_inherited_family_firms.pdf (abgerufen am 7. Juni 2011).

CERN, 2010, »Another of CERN's Many Inventions!« *CERN Bulletin*, 16. März. Online verfügbar unter http://cds.cern.ch/record/1248908 (abgerufen am 22. Januar 2013).

Chang, H.-J., 1993, »The Political Economy of Industrial Policy in Korea«, *Cambridge Journal of Economics* 17, Nr. 2, S. 131–157.

– 2008, *Kicking away the Ladder: The Myth of Free Trade and the Secret History of Capitalism*, New York.

Chang, H.-J. und P. Evans 2000, »The Role of Institutions in Economic Change«, Diskussionspapier für »The Other Canon Meetings«, Venedig, 13.–14. Januar, und Oslo, 15.–16. August.

Chazan, G. 2013, »Fossil Fuel Dominance Still Frames R&D Debate«, *Financial Times*, 28. Januar. Online verfügbar unter http://www.ft.com/intl/cms/s/o/294650fe-63bd-11e2-84d8-00144feab49a.html#axzz2PGTDXaje (abgerufen am 1. April 2013).

Chesbrough, H. 2003, *Open Innovation: The New Imperative for Creating and Profiting from Technology*, Boston.

China Briefing, 2011, »An Overview of China's Renewable Energy Market«, 16. Juni. Online verfügbar unter http://www.china-briefing.com/news/2011/06/16/an-overview-of-chinas-renewable-energy-market.html (abgerufen am 12. September 2013).

Chong, F. und D. D. McNicoll 2006, »Day in Sun for New Billionaire«, *Weekend Australian*, 11. März.

Choudhury, N. 2012, »China PV Installations to Experience Surge in 4Q 2012«, Pv-tech.org, 10. Oktober. Online verfügbar unter http://www.pv-tech.org/news/china_pv_installations_experienced_surge_in_2q_2012 (abgerufen am 25. Januar 2013).

Christensen, C. M. 2011, *The Innovator's Dilemma. Warum etablierte Unternehmen den Wettbewerb um bahnbrechende Innovationen verlieren*, München.

CHU, K. 2011, »Solar-Cell Maker Files for Bankruptcy«, *Inside Energy*, 22. August.

– 2011, »Solar Firm Says Defective Materials, Chinese Competition Spurred Bankruptcy«, *Inside Energy With Federal Lands*, 29. August.

CITIZENS FOR TAX JUSTICE, 2012, »Press Release: General Electric's Ten Year Tax Rate Only Two Percent«, Ctj.org, 27. Februar. Online verfügbar unter http://www.ctj.org/taxjusticedigest/archive/2012/02/press_release_general_electric.php#.UVm3D1fEWyE (abgerufen am 1. April 2013).

CLIMATE WORKS, 2011, »China's New Five-Year Plan Aims to Meet Ambitious Climate and Energy Targets«, 13. Oktober. Online verfügbar unter http://www. climateworks.org/news/item/chinas-new-five-year-plan (abgerufen am 1. Dezember 2012).

COAD, A. und R. RAO 2008, »Innovation and Firm Growth in High-Tech Sectors: A Quantile Regression Approach«, *Research Policy* 37, Nr. 4, S. 633–648.

COMMITTEE ON CLIMATE CHANGE (GB) 2010, »Building a Low-Carbon Economy – the UK's Innovation Challenge«. Online verfügbar unter http://www.theccc.org.uk/publication/building-a-low-carbon-economy-the-uks-innovation-challenge/ (abgerufen am 1. November 2012).

CORIAT, B., F. ORSI und O. WEINSTEIN 2003, »Does Biotech Reflect a New Science-Based Innovation Regime?«, *Industry and Innovation* 10, Nr. 3 (September). S. 231–253.

COWIE, J. 1999, *Capital Moves: RCA's 70-Year Quest for Cheap Labor*. New York.

CROUCH, B. 2008, »$6bn Empire of the Sun«, *Sunday Mail*, 3. Februar.

CULLEN, S. E. 2009, »Alternative Energy Powers Up«, Thompson Reuters. Online verfügbar unter http://lib.sioc.ac.cn/tsg_admin/upload/myupload_4514.pdf (abgerufen am 6. Juni 2011).

DAVID, P. A. 2004, »Understanding the Emergence of Open Science Institutions: Functionalist Economics in Historical Context«, *Industrial and Corporate Change* 13, Nr. 4, S. 571–589.

DAVIES, A. 2003, »Integrated Solutions: The Changing Business of Systems Integration«, in: *The Business of Systems Integration*, hrsg. von A. Prencipe, A. Davies und M. Hobday, Oxford.

DAVIES, A. und T. BRADY 1998, »Policies for a Complex Product System«, *Futures* 30, Nr. 4, S. 293–304.

DECC (Department of Energy and Climate Change) 2009, *The UK Low Carbon*

Transition Plan: National Strategy for Climate and Energy. London. Department of Energy and Climate Change, 15. Juli. Online verfügbar unter http://centralcontent.fco.gov.uk/central-content/campaigns/act-on-copenhagen/resources/en/pdf/DECC-Low-Carbon-Transition-Plan (abgerufen am 6. Juni 2011).

Demirel, P. und M. Mazzucato 2012, »Innovation and Firm Growth: Is R&D Worth It?«, *Industry and Innovation* 19, Nr. 1, S. 45–62.

Devlin, K. 2002, »The Math behind MP3«, *Guardian*, 3. April. Online verfügbar unter http://www.guardian.co.uk/technology/2002/apr/04/internetnews.maths/print (abgerufen am 10. Oktober 2012).

DIUS (Department of Innovation, Universities and Skills) 2008, *Innovation Nation*, März, Cm 7345. London.

DoD (United States Department of Defense) 2011, *Selected Acquisition Report (SAR): RCS: DD-A&T(Q&A)823-166: NAVSTAR GPS: Defense Acquisition Management Information Retrieval (DAMIR)*. Los Angeles, 31. Dezember.

DoE (United States Department of Energy) 2007, »DOE-Supported Researcher Is Co-winner of 2007 Nobel Prize in Physics«, 10. September. Online verfügbar unter http://science.energy.gov/news/in-the-news/2007/10-09-07/?p=1 (abgerufen am 21. Januar 2013).

– 2009, »DOE Awards $377 Million in Funding for 46 Energy Frontier Research Centers«, Energy.gov, 6. August. Online verfügbar unter http://energy.gov/articles/doe-awards-377-million-funding-46-energy-frontier-research-centers (abgerufen am 6. Juni 2011).

Domar, E. D. 1946, »Capital Expansion, Rate of Growth, and Employment«, *Econometrica* 14, Nr. 2 (April), S. 137–147.

Donahue, J. 2012, »Walmart to Install Solar on 27 Massachusetts Stores by 2014«, Cleanenergycouncil.org, 15. Mai. Online verfügbar unter http://www.cleanenergycouncil.org/blog/2012/05/15/walmart-to-install-solar-on-27-massachusetts-stores-by-2014/ (abgerufen am 25. Juli 2012).

Dosi, G., P. Llerena und M. S. Labini 2006, »The Relationships between Science, Technologies and Their Industrial Exploitation: An Illustration through the Myths and Realities of the So-Called ›European Paradox‹«, *Research Policy* 35, Nr. 10, S. 1450–1464.

Dosi, G., F. Malerba, O. Marsili und L. Orsenigo 1997, »Industrial Structures and Dynamics: Evidence, Interpretation and Puzzles«, *Industrial and Corporate Change* 6, Nr. 1, S. 3–24.

DOUGLAS, A. I. und P. J. KLENOW 1996, »Sematech: Purpose and Performance«, *Proceedings of the National Academy of Sciences of the United States of America* 93, Nr. 23, S. 12739–12742.

DOWLING, S. (Hg.) 2012, »Apple announces plans to initiate dividend and share repurchase program«, Apple.com, 19. März. Online verfügbar unter http://www.apple.com/pr/library/2012/03/19Apple-Announces-Plans-to-Initiate-Dividend-and-Share-Repurchase-Program.html (abgerufen am 22. Januar 2013).

DRUCKER, P. 1970. *Technology, Management and Society*. Oxford.

DRUCKER, J. 2010, »Google 2.4% Rate Shows How $60 Billion Lost to Tax Loopholes«, Bloomberg, 21. Oktober. Online verfügbar unter http://www.bloomberg.com/news/2010-10-21/google-2-4-rate-shows-how-60-billion-u-s-revenue-lost-to-tax-loopholes.html (abgerufen am 19. Juli 2012).

DUHIGG, C. und K. BRADSHER 2012, »How the U.S. Lost Out on iPhone Work«, *New York Times*, »The iEconomy Series«, 28. April. Online verfügbar unter http://www.nytimes.com/2012/01/22/business/apple-america-and-a-squeezedmiddle-class.html?_r=1&gwh=CDD8CD36DC4DEF040F857DEB57FA4348 (abgerufen am 21. Januar 2012).

DUHIGG, C. und D. KOCIENIEWSKI 2012, »How Apple Sidesteps Billions in Taxes«, *New York Times*, »The iEconomy Series«, 28. April. Online verfügbar unter http://www.nytimes.com/2012/04/29/business/apples-tax-strategy-aims-at-low-taxstates-and-nations.html (abgerufen am 1. Juli 2012).

EBELING, A. 2011, »Get Uncle Sam to Help You Buy an iPad in 2011«, *Forbes*, »Taxes«, 16. August. Online verfügbar unter http://www.forbes.com/sites/ashleaebeling/2011/08/16/get-uncle-sam-to-help-you-buy-an-ipad-in-2011/ (abgerufen am 3. September 2012).

EC (European Commission) 2010, *Europe 2020: A Strategy for Smart, Sustainable and Inclusive Growth*, Vorschlag der Kommission, Brüssel, März. Online verfügbar unter ec.europa.eu/economy_finance/structural_reforms/europe_2020/index_en.htm (abgerufen am 24. Januar 2013). Deutsch unter: ec.europa.eu/europe2020/index_de.htm.

– 2012. *The EU Climate and Energy Package*. Online verfügbar unter http://ec.europa.eu/clima/policies/package/index_en.htm (abgerufen am 24. Januar 2013).

Economist, 2010a, »Special Report: The World Economy«, 7. Oktober. Online verfügbar unter http://www.economist.com/printedition/2010-10-09 (abgerufen am 25. Januar 2013).

– 2010b, »The World in 2011«, 22. November. Online verfügbar unter http://www.economist.com/theworldin/2011 (abgerufen am 25. Januar 2013).

– 2011a, »Taming Leviathan: How to Slim the State Will Become the Great Political Issue of Our Times«, 17. März. Online verfügbar unter http://www.economist.com/node/18359896 (abgerufen am 23. Mai 2013).

– 2011b, »Angst in the United States: What's Wrong with America's Economy?«, 28. April. Online verfügbar unter http://www.economist.com/node/ 18620710 (abgerufen am 25. Januar 2013).

– 2012, »The Third Industrial Revolution«, 21. April. Online verfügbar unter http://www.economist.com/node/21553017 (abgerufen am 30. April 2012).

Energy and Climate Change Select Committee, 2011, *Energy and Climate Change – Third Report: The Revised Draft National Policy Statements on Energy*, London: House of Commons, 18. Januar. Online verfügbar unter http://www.publications.parliament.uk/pa/cm201011/cmselect/cmenergy/648/64802.htm (abgerufen am 2. Mai 2011).

EPA (United States Environmental Protection Agency) 2011, »Methane emissions«, Washington, US Environmental Protection Agency, 1. April. Online verfügbar unter http://www.epa.gov/methane/ (abgerufen am 8. Oktober 2012).

EPIA (European Photovoltaic Industry Association) 2012, *Global Market Outlook for Photovoltaics until 2016*, Brüssel, European Photovoltaic Industry Association, Mai.

Ernst & Young, 2011, »Cleantech Matters: Seizing Transformational Opportunities«, *Global Cleantech and Trends Report 2011*, Ey.com. Online verfügbar unter http://www.ey.com/Publication/vwLUAssets/Cleantech-matters_FW0009/$FILE/Cleantech-matters_FW0009.pdf (abgerufen am 29. Januar 2013).

Evans, P. 1995, *Embedded Autonomy: States and Industrial Transformation*, Princeton.

– und J. Rauch 1999, »Bureaucracy and Growth: A Cross-National Analysis of the Effects of ›Weberian‹ State Structures on Economic Growth«, *American Sociological Review* 64, Nr. 5, S. 748–765.

FDA (Food and Drug Association) o. J., Suche »Orphan Drug Designations and Approvals«, US Department of Health and Human Sciences. Online verfügbar unter http://www.accessdata.fda.gov/scripts/opdlisting/oopd/index.cfm (abgerufen am 9. Januar 2013; Suchergebnisse von Juni 2011).

Fiegerman, S. 2012, »Here's Why Apple Is Suddenly Laying-Off Employees from Its Retail Store«, *Business Insider*, 16. August. Online verfügbar unter http:

//www.businessinsider.com/heres-why-apple-is-suddenly-laying-off-employees-from-its-retail-stores-2012-8 (abgerufen am 22. Januar 2013).

First Solar, 2011, »First Solar Sets World Record for CdTe Solar PV Efficiency«, *Firstsolar*, 26. Juli. Online verfügbar unter http://investor.firstsolar.com/releasedetail.cfm?releaseid=593994 (abgerufen am 23. Juli 2012).

Flannery, R. 2006, »Sun King: Photovoltaics Vendor Zhengrong Shi Is Worth Only $2.2 Billion. If He Could Just Make Solar Power Cost-Effective, He Could Be Really Rich«, *Forbes Asia* 2, Nr. 5 (27. März).

Florida, R. und D. Browdy 1991, »The Invention That Got Away«, *Technology Review* 94, Nr. 6 (August/September), S. 42–54.

Flynn, L. 1995, »Apple Holds School Market, Despite Decline«, *New York Times*, »Technology«, 11. September. Online verfügbar unter http://www.nytimes.com/1995/09/11/business/apple-holds-school-market-despite-decline.html?pagewanted=print&src=pm (abgerufen am 19. Juli 2012).

Foray, D., D. C. Mowery und R. R. Nelson 2012, »Public R&D and Social Challenges: What Lessons from Mission R&D Programs?« *Research Policy* 41, Nr. 10 (Dezember), S. 1697–1702.

Forero-Pineda, C. 2006, »The Impact of Stronger Intellectual Property Rights Technology in Developing Countries«, *Research Policy* 35, Nr. 6, S. 808–824.

Frankfurt School of Finance and Management, 2012, »Global Trends in Renewable Energy Investment 2012«. Online verfügbar unter http://fs-unep-centre.org/publications/global-trends-renewable-energy-investment-2012 (abgerufen am 13. September 2012).

Freel, M. S. und P. J. A. Robson 2004, »Small Firm Innovation, Growth and Performance: Evidence from Scotland and Northern England«, *International Small Business Journal* 22, Nr. 6, S. 561–575.

Freeman, C. 1995, »The ›National System of Innovation‹ in Historical Perspective«, *Cambridge Journal of Economics* 19, Nr. 1, S. 5–24.

Fried, L., S. Shukla und S. Sawyer (Hgg.) 2012, *Global Wind Report: Annual Market Update 2011*. Global Wind Energy Council (März). Online verfügbar unter http://gwec.net/wp-content/uploads/2012/06/Annual_report_2011_lo wres.pdf (abgerufen am 24. Januar 2013).

Friedman, B. M. 1979, »Crowding Out or Crowding In? The Economic Consequences of Financing Government Deficits«, NBER Diskussionspapier Nr. 284.

Fuchs, E. R. H. 2009, »Cloning DARPA Successfully: Those Attempting to Copy the Agency's Success in Advancing Technology Development First Better Be Sure They Know How DARPA Actually Works«, *Issues in Science and Technology* 26, Nr. 9, S. 65–70.

– 2010, »Rethinking the Role of the State in Technology Development: DARPA and the Case for Embedded Network Governance«, *Research Policy* 39, S. 1133–1147.

Gambardella, A. 1995, *Science and Innovation: The US Pharmaceutical Industry during the 1980s*. Cambridge.

Geroski, P. und S. Machin 1992, »Do Innovating Firms Outperform Noninnovators?« *Business Strategy Review* 3, Nr. 2, S. 79–90.

Geroski, P. A. und M. Mazzucato 2002a, »Learning and the Sources of Corporate Growth«, *Industrial and Corporate Change* 11, Nr. 4, S. 623–644.

– 2002b, »Myopic selection«, *Metroeconomica* 53, Nr. 2, S. 181–199.

Geroski, P. A. und S. Toker 1996, »The Turnover of Market Leaders in UK Manufacturing Industry, 1979–86«, *International Journal of Industrial Organization* 14, Nr. 2, S. 141–58.

Ghosh, S. und R. Nanda 2010, »Venture Capital Investment in the Cleantech Sector«, Harvard Business School, Diskussionspapier 11-020.

Geller, D. und D. Glodfine, Regisseure, 2012, *Something Ventured, Something Gained*, DVD. United States, Miralan Productions.

Gipe, P., 1995, *Wind Energy Comes of Age*, New York.

Glader, P. 2010, »GE Chief Slams U.S. on Energy«, *Wall Street Journal*, 24 September. Online verfügbar unter http://online.wsj.com/article/SB10001424052748703384204575509760331620520.html (abgerufen am 20. Dezember 2010).

Griffith, R., H. Miller und M. O'Connell 2010, »The UK Will Introduce a Patent Box, but to Whose Benefit?«, Institute for Fiscal Studies, Diskussionspapier 5362.

Griliches, Z., B. H. Hall und A. Pakes 1991, »R&D, Patents and Market Value Revisited: Is there a Second (Technological Opportunity) Factor?« *Economics, Innovation and New Technology* 1, Nr. 3, S. 183–201.

Grossman, G. und E. Helpman 1991, *Innovation and Growth in the Global Economy*, Cambridge.

Grindley, P. und D. Teece 1997, »Managing Intellectual Capital: Licensing and Cross-Licensing in Semiconductors and Electronics«, *California Management Review* 39, Nr. 2, S. 8–41.

Grunwald, M. 2012, *The New New Deal: The Hidden Story of Change in the Obama Era*, New York.

Hall, N. 2011, »Spending Review 2010: CaSE's Select Committee Response«, Campaign for Science and Engineering, 13. Mai. Online verfügbar unter http://sciencecampaign.org.uk/?p=5260 (abgerufen am 13. Juni 2011).

Haltiwanger, J., R. Jarmin und J. Miranda 2010, »Who Creates Jobs? Small vs. Large vs. Young«, NBER, Diskussionspapier Nr. 16300.

Harcourt, G. C. 1972, *Some Cambridge Controversies in the Theory of Capital*, Cambridge.

Harrod, R. F. 1939, »An Essay in Dynamic Theory«, *Economic Journal* 49, Nr. 193 (März), S. 14–33.

Hart, J. und M. Borrus 1992, »Display's the Thing: The Real Stakes in the Conflict over High Resolution Displays«, Berkeley Roundtable on the International Economy (BRIE), Diskussionspapier Nr. 52. Online verfügbar unter http://brie.berkeley.edu/publications/WP%2052.pdf (abgerufen am 24. Januar 2013).

Haslam, K. 2012, »Tim Cook's Disastrous First Appointment as CEO«, *Macworld*, 30. Oktober. Online verfügbar unter http://www.macworld.co.uk/apple-business/news/?newsid=3407940&pagtype=allchandate (abgerufen am 22. Januar 2013).

Henderson, J. 2004, »UT Professor, 81, Is Mired in Patent Lawsuit«, *Houston Chronicle*, 5. Juni. Online verfügbar unter http://www.chron.com/default/article/UT-professor-81-is-mired-in-patent-lawsuit-1662323.php (abgerufen am 11. Februar 2013).

Henderson, N. und M. Schrage 1984, »The Roots of Biotechnology: Government R&D Spawns a New Industry«, *Washington Post*, 16. Dezember.

Heymann, M. 1998, »Signs of Hubris: The Shaping of Wind Technology Styles in Germany, Denmark, and the United States, 1940–1990«, *Technology and Culture* 39, Nr. 4 (Oktober), S. 641–670.

Hilton, A. 2012, »To Be More Like Americans, Europe Should Do What They Do, Not What They Say They Do«, *Independent*, 25. Februar. Online verfügbar unter http://www.independent.co.uk/news/business/comment/anthony-hilton-to-be-more-like-americans-europe-should-do-what-they-do-not-what-they-say-they-do-7440626.html (abgerufen am 19. Juni 2012).

HMRC (Her Majesty's Revenue and Customs) 2011, »An Evaluation of Research and Development Tax Credits«. Online verfügbar unter http://www.hmrc.gov.uk/research/report107.pdf (abgerufen am 13. Juni 2011).

Hobday, M. 1998, »Product Complexity, Innovation and Industrial Organization«, *Research Policy* 26, S. 689–710.

Hopkins, M. 2012, »The Making of a Champion, or, Wind Innovation for Sale: The Wind Industry in the United States 1980–2011«, Airnet, Diskussionspapier. Online verfügbar unter http://www.theairnet.org/files/research/Hopkins/Hopkins_Wind_20120421.pdf (abgerufen am 28. Januar 2013).

– und W. Lazonick 2011, »There Went the Sun: Renewable Energy Needs Patient Capital«, Huffington Post, 23. September. Online verfügbar unter http://www.huffingtonpost.com/william-lazonick/there-went-the-sun-renewa_b_978572.html (abgerufen am 12. Juli 2012).

– und W. Lazonick 2012, »Soaking Up the Sun and Blowing in the Wind: Renewable Energy Needs Patient Capital«, Airnet, Diskussionspapier. Online verfügbar unter http://www.theairnet.org/files/research/Hopkins/CleanTech_PatientCapital_20121129a.pdf (abgerufen am 1. Dezember 2012).

Hourihan, M. und M. Stepp 2011, »A Model for Innovation: ARPA-E Merits Full Funding«, The Information Technology and Innovation Foundation, Juli. Online verfügbar unter http://www.itif.org/files/2011-arpa-e-brief.pdf (abgerufen am 24. Januar 2013).

Hsieh, C. und P. J. Klenow 2009, »Misallocation and Manufacturing TFP in China and India«, *Quarterly Journal of Economics* 124, Nr. 4, S. 1403–1446.

Hughes, A. 2008, »Entrepreneurship and Innovation Policy: Retrospect and Prospect«, *Political Quarterly* 79, Sonderheft S1 (September), S. 133–152.

Hughe S. A. und A. Mina 2011, »The UK R&D Landscape«, UK-IRC. Online verfügbar unter http://ukirc.ac.uk/knowledgeexchange/reports/article/?objid=6403 (abgerufen am 28. Januar 2013).

Ibele, M. 2003, »An Overview of California's Research and Development Tax Credit«, Legislative Analyst's Office, November. Online verfügbar unter http://www.lao.ca.gov/2003/randd_credit/113003_research_development.html (abgerufen am 22. Januar 2013).

Irwin, D. A. und P. J. Klenow 1996, »Sematech: Purpose and Performance«, *Proceedings of the National Academy of Sciences of the United States of America* 93, Nr. 23, S. 12739–12742.

Isaacson, W. 2011, *Steve Jobs. Die autorisierte Biografie des Apple-Gründers*, München.

Janeway, W. H. 2012, *Doing Capitalism in the Innovation Economy: Markets, Speculation and the State*. Cambridge.

Jensen, M. 1986, »Agency Costs of Free Cash Flow, Corporate Finance, and Takeovers«, *American Economic Review* 76, Nr. 2, S. 323–329.

JOBS, S., W. MOSSBERG und K. SWISHER 2010, »D8: Steve Jobs Onstage: Full-Length Video«, AllthingsD, 7. Juni. Online verfügbar unter http://allthingsd.com/video/?video_id=70f7cc1d-ffbf-4be0-bff1-08c300e31e11 (abgerufen am 22. Januar 2013).

JOHANSSON, B. 2007, »Award Ceremony Speech«, Nobelprize.org, 28. Januar 2013. Online verfügbar unter http://www.nobelprize.org/nobel_prizes/physics/laureates/2007/presentation-speech.html (abgerufen am 24. Januar 2013).

JOHNSON, C. 1982, *MITI and the Japanese Miracle: The Growth of Industrial Policy 1925–1975*, Stanford.

JUDT, T. 2011. *Dem Land geht es schlecht. Ein Traktat über unsere Unzufriedenheit,* München.

KAMP, L. 2002, »Learning in Wind Turbine Development : A Comparison between the Netherlands and Denmark«, Dissertation, Universität Utrecht. Online verfügbar unter http://igitur-archive.library.uu.nl/dissertations/2002-1128-170921/inhoud.htm (abgerufen am 28. Januar 2013).

KELLY, H. 2012, »How Schools Are Reacting to Apple's Entry into Education«, VentureBeat, 21. Januar. Online verfügbar unter http://venturebeat.com/2012/01/21/apple-textbook-public-private-schools/ (abgerufen am 19. Juli 2012).

KENNEY, M. 2003, »The Growth and Development of the Internet in the United States«, in: *The Global Internet Economy*, hrsg. von B. Kogut, S. 69–108. Cambridge.

KEYNES, J. M. 2011 [1926]. *Das Ende des Laissez-Faire,* Berlin.

– 2009 [1934], *Allgemeine Theorie der Beschäftigung, des Zinses und des Geldes,* 11. Aufl. Berlin.

– 1937, »The General Theory of Employment«, *Quarterly Journal of Economics* 51, Nr. 2 (Februar), S. 209–223.

– 1938, »Private Letter to Franklin Delano Roosevelt«, 1. Februar, in: *Maynard Keynes: An Economists Biography*, hrsg. von D. E. Moggridge. London 1992.

KHO, J. 2011, »Clean Tech's Repeat Lesson: Venture Capital Isn't for Factories«, Forbes.com, 30. September. Online verfügbar unter http://www.forbes.com/sites/jenniferkho/2011/09/30/repeat-lesson-for-vcs-venture-isnt-for-factories/ (abgerufen am 24. Januar 2013).

KLOOSTER, J. W. 2009, *Icons of Invention: The Makers of the Modern World from Gutenberg to Gates,* Santa Barbara.

KNIGHT, F., 1921, *Risk, Uncertainty and Profit,* New York.

– 2002, *Risk, Uncertainty and Profit.* Washington.

KOCIENIEWSKI, D. 2011, »G.E.'s Strategies Let It Avoid Taxes Altogether«, *New York Times,* 24. März. Online verfügbar unter http://www.nytimes.com/2011/03/25/business/economy/25tax.html?_r=1&scp=1&sq=g.e.&st=cse (abgerufen am 25. Juli 2012).

KOROSEC, K. 2011, »Cleantech Saviour: US Military to Spend $10B Annually by 2030«, Smartplanet.com, 13. Oktober. Online verfügbar unter http://www.smartplanet.com/blog/intelligent-energy/cleantech-savior-us-military-to-spend-10b-annually-by-2030/9593 (abgerufen am 28. Januar 2013).

KRAEMER, K. L., G. LINDEN und J. DEDRICK 2011, »Capturing Value in Global Networks: Apple's iPad and iPhone«, Personal Computer Industry Center, University of California–Irvine. Online verfügbar unter http://pcic.merage.uci.edu/papers/2007/CapturingValue.pdf (abgerufen am 19. Juni 2012).

LAMONICA, M. 2012, »Should the Government Support Applied Research?«, *MIT Technology Review,* 10. September. Online verfügbar unter http://www.technologyreview.com/news/428985/should-the-government-support-applied-research/ (abgerufen am 19. Juni 2012).

LANDBERG, R. 2012, »China to Make Regional Adjustments for Solar Power Incentives«, Bloomberg, 19. Dezember. Online verfügbar unter http://www.bloomberg.com/news/2012-12-19/china-to-make-regional-adjustments-for-solar-power-incentives.html (abgerufen am 24. Januar 2013).

LAUBER, V. und L. MEZ 2006, »Renewable Electricity Policy in Germany, 1974 to 2005«, *Bulletin of Science, Technology & Society* 26, Nr. 2 (April), S. 105–120.

LAZONICK, W. 2007, »The US Stock Market and the Governance of Innovative Enterprise«, *Industrial and Corporate Change* 16, Nr. 6, S. 983–1035.

– 2008, »Entrepreneurial Ventures and the Developmental State: Lessons from the Advanced Economies«, UNU-WIDER. Diskussionspapier Nr. 1 (Januar).

– 2009. *Sustainable Prosperity in The New Economy? Business Organization and High-Tech Employment in the United States,* Kalamazoo Upjohn Institute for Employment Research.

– 2011a, »Apple's Jobs: A Rebirth of Innovation in the US Economy?«, *Next New Deal: The Blog of The Roosevelt Institute,* Nextnewdeal.net, 4. August. Online verfügbar unter http://www.nextnewdeal.net/apples-jobs-rebirth-innovation-us-economy (abgerufen am 12. Juli 2012).

– 2011b, »How Greedy Corporations Are Destroying America's Status as ›Innovation Nation‹«, *Next New Deal: The Blog of The Roosevelt Institute,* Nextnewdeal.net, 28. Juli. Online verfügbar unter http://www.nextnewdeal.net/how-gr

eedy-corporations-are-destroying-americas-status-innovation-nation (abgerufen am 7. März 2013).
– 2011c, »The Innovative Enterprise and the Developmental State«, Academic-Industry Research Network, April. Online verfügbar unter http://www.theairnet.org/files/research/lazonick/Lazonick%20Innovative%20Enterprise%20and%20 Developmental%20State%2020110403.pdf (abgerufen am 7. März 2012).
– 2012, »The Innovative Enterprise and the Developmental State: Toward an Economics of ›Organizational Success‹«, Diskussionspapier vorgelegt auf der Jahreskonferenz des Institute for New Economic Thinking, Bretton Woods, 10. April, S. 38 (überarbeitet November 2012). Online verfügbar unter http://fiid.org/?page_id=1660 (abgerufen am 22. Januar 2013).
– 2014, »Strategies for Promoting U.S. Competitiveness in World Markets«, In *Public Economics: The Government's Role in American Economics,* hrsg. von S. Payson, Westport.
Lazonick, W. und M. Mazzucato 2013, »The Risk-Reward Nexus in the Innovation-Inequality Relationship: Who Takes the Risks? Who Gets the Rewards?« *Industrial and Corporate Change* 22, Nr. 4, S. 1093–1128.
Lazonick, W. und O. Tulum 2011, »US Biopharmaceutical Finance and the Sustainability of the Biotech Business Model«, *Research Policy* 40, Nr. 9 (November), S. 1170–1187.
Lee, A. 2012, »Ralph Nader to Apple CEO Using Texas' Tax Dollars: ›Stand on Your Own Two $100 billion Feet‹«, AlterNet, 6. April. Online verfügbar unter http://www.alternet.org/newsandviews/article/877674/ralph_nader_to_apple _ceo_using_texas«_tax_dollars%3A_'stand_on_your_own_two_$100_billion_ feet«/ (abgerufen am 22. Januar 2013).
Lent A. und M. Lockwood 2010, »Creative Destruction: Placing Innovation at the Heart of Progressive Economics«, IPPR Diskussionpapier, Dezember.
Lerner, J. 1999, »The Government as Venture Capitalist: The Long Run Impact of the SBIR Program«, *Journal of Business* 72, Nr. 3, S. 285–318.
Leslie, S. W. 2000, »The Biggest ›Angel‹ of Them All: The Military and the Making of Silicon Valley«, in: *Understanding Silicon Valley: The Anatomy of an Entrepreneurial Region*, hrsg. von M. Kenney, S. 44–67, Stanford.
Levine, S. 2009, »Can the Military Find the Answer to Alternative Energy?«, Businessweek.com, 23. Juli. Online verfügbar unter http://www.businessweek.com/magazine/content/09_31/b4141032537895.htm (abgerufen am 28. Januar 2013).

Lewis, J. 2007, »Technology Acquisition and Innovation in the Developing World: Wind Turbine Development in China and India«, *Studies in Comparative International Development* 32, Nr. 3–4, S. 208–232.

Liedtke, M. 2012, »Apple Cash: CEO Tim Cook Says Company Has More Than It Needs«, Huffington Post, 23. Februar. Online verfügbar unter http://www.huffingtonpost.com/2012/02/23/apple-cash-ceo-tim-cook_n_1297897.html?view=print&comm_ref=false (abgerufen am 19. Juli 2012).

Lim, B. und S. Rabinovitch 2010, »China Mulls $1.5 Trillion Strategic Industries Boost: Sources«, Reuters, 3. Dezember. Online verfügbar unter http://www.reuters.com/article/2010/12/03/us-china-economy-investmentidUSTRE6B16U920101203 (abgerufen am 24. Juli 2012).

Linden, G., K. L. Kraemer und J. Dedrick 2009, »Who Captures Value in a Global Innovation Network? The Case of Apple's iPod«, *Communications of the ACM* 52, Nr. 3, S. 140–44.

Liu, C. 2011, »China Uses Feed-In Tariff to Build Domestic Solar Market«, *New York Times,* 14. September. http://www.nytimes.com/cwire/2011/09/14/14climatewire-china-uses-feed-in-tariff-to-build-domestic-25559.html?pagewanted =all (abgerufen am 24. Januar 2013).

Liu, W. 2011, »An Unlikely Boost for Chinese Wind«, Chinadialogue, 20. Juni. Online verfügbar unter http://www.chinadialogue.net/article/show/single/en/4361-An-unlikely-boost-for-Chinese-wind (abgerufen am 25. April 2012).

Liu, Y. 2012, *China Increases Target for Wind Power Capacity to 1000 GW by 2050,* Renewableenergyworld.com, 5. Januar. Online verfügbar unter http://www.renewableenergyworld.com/rea/news/article/2012/01/china-increases-target-for-wind-power-capacity-to-1000-gw-by-2050 (abgerufen am 14. Juni 2012).

Lockshin, B. und P. Mohnen 2012, »Do R&D Tax Incentives Lead to Higher Wages for R&D Workers? Evidence from the Netherlands«, Maastricht Economic and Social Research Institute on Innovation and Technology (UNU-Merit), Diskussionspapier Nr. 2012-058, 18. Juli; überarbeitete Fassung von Diskussionspapier Nr. 2008-034.

Longview Institute o. J., »The Birth of the Microchip«, Longviewinstitute.org. Online verfügbar unter http://www.longviewinstitute.org/projects/marketfundamentalism/microchip/ (abgerufen am 2. Juli 2012).

Lööf, H. und A. Heshmati 2006, »On the Relationship between Innovation and Performance: A Sensitivity Analysis«, *Economics of Innovation and New Technology* 15, Nr. 4–5, S. 317–344.

LUNDVALL, B.-Å. (Hg.) 1992. *National Systems of Innovation. Towards a Theory of Innovation and Interactive Learning,* London.

LYONS, D. 2012, »Apple Caves on Audits«, The Daily Beast, 13. Februar. Online verfügbar unter http://www.thedailybeast.com/newsweek/2012/02/12/appleshypocrisy-on-u-s-jobs.html (abgerufen am 7. Juli 2012).

MADRIGAL, A. 2011, *Powering the Dream: The History and Promise of Green Technology,* Cambridge.

MALAKOFF, D. 2012, »Romney, Obama Campaigns Give Clean Tech Research Some Bipartisan Love«, »Science Insider«, sciencemag.org, 11. Juli. Online verfügbar unter http://news.sciencemag.org/scienceinsider/2012/07/romney-obamacampaigns-give-clean.html?ref=em (abgerufen am 7. August 2012).

MALONE, M. S. 1999, *Infinite Loop: How the World's Most Insanely Great Computer Company Went Insane,* New York.

MARKUSEN, A., P. HALL, S. CAMPBELL und S. DEITRICK 1991, *The Rise of the Gunbelt: The Military Remapping of Industrial America,* New York.

MARTIN, R. und U. WAGNER 2009, »Climate Change Policy and Innovation«, Tagungsbeitrag am Centre for Economic Performance, London School of Economics. Online verfügbar unter http://cep.lse.ac.uk/conference_papers/18_05_2009/martin.pdf (abgerufen am 7. Juni 2011).

MARTINOT, E. 2010, »Renewable Power for China: Past, Present, and Future«, *Frontiers of Energy and Power Engineering in China* 4, Nr. 3, S. 287–294.

– 2013, »Renewables Global Futures Report« REN21, Januar. Online verfügbar unter http://www.ren21.net/Portals/0/REN21_GFR_2013_print.pdf (abgerufen am 10. März 2013).

MARTINOT, E. und L. JUNFENG 2007, »Powering China's Development: The Role of Renewable Energy«, WorldWatch Institute, November. Online verfügbar unter http://www.worldwatch.org/files/pdf/Powering%20China%27s%20 Development.pdf (abgerufen am 20. September 2013).

– 2010, »Renewable Energy Policy Update for China«, Renewableenergyworld.com, 21. Juli. Online verfügbar unter http://www.renewableenergyworld.com /rea/news/article/2010/07/renewable-energy-policy-update-for-china (abgerufen am 24. April 2012).

MASON, G., K. BISHOP und C. ROBINSON 2009, »Business Growth and Innovation: The Wider Impact of Rapidly-Growing Firms in UK City-Regions«, NESTA, Forschungsbericht, Oktober.

MASSEY, D., P. QUINTAS und D. WIELD 1992, *High-Tech Fantasies: Science Parks in Society, Science and Space,* London.

MATHEWS, J. et al. 2011, »China's Move to a Circular Economy as a Development Strategy«, *Asian Business and Management* 10, Nr. 4, S. 463–484.

MAZZOLENI, R. und R. R. NELSON 1998, »The Benefit and Costs of Strong Patent Protection: A Contribution to the Current Debate«, *Research Policy* 27, Nr. 3, S. 273–284.

MAZZUCATO, M. 2000, *Firm Size, Innovation and Market Structure: The Evolution of Market Concentration and Instability,* Northampton.

– und G. DOSI (Hg.) 2006, *Knowledge Accumulation and Industry Evolution: The Case of Pharma-Biotech,* Cambridge.

– 2010, »US Healthcare Reform Is Not an Act of Meddling«, *Guardian*, 6. April. Online verfügbar unter http://www.guardianpublic.co.uk/us-healthcarereform-innovation (abgerufen am 6. Juni 2011).

und W. LAZONICK 2010, »The Limits to the 3% R&D Target in Europe 2010: The Roles of Institutions, Industries, and Business – Government Complementarities in Achieving Equitable and Stable Growth«, FINNOV, Positionspapier Mai. Online verfügbar unter http://www.finnov-fp7.eu/sites/default/files/FINNOV_POSITION_PAPER_MAI_2010_3Percent_RD.pdf (abgerufen am 24. Januar 2013).

– 2011, *The Entrepreneurial State,* London, DEMOS.

– und S. PARRIS 2011, »R&D and Growth: When Does Variety Matter?« FINNOV, Arbeitspapier 2.8.

– 2012a, »Rebalancing What?«, Diskussionspapier für Policy Network, Policy-network.net, 24. Juni. Online verfügbar unter www.policy-network.net/publications/4201/Rebalancing-What (abgerufen am 11. Februar 2013).

– 2012b, »The EU Needs More, Not Less Investment, to Get Out of Its Current Economic Predicament«, *European* 34 (Oktober), S. 4–8. Online verfügbar unter http://ymlp.com/zm2bu9 (abgerufen am 2. Februar 2013).

– 2013, »Taxpayers Helped Apple but Apple Won't Help Them«, *Harvard Business Review*, 8. März. Online verfügbar unter http://blogs.hbr.org/cs/2013/03/taxpayers_helped_apple_but_app.html?utm_source=Socialflow&utm_medium=Tweet&utm_campaign=Socialflow (abgerufen am 9. April 2013).

MCCRAY, W. P. 2009, »From Lab to iPod: A Story of Discovery and Commercialization in the post-Cold War era«, *Technology and Culture* 50, Nr. 1 (Januar), S. 58–81.

McIntyre, R. et al. 2011, »Corporate Taxpayers & Corporate Tax Dodgers 2008–10«, Citizens for Tax Justice and the Institute on Taxation and Economic Policy. Online verfügbar unter http://www.ctj.org/corporatetaxdodgers/CorporateTaxDodgersReport.pdf (abgerufen am 25. Juli 2012).

Mia, H. et al. 2010, »A Survey of China's Renewable Energy Economy«, *Renewable and Sustainable Energy Reviews* 14, S. 438–445.

Minsky, H. P. 1992, »The Financial Instability Hypothesis«, Jerome Levy Economics Institute, Arbeitspapier Nr. 74, Mai.

Mirowski, P. 2011, *Science-Mart,* Cambridge.

MIT (Massachusetts Institute of Technology) 2013, Vorschau auf den Bericht »Innovation Economy Report«, hrsg. von Richard M. Locke und Rachel Wellhausen, mit.edu, 22. Februar. Online verfügbar unter http://web.mit.edu/press/images/documents/pie-report.pdf (abgerufen am 25. Februar 2013).

Motoyama, Y., R. Appelbaum und R. Parker 2011, »The National Nanotechnology Initiative: Federal Support for Science and Technology, or Hidden Industrial Policy?« *Technology in Society* 33, Nr. 1–2 (Februar–Mai), S.109–118. Online verfügbar unter http://ac.els-cdn.com/S0160791X1100011X/1-s2.0-S0160791X1100011Xmain.pdf ?_tid=fdf274f8-71ce-11e2-82ef-00000aab0f02&acdnat=1360314641_02c6c7c82b80f38f77571a611ab9305c (abgerufen am 8. Februar 2013).

Mowery, D. C. 2010, »Military R&D and Innovation«, in: *Handbook of the Economics of Innovation*, hrsg. von B. H. Hall und N. Rosenberg, Amsterdam.

NAS (United States National Academy of Sciences) 2010, *Rising Above the Gathering Storm, Revisited: Rapidly Approaching Category 5,* Washington.

National Research Council 1999, *Funding a Revolution: Government Support for Computing Research,* Washington.

Nelson, R. (Hg.) 1993, *National Innovation Systems: A Comparative Analysis,* Oxford und New York.

Nelson, R. und S. Winter 1982, *An Evolutionary Theory of Economic Change,* Cambridge.

NESTA (National Endowment for Science Technology and the Arts). 2006, »The Innovation Gap: Why Policy Needs to Reflect the Reality of Innovation in the UK«, Bericht für die Politik, Oktober. Online verfügbar unter http://www.nesta.org.uk/library/documents/innovation-gap-pb.pdf (abgerufen am 7. Juni 2011).

– 2009a, »The Vital 6 Per Cent: How High Growth Innovative Businesses Generate Prosperity and Jobs«, Zusammenfassung der Forschungsergebnisse.

– 2009b, »From Funding Gaps to Thin Markets: UK Government Support for Early-Stage Venture Capital«, Forschungsbericht. Online verfügbar unter http://www.nesta.org.uk/library/documents/Thin-Markets-v9.pdf (abgerufen am 7. Juni 2011).

– 2011, »Vital Growth: The Importance of High Growth Businesses to Recovery«, Zusammenfassung der Forschungsergebnisse, März.

Nielsen, K. H. 2010, »Technological Trajectories in the Making: Two Studies from the Contemporary History of Wind Power«, *Centaurus* 52, Nr. 3, S. 175–205.

Nielsen, S. 2012, »Argentina Plans Biggest Wind Project with Loan from China«, Bloomberg, 5. Juli. Online verfügbar unter http://www.bloomberg.com/news/2012-07-05/argentina-plans-biggest-wind-project-with-loan-from-china.html (abgerufen am 24. Juli 2012).

Nightingale, P. 2004, »Technological Capabilities, Invisible Infrastructure and the Un-social Construction of Predictability: The Overlooked Fixed Costs of Useful Research«, *Research Policy* 33, Nr. 9, S. 1259–1284.

– 2012, Evidence provided on the »Valley of Death« to Science and Technology Committee, UK House of Commons, 28. April. Online verfügbar unter http://www.publications.parliament.uk/pa/cm201012/cmselect/cmsctech/uc1936-i/uc193601.htm (abgerufen am 1. Januar 2013).

NIH (National Institutes of Health) o. J., »Home«, US Department of Health and Human Sciences website. Online verfügbar unter http://www.nih.gov/ (abgerufen am 25. Januar 2013).

Nordhaus, T. und M. Shellenberger (Hg.) 2011. *Breakthrough Journal* 1 (Sommer).

NREL (National Renewable Energy Laboratory) 2010, *Rapid Deposition Technology Holds the key for the World's Largest Solar Manufacturer,* Golden United States Department of Energy, Oktober.

– 2012, »Thin Film Photovoltaic Partnership Project«. Online verfügbar unter http://www.nrel.gov/pv/thin_film_partnership.html (abgerufen am 23. Juli 2012).

NSB (National Science Board) 2012, »Science and Engineering Indicators 2012«, National Science Foundation. Online verfügbar unter http://www.nsf.gov/statistics/seind12/start.htm (abgerufen am 18. Januar 2013).

NSF (National Science Foundation) 2010, »National Patterns of R&D Resources: 2008 Data Update«, NSF 10-314, März.

OECD (Organisation für wirtschaftliche Zusammenarbeit und Entwicklung) 2005, *Main Science and Technology Indicators*, Jg. 2005, Ausgabe 2, Paris.

Office of the Budget, National Institutes of Health, 2011, »Appropriations History by Institute/Center (1938 to Present)«. Online verfügbar unter http://officeofbudget.od.nih.gov/approp_hist.html (abgerufen am 15. November 2012). Auf der Grundlage von W. Lazonick und O. Tulum, »US Biopharmaceutical Finance and the Sustainability of the Biotech Business Model,« *Research Policy* 40, Nr. 9 (2011), S. 1170–1187.

Ogg, E. 2012, *How Apple Gets Away with Lower R&D Spending*. GIGaom, 30. Januar. Online verfügbar unter http://gigaom.com/apple/how-apple-gets-away-with-lowerrd-spending/ (abgerufen am 19. Juli 2012).

OSTI (Office of Science and Technical Information) 2009, »John B. Goodenough, Cathode Materials, and Rechargeable Lithium-ion Batteries. DoE R&D Accomplishments«, 17. September. Online verfügbar unter http://www.osti.gov/accomplishments/goodenough.html (abgerufen am 14. Februar 2012).

OSTP (Office of Science and Technology Policy) 2006, »American Competitiveness Initiative: Leading the World in Innovation«, Domestic Policy Council, Office of Science and Technology Policy, Februar.

OTA (US Congress Office of Technology Assessment) 1995, *Flat Panel Displays in Perspective*, OTA-ITC-631, Washington. Online verfügbar unter http://www.fas.org/ota/reports/9520.pdf (abgerufen am 29. Januar 2013).

OTP (Office of Tax Policy) 2011, »Investing in U.S. Competitiveness: The Benefits of Enhancing the Research and Experimentation (R&E) Tax Credit«, Bericht des Office of Tax Policy, United States Department of the Treasury, 25. März.

Overbye, D. 2007, »Physics of Hard Drives Wins Nobel«, *New York Times*, 10. Oktober. Online verfügbar unter http://www.nytimes.com/2007/10/10/world/10nobel.html?pagewanted=print (abgerufen am 10. Oktober 2012).

Parris, S. und P. Demirel 2010, »Innovation in Venture Capital Backed Clean-Technology Firms in the UK«, *Strategic Change* 19, Nr. 7–8, S. 343–357.

Patton, D. 2012, »Further Huge Boost to Solar Target ›Not on China's Agenda‹«, Recharge News, 12. September. Online verfügbar unter http://www.rechargenews.com/business_area/politics/article322558.ece (abgerufen am 22. Januar 2013).

Pavitt, K. 1984, »Sectoral Patterns of Technical Change: Towards a Taxonomy and a Theory«, *Research Policy* 13, Nr. 6, S. 343–373.

PENTLAND, W. 2011, »China's Coming Solyndra Crisis«, *Forbes*, 27. September. Online verfügbar unter http://www.forbes.com/sites/williampentland/2011/09/27/chinas-coming-solyndra-crisis/ (abgerufen am 23. Juli 2012).

PEREZ, C. 2002. *Technological Revolutions and Financial Capital: The Dynamics of Bubbles and Golden Ages*, Cheltenham.

– 2012, »Financial Crises, Bubbles and the Role of Government in Unleashing Golden Ages«, FINNOV Diskussionspapier D2.12.

PERLIN, J. 1999, *From Space to Earth: The Story of Solar Electricity*, Michigan.

PERNICK, R., C. WILDE und T. WINNIE 2012, »Clean Energy Trends 2012«, CleanEdge, März. Online verfügbar unter http://www.cleanedge.com/reports (abgerufen am 17. April 2012).

PERRONS, D. und A. PLOMIEN 2010, *Why Socio-economic Inequalities Increase?: Facts and Policy Responses in Europe*. EUR (Serie) 24471. Luxemburg, Amt für Veröffentlichungen der Europäischen Union.

PEW CHARITABLE TRUSTS, 2012. *Who's Winning the Clean Energy Race? 2011 Edition*, Philadelphia und Washington. Online verfügbar unter http://www.pewenvironment.org/uploadedFiles/PEG/Publications/Report/FINAL_forweb_WhoIsWinningTheCleanEnergyRace-REPORT-2012.pdf (abgerufen am 25. Januar 2013).

PIERRAKIS, Y. 2010, »Venture Capital: Now and after the Dotcom Crash«, NESTA Forschungsbericht, Juli 2010. Online verfügbar unter http://www.nesta.org.uk/library/documents/Venture_Capital.pdf (abgerufen am 25. Januar 2013).

PIRC (Public Interest Research Centre) 2011. *The Green Investment Gap: An Audit of Green Investment in the UK*, Machynlleth, März.

PISANO, G. P. 2006, »Can Science be a Business? Lessons from Biotech«, *Harvard Business Review* 84, Nr. 10, S. 114–125.

POLANYI, K. 1978 [1944], *The Great Transformation. Politische und ökonomische Ursprünge von Gesellschaften und Wirtschaftssystemen*, Frankfurt am Main.

POLITI, J. 2012, »The Future of Development Banks«, *Financial Times Special Reports*, 24. September, S. 1–4. Online verfügbar unter http://www.ft.com/intl/cms/c1628ce2-03a3-11e2-bad2-00144feabdco.pdf (abgerufen am 1. April 2013).

PRESTOWITZ, C. 2012, »Apple Makes Good Products but Flawed Arguments«, *Foreign Policy*, 23. Januar.

PROEBSTEL, D. und W. CLINT 2011, »Renewable Energy for Military Applications«, I.bnet.com, Pikes Research. Online verfügbar unter http://i.bnet.com/ blogs/rema-11-executive-summary.pdf (abgerufen am 28. Januar 2013).

RAND. 2011, »Paul Baran and the Origins of the Internet«, Rand.org, 23. Dezember. Online verfügbar unter http://www.rand.org/about/history/baran.html (abgerufen am 11. Juli 2012).

RANDERSON, J. 2010, »Cameron: I Want Coalition to Be ›Greenest Government Ever‹«, *Guardian*, 14. Mai. Online verfügbar unter http://www.guardian.co.uk/environment/2010/Mai/14/cameron-wants-greenest-government-ever (abgerufen am 4. Januar 2013).

RAO, A. und P. SCARUFFI 2011. *A History of Silicon Valley: The Largest Creation of Wealth in the History of the Planet: A Moral Tale*, Palo Alto.

REINERT, E. 2007, *How Rich Countries Got Rich and Why Poor Countries Stay Poor*, London.

REINGANUM, J. F. 1984, »Practical Implications of Game Theoretic Models of R&D«, *American Economic Review* 74, Nr. 2, S. 61–66.

REN21 (Renewable Energy Policy Network for the 21st Century) 2012, »Renewables 2012: Global Status Report«, REN21.net, 11. Juni. Online verfügbar unter http://www.map.ren21.net/GSR/GSR2012_low.pdf (abgerufen am 25. Januar 2013).

REUTERS 2012, »Hanwha SolarOne to Beat US Tariffs with Q-Cells Buy«, Reuters, 11. September. Online verfügbar unter http://in.reuters.com/article/2012/09/11/hanwhasolarone-results-idINL3E8KB44G20120911 (abgerufen am 24. Januar 2013).

RICHARD, D. 2008, »Small Business and Government: The Richard Report«, Submission to the Shadow Cabinet. Online verfügbar unter http://www.bl.uk/bipc/pdfs/richardreport2008.pdf (abgerufen am 6. Juni 2011).

ROBINSON, J. 1953–1954, »The Production Function and the Theory of Capital«, *Review of Economic Studies* 21, Nr. 2, S. 81–106.

– 1978, »Obstacles to Full Employment«, in: *Contributions to Modern Economics*, New York und San Francisco.

RODRIK, D. 2004, »Industrial Policy for the 21st Century«, CEPR Diskussionspapier 4767.

ROGOFF, K. und C. REINHART 2010, »Growth in a Time of Debt«, *American Economic Review* 100, Nr. 2, S. 573–578.

ROLAND, A. und P. SHIMAN 2002, *Strategic Computing: DARPA and the Quest for Machine Intelligence, 1983–1993*, Cambridge, MIT Press.

ROUSH, W. 2010, »The Story of Siri, from Birth at SRI to Acquisition by Apple – Virtual Personal Assistants Go Mobile«, Xconomy.com, 14. Juni. Online verfügbar unter http://www.xconomy.com/san-francisco/2010/06/14/the-story-of-siri-from-birth-at-sri-to-acquisition-by-apple-virtual-personal-assistants-go mobile/ (abgerufen am 2. Juli 2012).

RUEGG, R. und P. THOMAS 2009 »Linkages from DOE's Wind Energy Program R&D to Commercial Renewable Power Generation«, United States Department of Energy, Office of Energy Efficiency and Renewable Energy, September. Online verfügbar unter http://www1.eere.energy.gov/analysis/pdfs/wind _energy_r_and_d_linkages.pdf (abgerufen am 7. März 2013).

– 2011, »Linkages from DOE's Solar Photovoltaic R&D to Commercial Renewable Power from Solar Energy«, United States Department of Energy, Office of Energy Efficiency and Renewable Energy, April. Online verfügbar unter http://www1.eere.energy.gov/ba/pba/program_evaluation/pdfs/solar_rd_linkages_report7.18.11.pdf (abgerufen am 25. Januar 2013).

RUTTAN, V. 2006, *Is War Necessary for Economic Growth?: Military Procurement and Technology Development*, New York.

SALTER, A., P. D'ESTE, B. MARTIN, A. GEUNA, A. SCOTT, K. PAVITT und P. NIGHTINGALE 2000, *Talent, Not Technology: Publicly Funded Research and Innovation in the UK*, London.

SANDE, S. 2012, »Reno City Council Approves Tax Break for Data Center«, TUAW, 28. Juni. Online verfügbar unter http://www.tuaw.com/2012/06/28/reno-citycouncil-approves-apple-tax-break-for-data-center/ (abgerufen am 22. Januar 2013).

SANDERSON, H. und M. FORSYTHE 2012, *China's Superbank: Debt, Oil and Influence – How China Development Bank is Rewriting the Rules of Finance*, Singapur.

SAPOLSKY, H. M. 2003, »Inventing Systems Integration«, in: *The Business of Systems Integration*, hrsg. von A. Prencipe, A. Davies und M. Hobday, Oxford.

SATO, H. 2011, »Can US Factories Take on China?«, *Lowell Sun*, Chinasubsidies.com, 1. März. Online verfügbar unter http://www.chinasubsidies.com/Lowell-Sun-Mar-2011.pdf (abgerufen am 5. Februar 2013).

SCHMIDT, H. D. D. 2012, *You Cannot Buy Innovation*, Asymco, 30. Januar. Online verfügbar unter http://www.asymco.com/2012/01/30/you-cannot-buyinnovation/?utm_source=feedburner&utm_medium=feed&utm_campaign=Feed%3A+Asymco+%about 28asymco%29 (abgerufen am 12. Juni 2012).

SCHUMPETER, J. 1949, »Economic Theory and Entrepreneurial History«, in: Research Center in Entrepreneurial History, Harvard University, *Change and the Entrepreneur: Postulates and the Patterns for Entrepreneurial History*, Cambridge.

– 1972 [1942], *Kapitalismus, Sozialismus und Demokratie*, München.

SEGAL, D. 2012, »Apple's Retail Army, Long on Loyalty but Short on Pay«, *New York Times*, 23. Juni. Online verfügbar unter http://www.nytimes.com/2012/06/24/business/apple-store-workers-loyal-but-short-on-pay.html?gwh=7D59E115E4CC232BCFF56011281AF183 (abgerufen am 7. Juli 2012).

SHAPIRO, I. 2012, »Comparing the Pay of Apple's Top Executives to the Pay of the Workers Making Its Products«, Economic Policy Institute, 30. April. Online verfügbar unter http://www.epi.org/publication/apple-executives-pay-foxconnworkers/ (abgerufen am 19. Juli 2012).

SHERLOCK, M. 2011, »Energy Tax Policy: Historical Perspectives on and Current Status of Energy Tax Expenditures«, Congressional Research Service, 2. Mai. Online verfügbar unter http://www.leahy.senate.gov/imo/media/doc/R41227EnergyLegReport.pdf (abgerufen am 19. Juli 2012).

SINGER, A. 2012, »General Electric's Ten Year Tax Rate Only Two Percent«, Pressemitteilung von Citizens for Tax Justice (CTJ), 27. Februar. Online verfügbar unter http://www.ctj.org/taxjusticedigest/archive/2012/02/press_release_general_electric.php (abgerufen am 25. Juli 2012).

SKIDELSKY, R., F. MARTIN und C. WIGSTROM 2012, *Blueprint for a British Investment Bank*, eBook. Online verfügbar unter http://www.skidelskyr.com/site/article/blueprint-for-a-british-investment-bank/ (abgerufen am 15. Februar 2013).

SLATER, K. 1983, »Banks Seek Profit in Venture Capital Arena; High-Risk, High-Reward Business Is Attracting More Adherents«, *American Banker*, 31. Oktober.

SMITH, A. 1974 [1776], *Der Wohlstand der Nationen*, München.

SOLOW, R. M., 1956, »A Contribution to the Theory of Economic Growth«, *Quarterly Journal of Economics* 70, Nr. 1 (Februar 1956), S. 65–94. Online verfügbar unter http://qje.oxfordjournals.org/content/70/1/65.full.pdf+html (abgerufen am 29. Januar 2013).

– 1987, »We'd Better Watch Out«, *New York Times*, 12. Juli, S. 36. Online verfügbar unter http://www.standupeconomist.com/pdf/misc/solow-computer-productivity.pdf (abgerufen am 29. Januar 2013).

Soppe, B. 2009, »How Countries Matter to Technological Change: Comparison of German and U.S. Wind Energy Industry«, Unveröffentlichtes Diskussionspapier für die Winterkonferenz der Akademie DRUID-DIME, Dänemark, 22.–24. Januar. Information verfügbar unter http://epub.uni-regensburg.de/6478/ (abgerufen am 14. Februar 2013).

Southwick, K. 1999, *Silicon Gold Rush: The Next Generation of High-Tech Stars Rewrites the Rules of Business,* New York 2011.

St. John, J. 2011, »China's Solar Loans Still Mostly Untapped«, Greentech Media, 17. November. Online verfügbar unter http://www.greentechmedia.com/articles/read/chinas-solar-loans-still-mostly-untapped/ (abgerufen am 23. Juli 2011).

Storey, D. 2006, »Evaluating SME Policies and Programmes: Technical and Political Dimensions«, in: *The Oxford Handbook of Entrepreneurship*, hrsg. von M. Casson, B. Yeung, A. Basu und N. Wadeson, S. 248–279, New York.

Strategic Environmental Research and Development Program (SERDP) und Environmental Security Technology Certification Program (ESTCP) o. J., »Installation Energy Test Bed«, Serdp.org. Online verfügbar unter http://www.serdp.org/Featured-Initiatives/Installation-Energy (abgerufen am 28. Januar 2013).

Sullivan, M. A. 2012, »Apple Reports High Rate but Saves Billions on Taxes«, *Tax Analysts,* 13. Februar, S. 777f. Online verfügbar unter http://taxprof.typepad.com/files/134tn0777.pdf (abgerufen am 1. Juli 2012).

Sweet, C. 2011, »Google Invests $75 Million in Home Solar Venture«, *Wall Street Journal*, 28. September. Online verfügbar unter http://online.wsj.com/article/SB10001424052970204831304576596833595375002.html (abgerufen am 31. Oktober 2012).

Tassey, G. 2012, »Beyond the Business Cycle: The Need for a Technology-Based Growth Strategy«, Diskussionspapier des Economic Analysis Office, US National Institute of Standards and Technology (NIST), Februar. Online verfügbar unter http://www.nist.gov/director/planning/upload/beyond-business-cycle.pdf (abgerufen am 29. Januar 2013).

Telegraph 2010, »David Cameron Pledges Greenest Government Ever«, Video, 14. Mai. Online verfügbar unter http://www.telegraph.co.uk/news/newsvideo/uk-politics-video/7723996/David-Cameron-pledges-greenest-governmentever.html (abgerufen am 2. Mai 2011).

TRACY, R. 2011, »US Offers $150m Loan Guarantee to Solar-Wafer Manufacturer«, *Dow Jones International News,* 17. Juni.

UNRUH, G. C. 2000, »Understanding Carbon Lock-In«, *Energy Policy* 28, Nr. 12, S. 817–830.

USHA, H. und D. SCHULER 2011, »Government Policy and Firm Strategy in the Solar Photovoltaic Industry«, *California Management Review* 54, Nr. 1, S. 17–38.

US Department of the Treasury 2012, »Overview and Status Update of the 1603 Program«, Treasury.gov, 20. Juli. Online verfügbar unter http://www.treasury.gov/initiatives/recovery/Documents/Status%20overview.pdf (abgerufen am 25. Januar 2013).

US Government Accountability Office 2012, »Advanced Research Projects Agency-Energy Could Benefit from Information on Applicants' Prior Funding«, 13. Januar. Online verfügbar unter http://www.gao.gov/products/GAO-12-112 (abgerufen am 9. Februar 2013).

VALLAS, S. P., D. L. KLEINMAN und D. BISCOTTI 2009, »Political Structures and the Making of US Biotechnology«, in: *State of Innovation: The U. S. Government's Role in Technology Development,* hrsg. von F. L. Block und M. R. Keller, S. 57–76, Boulder.

VASCELLARO, J. E. 2012, »Tech Industry Rebuts Critics on Outsourcing«, *Wall Street Journal,* 6. Juni. Online verfügbar unter http://online.wsj.com/article/SB10001424052702303830204577446492207816330.html (abgerufen am 17. Juli 2012).

WADE, R. 1990, *Governing the Market: Economic Theory and the Role of Government in Taiwan's Industrialization,* Princeton.

WALD, M. 2011, »Energy Firms Aided by U. S. Find Backers«, *New York Times,* 2. Februar. Online verfügbar unter http://www.nytimes.com/2011/02/03/business/energy-environment/03energy.html?pagewanted=all&_r=0

WALKER, R. 2003, »The Guts of a New Machine«, *New York Times,* 30. November. Online verfügbar unter http://www.nytimes.com/2003/11/30/magazine/30IPOD.html?pagewanted=all&pagewanted=print (abgerufen am 10. Oktober 2012).

WESTERMAN, W. 1999, »›About‹ Wayne Westerman«. Online verfügbar unter http://www.eecis.udel.edu/~westerma/About_Wayne.html (abgerufen am 22. Januar 2013).

WHEELER, B. 2011, »David Cameron Says Enterprise Is Only Hope for

Growth«, BBC News, 6. März. Online verfügbar unter http://www.bbc.co.uk/news/uk-politics-12657524 (abgerufen am 7. Juni 2011).

WIPO (World Intellectual Property Organization) 2009, »Patent Co-operation Treaty Applications Relating to Environmental Technologies (2001–05 Average)«, in: P. Aghion, R. Veugelers und C. Serre, »Cold Start for the Green Innovation Machine«, *Bruegel Policy Contribution* 12 (November).

Wiser, R., M. Bolinger und G. Barbose 2007, »Using the Federal Production Tax Credit to Build a Durable Market for Wind Power In the United States«, Lawrence Berkeley National Laboratory, Environmental Energy Technologies Division (November, Vorabdruck eines Artikels für *Electricity Journal*). Online verfügbar unter http://eetd.lbl.gov/ea/emp/reports/63583.pdf (abgerufen am 25. Januar 2013).

Woo-Cumings, M. (Hg.) 1999, *The Developmental State*, Ithaca.

Wood, R. 2012, »Fallen Solyndra Won Bankruptcy Battle but Faces Tax War«, *Forbes*, 11. Juni. Online verfügbar unter http://www.forbes.com/sites/robertwood/2012/11/06/fallen-solyndra-won-bankruptcy-battle-but-faces-tax-war/ (abgerufen am 29. Januar 2013).

Wright, R. 1997, »The Man Who Invented the Web: Tim Berners-Lee Started a Revolution, But It Didn't Go Exactly as Planned«, *TIME* 149, Nr. 20 (19. Mai).

Yasuda, T. 2005, »Firm Growth, Size, Age and Behavior in Japanese Manufacturing«, *Small Business Economics* 24, Nr. 1, S. 1–15.

Zenghelis, D. 2011, »A Macroeconomic Plan for a Green Recovery«, Centre for Climate Change Economics and Policy, Grantham Research Institute on Climate Change and the Environment, Strategiepapier, Januar. Online verfügbar unter http://www2.lse.ac.uk/GranthamInstitute/publications/Policy/docs/PP_macroeconomic-green-recovery_Jan11.pdf (abgerufen am 14. Februar 2012).

Anmerkungen

Einleitung

1 »Knightsche Unsicherheit « bezeichnet »nicht messbares« Risiko, das heißt ein Risiko, das sich nicht kalkulieren lässt. Das ökonomische Konzept ist nach dem Ökonomen FRANK KNIGHT (1885–1972) von der University of Chicago benannt, der über Risiko und Unsicherheit und ihre Unterschiede in ökonomischen Begriffen nachdachte.

2 Zeitgenössische Volkswirtschaftler wie CHANG (2008) und REINERT (2007), die sich auf Wirtschaftsgeschichte spezialisiert haben, sprechen natürlich davon, dass der Staat Aufholprozesse gefördert oder aktiv antizyklisch gehandelt hat. Das entspricht jedoch weniger dem Bild des Staates als risikobereiter Unternehmer *(erster* Instanz), sondern eher dem Bild eines passiven Unternehmers letzter Instanz.

3 JOSEPH SCHUMPETER (1972 [1942]) hat den Begriff »kreative Zerstörung« geprägt. Er meinte damit den Prozess, wie eine Innovation den Status quo verändert, sodass Unternehmen, die neue Produkte und Verfahren einführen, Marktanteile erobern und wachsen können, während andere, die sich dem Wandel widersetzen, zurückfallen.

2. *Kapitel*

1 Weil Investitionen nicht durch Steuern beeinflusst werden, hatte die »Angebotsökonomie« der 1980er-Jahre so wenig Effekt auf die Investitionen und damit auf das BIP, aber einen großen Effekt auf die Einkommensverteilung (kein »Durchsickern nach unten«).

2 »Wenn das Schatzamt alte Flaschen mit Banknoten füllen und sie in geeignete Tiefen in verlassenen Kohlenbergwerken vergraben würde, die dann bis zur Oberfläche mit städtischen Abfällen gefüllt würden, und es dann dem privaten Unternehmergeist nach den erprobten Grundsätzen des *laissez-faire* überlassen würde, die Noten wieder auszugraben (wobei das Recht, dies zu tun, natürlich durch Offerten für die Pacht des Grundstücke,

in dem die Noten liegen, zu erwerben wäre), bräuchte es keine Arbeitslosigkeit mehr zu geben, und dank der Rückwirkungen würde das Realeinkommen des Gemeinwesens wie auch sein Kapitalreichtum wahrscheinlich viel größer als jetzt werden« (Keynes 2009 [1934], S. 110). Keynes bezog sich auf die Tatsache, dass in Zeiten der Unterbeschäftigung selbst solche offenbar nutzlosen Handlungen die wirtschaftliche Maschinerie am Laufen halten können. Mir geht es dagegen darum zu zeigen, wie der Staat auch in Boomphasen wie den 1990er-Jahren seine Ausgaben sehr zielgerichtet getätigt hat, indem er in Bereiche investierte, vor denen der private Sektor zurückscheute.

3 Hyman Minsky hat die keynesianische Analyse auf die Theorie von Wirtschaftskrisen angewendet und dabei Finanzierungsprozesse mit einbezogen. Minsky (1992) konzentrierte sich auf die *finanzielle* Fragilität des Kapitalismus, indem er aufzeigte, wie die Finanzmärkte Krisen entstehen lassen. Spekulationsblasen folgen auf Zyklen mit Kreditexpansion, und auf übertriebene Wachstumserwartungen folgen Rezessionen, die dazu führen, dass die Blasen platzen und die Vermögenspreise einbrechen. Wie Keynes glaubte auch Minsky, dass es eine wesentliche Aufgabe des Staates ist, solche verhängnisvollen Kreisläufe zu verhindern und das Wachstum zu stabilisieren.

4 Wird ein Produktionsfaktor stark erhöht, während die anderen gleich bleiben, steigt der Ertrag zunächst steil an, stagniert dann aber oder nimmt sogar ab.

5 Die Betonung von Heterogenität und vielfältigen Gleichgewichten erfordert, dass dieser Teil der Theorie sich weniger auf Annahmen von repräsentativen Agenten (das durchschnittliche Unternehmen) und einzigartigen Gleichgewichten stützt, die der neoklassischen Theorie so wichtig sind. Statt stufenweisen Berechnungen aus der Newtonschen Physik wird hier Mathematik aus der theoretischen Biologie verwendet (wie etwa Replikatorgleichungen zur Beschreibung der Dynamik lebender Systeme), die ausdrücklich Heterogenität in Betracht zieht und die Möglichkeit von Pfadabhängigkeit und vielfältigen Gleichgewichten. Siehe M. Mazzucato, *Firm Size, Innovation and Market Structure: The Evolution of Market Concentration and Instability* (Northampton 2000).

6 Chalmers Johnson (1982) hat bei der Analyse der vom Staat beförderten Industrialisierung Japans als einer der Ersten vom »developmental state« gesprochen, dem starken und aktiven Staat als Entwicklungsmotor. Johnson

argumentierte, im Gegensatz zu der (vermeintlichen) regulatorischen Zurückhaltung der Vereinigten Staaten habe der japanische »Entwicklungsstaat« durch detaillierte Planvorgaben einer relativ unabhängigen staatlichen Verwaltung aktiv in die Wirtschaft eingegriffen und ein enges Verhältnis zwischen Unternehmen und Staat gefördert. Staatliche Unterstützung, Schutz und Disziplin hätten dazu geführt, dass eine private Elite bereit gewesen sei, sich auf risikoreiche Unternehmungen einzulassen. Weiter ausgeführt wird das Konzept vom »Entwicklungsstaat« unter anderem bei WADE (1990), CHANG (1993), EVANS (1995), WOO-CUMINGS (1999) sowie CHANG und EVANS (2000). Kürzlich hat BLOCK (2008) in Abgrenzung von Johnsons (1982) ursprünglicher Sicht gezeigt, dass es auch in den Vereinigten Staaten einen »Entwicklungsstaat« gibt, der nur oftmals »verkappt« ist. Diese Auffassung teilen auch REINERT (2007) und CHANG (2008).

7 Ganz zu schweigen von den statistischen Effekten, die auftreten, wenn man klein ist: Wenn ein Ein-Personen-Mikrounternehmen eine weitere Person einstellt, ist das ein Arbeitsplatzzuwachs um 100 Prozent. Wenn ein Unternehmen mit 100 000 Beschäftigten 1000 neue Mitarbeiter einstellt, bedeutet das »nur« 1 Prozent Zuwachs. Und dennoch ist offensichtlich, welche der beiden hypothetischen Firmen auf Makroebene mehr für den Abbau der Arbeitslosigkeit leistet.

8 Siehe dazu HMRC [das britische Finanzamt], *An Evaluation of R&D Tax Credits* (2010).

3. *Kapitel*

1 In zahlreichen historischen Fällen entstanden die wissenschaftliche Theorie und die wissenschaftlichen Erklärungen erst nach den technischen Errungenschaften, die sie erklären sollten. Die Brüder Wright bauten ihren Flugapparat, bevor es die Aerodynamik gab, und die Dampfmaschine funktionierte, bevor man die Gesetze der Thermodynamik kannte. Oft ist die Technik der Wissenschaft ein wenig voraus, und industrielle Innovationen werfen Probleme auf, die die Wissenschaftler dann lösen müssen. Siehe dazu P. NIGHTINGALE, »Technological Capabilities, Invisible Infrastructure and the Un-social Construction of Predicability: The Overlooked Fixed Costs of Useful Research«, *Research Policy* 33, Nr. 9 (2004).

2 Es ist auch wichtig festzuhalten, dass in den Vereinigten Staaten staatliches Geld für F&E manchmal mit der Erwartung verknüpft ist, dass die Unter-

nehmen ebenfalls einen Anteil beisteuern. Oder das staatliche Geld wird eingesetzt, um andere Investitionen anzuziehen. Mit anderen Worten: Ein großes Teil der »privaten« Aufwendungen für F&E wurde vom Staat angeregt.

4. Kapitel

1 Die Literatur bezieht sich sowohl auf ARPA wie auf DARPA.

5. Kapitel

1 Als die Gesellschaft 1977 angemeldet wurde, verkaufte Ronald Wayne seinen Anteil für 800 Dollar an Jobs und Wozniak.

2 Beim Börsengang von Apple 1980 sammelte das Unternehmen mehr Geld ein als jedes andere Unternehmen seit dem Börsengang der Ford Motor Company 1956. Apple machte über Nacht mehr Menschen zu Millionären (rund 300) als jedes andere Unternehmen in der Geschichte (Malone 1999).

3 Als die Apple-Aktie am 10. April 2012 ihren Höchststand erreichte, belief sich der Marktwert des Unternehmens auf 600 Milliarden Dollar. Nur eine Handvoll Unternehmen in den USA, darunter General Electric (600 Milliarden Dollar im August 2000) und Microsoft (619 Milliarden Dollar am 30. Dezember 1999), hat jemals solche Bewertungsniveaus erreicht (Svensson 2012). Zu dem Zeitpunkt, als dieses Buch geschrieben wurde, lag der Börsenwert von Apple über dem (nominalen) Rekordwert von 619 Milliarden Dollar seines langjährigen Rivalen Microsoft. Am 18. und 19. September 2012 wurden Apple-Aktien zu Preisen um 700 Dollar pro Stück gehandelt.

4 Quelle: Yahoo! Finance, online unter http://finance.yahoo.com/charts?s=AAPL#symbol=aapl;range=19900102,20121231;compare=;indicator=split+volume;charttype=area;crosshair=on;ohlcvalues=0;logscale=off;source=undefined;Charts/Interactive (vom 1. Januar 1990 bis 31. Dezember 2012).

5 Der Begriff »Spintronik« setzt sich aus den Wörtern »Spin« und »Elektronik« zusammen. In Amerika hieß das Projekt ursprünglich »magnetische Materialien und Geräte«, SPINTRONICS war ein Public-Private-Konsortium. Es bestand aus der DARPA und Branchenführern, wurde aber 1995 durch die DARPA initiiert (und finanziert). Insgesamt investierte der Staat über die gesamte Laufzeit des Projekts 100 Millionen Dollar.

6 Die geringeren Kosten wurden erkennbar, als der Preis für einen Mikrochip für das Apollo-Programm von 1000 Dollar pro Einheit innerhalb weniger Jahre auf zwischen 20 und 30 Dollar fiel (Breakthrough 2010).

7 Roland und Shiman (2002, S. 153) dokumentieren Japans große Fortschritte auf dem weltweiten Chipmarkt: In den 1970er-Jahren hatte Japan einen Marktanteil von 0 Prozent gegenüber 100 Prozent Marktanteil der USA, 1986 betrug der Marktanteil Japans bereits 80 Prozent.

8 In einem Fernsehinterview am 30. April 2012 erzählte Tony Fadell, der dem ursprünglichen iPod-Designteam angehört hatte, wie schwierig es für Apple gewesen war, eine Möglichkeit zu finden, wie man bei dem neuen Gerät ohne Knöpfe auskommen konnte. Das Interview ist im Internet verfügbar unter: http://www.theverge.com/2012/4/30/2988484/on-the-verge-005-tony-fadell-interview (abgerufen am 12. April 2013).

9 Kapazitätssensoren basieren auf dem Prinzip, dass der menschliche Körper Strom leitet. An der Stelle, der sich der Finger nähert, entsteht eine elektrische Ladung; an der Ladung wird die Position des Fingers erkannt.

10 Bill Buxton, ein weltweit renommierter Experte für Touchscreen-Technologie, besitzt ein großes Archiv elektronischer Geräte mit Touchscreen-Anwendungen. Die Liste der Apple-Produkte mit Touchpad ist online einzusehen unter http://research.microsoft.com/en-us/um/people/bibuxton/buxtoncollection/ (abgerufen am 12. April 2013).

11 Weitere Ziele des neuen Netzwerk-Projekts waren a) Computer billiger zu machen, damit Unternehmen aus den ganzen USA, die Regierungsaufträge erhielten, mit Computern würden arbeiten können; b) die Datenkommunikation weiter zu verbessern, um über große Entfernungen hinweg Informationen zwischen Maschinen austauschen zu können. Ein zusätzliches drittes Ziel war c) die Förderung der Kooperation der Forscher, die im Regierungsauftrag arbeiteten.

12 Das Verteidigungsministerium schätzt, dass Entwicklung und Betrieb des Systems die Air Force von 1973 bis 2000 rund 5,6 Milliarden Dollar (in Dollar von 2000) gekostet haben (DoD 2011). Dabei ist die Ausrüstung der militärischen Nutzer nicht mit eingerechnet.

13 Nach einem Bericht des Parlaments des Bundesstaats Kalifornien aus dem Jahr 2003 zur Bilanz der steuerlichen Förderung von Forschung und Entwicklung bewarben sich, gemessen an der Zahl der Anträge, hauptsächlich kleine und mittlere Unternehmen (über 60 Prozent der Anträge) um entsprechende Mittel. Große Unternehmen liegen im Volumen der beantragten Förderung vorn (60 Prozent der Fördergelder).

14 Apples Anteil an den Computerkäufern im Bildungsbereich (Grundschulen

und weiterführende Schulen) lag 1994 bei 58 Prozent (Flynn 1995). Die Pädagogen haben auch Apples neue »Schulbuch-Initiative« begrüßt, die die Ausgaben für Schulbücher durch den vermehrten Einsatz virtueller Schulbücher deutlich senken soll. Die virtuellen Schulbücher erfordern den Gebrauch von iPads, was Apples Verkaufszahlen in die Höhe treiben dürfte.

15 Paragraf 529 des Bundessteuergesetzes der USA sieht bestimmte Steuervergünstigungen für Bildungsausgaben (Rücklagen für die Ausbildung) vor. Ein 2011 verabschiedeter Zusatz ermöglicht es Eltern und Schülern, Geld aus ihren Bildungssparplänen zum Kauf von Computern, Geräten und Zubehör (auch iPads) zu verwenden. Zuvor konnten solche Ausgaben nicht steuerlich geltend gemacht werden (Ebeling 2011).

6. *Kapitel*

1 »Versunkene Kosten« (sunk costs) sind irreversible Kosten, die bereits entstanden sind und nicht mehr hereingeholt werden können.

2 Die amerikanischen Bundesstaaten können beispielsweise Zertifikate für erneuerbare Energien (Renewable Energy Credits, REC) oder Umweltlizenzen (verbriefte Nutzungsrechte an Ressourcen) handeln. Sie können ihre Ziele bei den Erneuerbaren also auch durch den Kauf von RECs erreichen statt durch einen realen Umbau der Infrastruktur. Zwar ist es gut, wenn Ziele erreicht werden, aber es gibt keine Garantie, dass das durch heimische Lieferketten und Firmen erfolgt, weshalb womöglich viele ökonomische Vorteile der Energiewende ungenutzt bleiben.

3 Martinot (2013, S. 9) zeigt, dass Ziele für den Ausbau der Erneuerbaren hilfreiche Indikatoren sind, welche Länder besonders nachdrücklich den Übergang zu erneuerbaren Energien und die Reduzierung der Kohlendioxidemissionen vorantreiben: »120 Länder haben unterschiedliche Ziele für die langfristigen Anteile erneuerbarer Energien, darunter ein verbindliches 20-Prozent-Ziel in der Europäischen Union«, während Länder wie »Dänemark (100 Prozent) und Deutschland (60 Prozent)« sowie China sogar noch weiter gehen und eine grüne Wende für spätestens »2030 oder 2050« anstreben.

4 Um nur einige Beispiele zu nennen: Wasserräder, Windmühlen, Segelschiffe und das Verbrennen von Holz zur Wärme- und Dampferzeugung. Die Kraft von Tieren war für die Menschen in der Vergangenheit eine weitere wichtige Energiequelle, die bei der landwirtschaftlichen Produktion zum Einsatz kam und erste Transportmöglichkeiten bot.

5 Andere EU-Länder, die offensichtlich voranschreiten, sind Finnland, Frankreich, Dänemark und Norwegen, während Irland und Spanien bei der grünen Wirtschaft eher hinterherhinken.

6 China hat 1998 auch das Kyoto-Protokoll unterschrieben und 2002 ratifiziert. Die Vereinigten Staaten haben als einziges Land das Protokoll unterschrieben (1998) und nicht ratifiziert.

7 Aus dem Bericht geht hervor, das in China am meisten investiert wird, gefolgt von den Vereinigten Staaten. Die europäischen Länder ringen darum, einen Ausgleich zwischen der Unterstützung sauberer Technologien und der Bewältigung ihrer Haushaltsprobleme zu finden.

8 Zu den unklaren Signalen zählen auch wiederholte Änderungen bei den Einspeisevergütungen, die das Vertrauen der Solarbranche untergraben und ihr Wachstum gebremst haben, sowie die Entscheidung, bis 2015 eine grüne Investitionsbank mit begrenzter Kapitalausstattung und ohne Möglichkeit zur Kreditvergabe zu errichten.

9 Ein heiß diskutiertes Thema in der Windbranche war beispielsweise das Auslaufen der steuerlichen Förderung für die Stromproduktion aus Wind. Sie wurde für 2013 noch einmal verlängert, aber Ende des Jahres droht erneut das Ende der Regelung aus dem Jahr 1992. Die ständige Unsicherheit hat zu einem Auf und Ab bei der Entwicklung der Windenergie geführt. Es fehlte ein Signal für das langfristige Bekenntnis zur Windenergie.

10 Eher stufenweise Innovationen im Zusammenhang mit Energieeffizienz bekommen offenbar den Vorzug gegenüber besonders innovativen Technologien bei Biokraftstoffen und Sonnenenergie. Um Windturbinen kümmern sich Wagniskapitalgeber anscheinend gar nicht. Das zeigt, dass Wagniskapitalgeber nicht immer erkennen (oder sich nicht dafür interessieren), welche Technologien (Stand 2012) eine Vorreiterrolle auf dem Energiesektor spielen und für Länder, die auf erneuerbare Energien setzen, erste Wahl geworden sind.

11 Dieser Abschnitt basiert auf William Lazonick und Matt Hopkins, »There Went the Sun: Renewable Energy Needs Patient Capital«, in: Huffingtonpost.com (2011). Online verfügbar unter http://www.huffingtonpost.com/william-lazonick/there-went-the-sun-renewa_b_978572.html (abgerufen am 12. April 2013).

12 Solyndra ist nicht das einzige Unternehmen, das untergegangen ist, als die Geldgeber die Geduld oder die Risikobereitschaft verloren. Intel hatte 2008

seine Solarmodul-Sparte Spectrawatt ausgegliedert und leistete zusammen mit anderen Investoren eine Anschubfinanzierung von 50 Millionen Dollar. Spectrawatt bekam in der Folgezeit 32 Millionen Dollar vom Bund und vom Staat New York, um die Entwicklung des Unternehmens zu fördern. Spectrawatt plante, 2010 mit der Herstellung von C-Si- und Multi-C-Si-Solarmodulen zu beginnen (Anderson 2011). Eine Charge fehlerhafter Komponenten, massive Konkurrenz aus China und die Weigerung der Investoren, noch einmal 40 Millionen Dollar nachzuschießen, brachten das Unternehmen zu Fall (Chu 2011).

13 Von 2007 bis 2010 haben Entwicklungsbanken rund 40 Milliarden Dollar für unterschiedliche Projekte im Zusammenhang mit erneuerbaren Energien vergeben. Das meiste Geld ist in den letzten Jahren in Windkraft, Solarenergie und Biomasse geflossen. Nach Angaben des Global Wind Energy Council erhielten im Jahr 2010 Windkraftprojekte 50 Prozent der von Entwicklungsbanken vergebenen Finanzmittel.

7. Kapitel

1 Mehrere Faktoren trugen zum Niedergang der US-Firmen bei. Die sinkenden Preise für fossile Brennstoffe in den 1990er-Jahren schadeten den Produzenten von erneuerbaren Energien. Stromlieferverträge, die in den 1980er-Jahren mit günstigen Preisen ausgehandelt worden waren, liefen aus, und viele Entwickler mussten erhebliche Einkommenseinbußen hinnehmen. Kenetech verbuchte empfindliche Verluste durch Gewährleistungsansprüche bei seinem jüngsten Turbinenmodell, andere Firmen traf die Unsicherheit nach der Entscheidung zur Liberalisierung der Energieerzeugungsmärkte.

2 Diese Haltung blendet mehrere Fakten aus: 1. Auch viele große Privatunternehmen, die sich durchaus mit Hightech auskannten, hatten Anteil an dem Misserfolg, unter anderem Lockheed Martin, General Electric, MAN, Westinghouse und Growian. Sie alle hatten Aufträge aus dem amerikanischen oder dem deutschen Programm bekommen. 2. Ungeduldiges Kapital wie etwa das Wagniskapital in der Solarbranche kann den Prozess der technologischen Entwicklung beschleunigen, aber auch zu seinem Scheitern beitragen. Man hatte die technologischen Herausforderungen der Windturbinen noch nicht gut verstanden, und Produktionssteigerungen hätten langsamer erfolgen müssen. Staat und Privatunternehmen unterschätzten

gleichermaßen die Probleme, aber die Kritiker konzentrieren sich in der Regel auf das Versagen des Staates und nicht das der privaten Investoren.
3. Misserfolge sind schwer zu beurteilen, solange wir keine geeigneten Maßstäbe haben, um die Ausstrahlungseffekte von Investitionen auf andere Bereiche zu messen, selbst wenn im ursprünglich intendierten Bereich kein Produkt entsteht. Durch die internationalen Projekte entstanden Netzwerke, in denen Energieversorger, Staat, Wirtschaft und Universitäten gemeinsam lernen konnten.

3 Der Apple II, den Kenetech bei seinen ersten Projekten einsetzte, verdankt seine Entstehung ebenfalls staatlichen Investitionen.

4 Hoffman hatte das Patent, das ursprünglich von den Bell Labs stammte, 1956 durch die Übernahme von National Fabricated Products Inc. bekommen.

5 Bei dieser Technologie werden die Wafer (hauchdünne Scheiben, die Basis der Solarzellen) nicht aus Silizium-Blöcken gesägt, sondern aus einer Silizium-Schmelze gezogen, was kostengünstiger ist.

6 Die Einzelheiten zu Suntech stammen aus einem Aufsatz von Matt Hopkins und Yin Li mit dem Titel »The Rise of the Chinese Solar Photovoltaic Industry and its Impact on Competition and Innovation«. Der Aufsatz wird demnächst in einem Buch erscheinen, das bisher den Arbeitstitel trägt: *Is China Becoming an Innovation Nation?*

7 Zur Zeit der Abfassung war sich Europa noch uneinig über die Zölle.

8 Es sollte darüber diskutiert werden, ob staatliche Förderungen von Innovationen im Energiebereich langfristig an große Firmen fließen sollen, die ihre Investitionen auch selbst tragen könnten. Der Zweck von Subventionen ist schließlich, zu verhindern, dass innovative Neulinge bankrottgehen. Wenn staatliche Ausgaben für Forschung und Entwicklung Innovationen fördern sollen, dann wäre es fahrlässig, nicht darauf zu achten, wie die Wettbewerbsfähigkeit potenzieller Produzenten gestärkt werden kann. Im Übrigen haben zwar viele Ölfirmen in der Vergangenheit zu Innovationen in der Solarbranche beigetragen, aber es ist unklar, ob sie bereit wären, voll auf diese Technologie zu setzen und ihre bisher wichtigste Einnahmequelle aufzugeben. Seit etwa der Markt für Photovoltaik wettbewerbsintensiv geworden ist, haben sich frühere Branchenführer wie BP Solar zurückgezogen.

8. Kapitel

1 Der gesamte Bericht ist nicht allgemein zugänglich. Einen Teil der Ergebnisse hat Apple auf seiner Website ins Netz gestellt, zu finden unter http://www.apple.com/about/job-creation/ (abgerufen am 12. April 2013).

2 Shapiro schätzt den jährlichen Verdienst für Beschäftigte in den Läden auf 25.000 Dollar in 2012, Lazonick beziffert den Verdienst einfacher Angestellter auf 26.000 in 2011.

3 2012 wurde eine Reihe von Veränderungen vorgenommen, die Apples Gewinnspannen im Einzelhandel in die Höhe trieben (eine neue Formel zur Berechnung der Beschäftigtenzahl, weniger Stunden pro Schicht). Zu den Veränderungen gehörte auch eine Gehaltsanhebung für die Beschäftigten, aber gleichzeitig entließ Apple viele erst kurz zuvor eingestellte Mitarbeiter, um die Kosten der Gehaltsanhebung zu reduzieren. Apple räumte später ein, die Veränderungen seien ein »Fehler« gewesen, und machte einige wieder rückgängig. Siehe Fiegerman (2012) und Haslam (2012).

4 Tatsächlich haben die lokalen Behörden spezielle Steuerpakete im Wert von vielen Hundert Millionen Dollar geschnürt, damit Apple Rechenzentren an Orten wie Reno in Nevada, Austin in Texas, Maiden in North Carolina und Prineville in Oregon einrichtete. Mehr Informationen zu diesem Thema geben Sande (2012), Lee (2012) und Blodget (2011).

5 Kürzlich wurde in einem Bericht (McIntyre et al. 2011) enthüllt, dass rund 30 große US-Firmen praktisch überhaupt keine Steuern in den Vereinigten Staaten bezahlen. General Electric ist einer der Top-Steuervermeider – das Unternehmen hat 2009 und 2010 nicht einen Cent Steuern bezahlt. Manche Firmen bekommen unter dem Strich noch Steuererstattungen. In dem Bericht heißt es, bei General Electric seien 1000 Angestellte nur damit beschäftigt, nach Steuervorteilen und Steueroasen zu suchen. Solche »Nettoerstattungen« verzerren die Motive, warum Unternehmen überhaupt operieren. In einer aktualisierten Pressemitteilung von Citizens for Tax Justice heißt es, der effektive Steuersatz von General Electric habe zwischen 2002 und 2011 bei gerade einmal 1,8 Prozent gelegen, weit unter dem offiziellen Körperschaftssteuersatz in den Vereinigten Staaten von 35,1 Prozent (Citizens for Tax Justice 2012).

6 In dem Projekt Production in the Innovation Economy (PIE) arbeiten Vertreter unterschiedlicher Disziplinen zusammen (Ökonomie, Ingenieurwesen, Politikwissenschaft, Management, Biologie und andere). Sie unter-

suchen, wie sich im Zeitalter des verschärften globalen Wettbewerbs die Stärken der Vereinigten Staaten bei Innovationen in neue Produktionsmöglichkeiten umwandeln lassen. Am 22. Februar 2013 stellten Forscher des PIE erste Ergebnisse des Projekts vor; die kompletten Ergebnisse wurden in zwei Büchern publiziert: Suzanne Berger, *Making in America: From Innovation to Market,* Cambridge 2013, und Richard M. Locke, Rachel Wellhausen (Hg.), *Production in the Innovation Economy,* Cambridge 2014. Die Ergebnisse und Zitate in den folgenden Abschnitten stammen aus dem Vorabbericht: PIE Commission, *A Preview of the MIT Production in the Innovation Economy Report,* Cambridge 2013.

9. *Kapitel*

1 http::/www.taxresearch.org.uk/Documents/FAQ1TaxGap.pdf (abgerufen am 1. März 2013).

Register